Squatters

Die Besetzer

SQUATTERS
Die Besetzer

M. J. Colletti

Chaospony Verlag

Mehr über unsere Autoren und Bücher:
Chaospony-Verlag.de

Copyright © M. J. Colletti
Copyright © 2018 dieser Ausgabe:
Chaospony Verlag, Sandra Lina Jakob, Goethestraße 1, 55218 Ingelheim

Lektorat: Julia Schwaminger
Korrektorat: Jutta Jakob, Anke Schlachter
Umschlaggestaltung: Giusy Ame / Magicalcover.de
Bildquelle: Depositphotos.com
Satz: Sandra Lina Jakob

Alle Figuren, Orte und Geschehnisse sind von der Autorin frei erfunden.
Ähnlichkeiten mit real existierenden Orten, Begebenheiten oder tatsächlichen Ereignissen, lebenden oder verstorbenen Personen sind rein zufällig.

Das Werk, einschließlich seiner Teile, ist urheberrechtlich geschützt. Jede Verwertung ist ohne Zustimmung des Verlages und der Autorin unzulässig. Dies gilt insbesondere für die elektronische oder sonstige Vervielfältigung, Übersetzung, Verbreitung und öffentliche Zugänglichmachung.

Printed in Poland

ISBN: 978-3-947682-01-0

Prolog

Ihr Bauch tut weh und knurrt so laut, dass sie Angst hat, die Maschinen könnten ihn hören und sie in ihrem Versteck finden. Mama und Papa nennen sie ›die Sammler‹, weil sie Menschen einsammeln und ganz weit wegbringen. Lara möchte aber nicht eingesammelt werden! Mama hat sie gewarnt, bevor sie gegangen ist. Sie soll mucksmäuschenstill sein, wenn die großen Maschinen kommen, und das ist sie. Lara ist ganz still.

»Versteck dich, Lara, und komm nicht heraus, bis wir dich holen«, haben ihre Eltern gesagt, und sie in das Loch unter der Erde geschoben, das Papa für sie gebaut hat. Draußen ist es dann plötzlich ganz laut geworden. Die Schreie der Menschen dröhnen immer noch in ihren Ohren, jede Sekunde, jede Minute, jeden Tag.

Sie darf nicht hinaus. Sie haben gesagt, sie soll warten. Wenn sie hinausgeht und die Sammler sie finden, werden ihre Eltern traurig sein. Lara möchte nicht, dass sie traurig oder böse auf sie sind. Also wartet sie.

Durch den schmalen Spalt zwischen den Brettern fallen Regentropfen, die sie mit der Zunge auffängt. Ein wenig Licht fällt in den winzigen Unterschlupf und Lara erkennt, dass die Sonne heute zum dritten Mal aufgeht.

Ängstlich wischt sie sich die Tränen aus dem Gesicht. Der Schmerz auf ihrer Wange lässt sie laut aufschreien. Das Blut ist schon getrocknet, aber die Wunde brennt ganz schlimm. Erschrocken presst sie die Hand auf ihren

Mund, damit die Sammler sie nicht hören können. Wo sind nur Mama und Papa? Werden sie bald zurückkommen und sie holen? Müde schließt sie die Augen. Schlafen, nur ein wenig schlafen.

Die Sonne blendet Lara und tut ihr in den Augen weh. Nur verschwommen kann sie jemanden erkennen, der von oben zu ihr herabschaut. Mama! Papa! Sie sind endlich wieder zurück. Voller Hoffnung versucht Lara, sich zu bewegen, würde am liebsten hinausstürzen, aber ihr Körper reagiert nicht. Dann wird sie vorsichtig aus dem Loch gehoben und blickt plötzlich in ein fremdes Gesicht. Das ist nicht Papa! Lara möchte schreien, aber ihr Mund ist so furchtbar trocken und ihr Hals so entsetzlich geschwollen, dass sie kein Wort herausbekommt. Als der Mann mit den langen, blonden Haaren und den grünen Augen die Haare aus ihrem Gesicht schiebt, sagt er: »Psst, du bist in Sicherheit, Kleine, niemand tut dir etwas.«
Dann hebt er sie in seine großen Arme, drückt sie vorsichtig an sich und sieht sich Laras Wange an, ohne sie zu berühren. Er schließt kurz die Augen und seine Augenbrauen ziehen sich zusammen.

Immer wieder fällt Lara in einen traumlosen Schlaf, erwacht aber von Zeit zu Zeit und nimmt die großen Bäume wahr, die mit ihren riesigen Blättern an ihnen vorbeiziehen.
»Das Mädchen wird die Nacht nicht überstehen, das ist dir doch klar, Andrew«, sagt eine Stimme.

»Sie ist eine Kämpferin, sie wird wieder gesund. Wir sind bald da, Kleine. Hab keine Angst, es wird alles wieder gut«, sagt der Mann, während er sie durch den Wald trägt. Sein Geruch umhüllt Lara. Fast riecht er wie Papa, denkt sie, bevor sich ihre Augen wieder schließen.

Kapitel 1

2056
10 Jahre später
Lara
Nordstamm-Siedlung

Laras Hände zittern, während sie die Knöpfe ihrer ausgebleichten Bluse schließt. Sie ist dankbar, überhaupt ein Kleidungsstück zu besitzen, das nicht mit Löchern übersät, alten Blutflecken getränkt, oder einer Leiche abgenommen worden ist. Blut ist eine der Flüssigkeiten, die man kaum wieder aus Kleidung herausbekommt. Sie hat gehört, dass es mal etwas gab, mit dem man es problemlos entfernen konnte. Aber dieses Waschmittel, wie die Älteren es nennen, gibt es schon lange nicht mehr. Die letzten Reserven wurden vor über zehn Jahren verbraucht. Seit sie denken kann, sind die Squatters hier. Ein anderes Leben kennt sie gar nicht, denn ihre Mutter bekam sie zwei Jahre nachdem die Squatters die Erde besetzten. An manchen Tagen fallen ihr Dinge ein, wie der Aufbau der damaligen Gemeinde, wo sie mit ihren Eltern lebte, oder die Gute-Nacht-Geschichten, die ihr Vater ihr beim Zubettgehen erzählte. Aber diese Erinnerungen sind nur ein winziger Teil, die von anderen, schlimmeren übergelagert werden.

Vor einigen Monaten brachte Andrew die Bluse von einem seiner Streifzüge mit. Aus der gefährlichen Zone kamen er und die anderen Sucher mit Nahrung und Kleidung zurück. Sie hatten Glück. Dieses Mal wurde niemand verletzt, getötet oder noch schlimmer, mitgenommen.

Die Sonne wird in etwa sieben Stunden untergehen und damit auch die halbwegs sichere Tageszeit. Lara zieht ihre Stiefel an und schnürt sie zu. Sie drücken gegen ihren großen Zeh, aber wenigstens sind sie heil und halten warm.

Um ein Sucher zu werden, muss man ein hartes Training und einen abschließenden Test absolvieren. Andrew bereitet Lara seit Monaten darauf vor und trotzdem hat sie ein unbehagliches Gefühl, wenn sie an den Lauf denkt, der ihr noch bevorsteht. Die Angst, zu versagen, steckt ihr in den Knochen. Travis Fletcher, Anführer der 80-Seelen-Gemeinschaft, fordert von jedem Sucher, dass er schneller rennt als ein Sammler. Im Laufe der Jahre ist die Gemeinde stetig geschrumpft, was nicht ausschließlich an den Sammlern, sondern vielmehr an den anderen Gruppen gelegen hat, die sich überall im Land aufhalten. Die Menschen haben sich zusammengeschlossen und Kommunen gebildet. Manche möchten, wie sie, nur überleben. Andere sind ein ganz anderes Kaliber. Sie plündern andere Siedlungen, schrecken weder vor Mord noch vor Vergewaltigung zurück. Fletcher sagt, dass es auf der ganzen Welt dasselbe sei und sie sich anpassen müssten. Wenn sie sich beugen und den Outlaws geben würden, was sie verlangen, passiere niemanden etwas. Als vor ein paar Monaten eine Gruppe Outlaws in ihrer Gemeinschaft auftauchte, nahmen sie alles mit, was nicht niet- und nagelfest war. Bis heute kann Lara nicht verstehen, warum Fletcher nichts dagegen unternommen hat. Er hat den Untergang der Zivilisation vor etwa zwanzig Jahren miterlebt, und gerade er sollte wissen, dass ein Kampf oft unausweichlich ist.

»Bist du soweit, Lara?«

Andrew steht angespannt am Eingang der mickrigen Unterkunft, die Lara vor einem halben Jahr, mit achtzehn, zugewiesen bekam. Zuvor lebte sie mit Andrew in seiner Höhle. Seine blonden, schulterlangen Haare fallen ihm wirr ins Gesicht und er schiebt sie mit einer lässigen Handbewegung zur Seite.

»Ja, ich denke, ich bin soweit«, erwidert sie und geht auf ihn zu. Besorgt sieht er zu ihr runter und drückt sanft Laras Schulter, bevor sie hinausgeht.

»Lara, du musst das nicht tun. Es gibt genügend Sucher in der Gemeinschaft.«

»Du bist doch auch einer.«

»Ja, aber das ist etwas anderes.«

Schmunzelnd steckt Lara das Messer in die selbst gebastelte Messerscheide, die sie mit einer Schnur an ihrem Oberschenkel befestigt. Sie erinnert sich noch genau, wie Andrew sie vor zehn Jahren im Wald gefunden hat. Andrew pflegte sie wieder gesund, kümmerte sich um die tiefen Wunden in ihrem Gesicht und auf ihrem Rücken und sorgte dafür, dass im Gesicht nur noch eine nicht sehr hübsche Narbe zurückblieb.

»Du weißt, dass ich auf mich aufpassen kann. Du hast es mir schließlich beigebracht«, antwortet Lara und sieht in sein leicht gealtertes Gesicht. Die Furchen auf seiner Stirn scheinen tiefer zu werden, als ihm klar wird, dass er sie nicht umstimmen kann.

Sie verlassen die kleinen Höhlen, in denen sich die Unterkünfte befinden.

»Halte dein Messer immer griffbereit«, warnt Andrew sie, während sie durch den dichten Wald marschieren.

»Ich weiß.«

»Und pass auf die Fallen auf, die wir dort für die Tiere gesetzt haben.«

»Mach ich.«

Je näher sie dem Treffpunkt kommen, desto ungehaltener wird Andrew. »Wenn du auf einen Sammler triffst, versuche, ihn im Wald abzuhängen, dort wird es schwierig für ihn, dir zu folgen.«

»Ich weiß.«

»Und ...«

Lara bleibt abrupt stehen und stellt sich mit verschränkten Armen vor ihn. »Andrew, ich weiß das alles. Hör auf, dir so viele Sorgen zu machen, okay? Ich pack das schon.«

Andrew presst nervös die Lippen aufeinander. »Na schön. Ich möchte doch nur, dass du wieder zurückkommst«, sagt er bedrückt. Sanft nimmt er Lara in den Arm. »Du bist doch meine Kleine.«

Unbeholfen schmiegt sie sich an seine Brust und atmet seinen unverkennbaren Duft ein, der ihr schon so bekannt ist, dass sie ihn überall wiedererkennen würde. »Ich weiß, Paps.«

Lara spürt, wie er lautlos lacht, dann schiebt er sie sanft von sich und neigt den Kopf zur Seite. »Paps?«

Ein Wort, das Lara nur benutzt, wenn Andrew es mal wieder zu gut mit seiner Vaterrolle meint.

Schulterzuckend entfernt sie sich. »Soll ich dich lieber Opi nennen?«

Kapitel 2

Kaleb
Lager der Enter
(zur selben Zeit)

Wieder eine Plünderung. Diesmal wird es die Siedlung am Flussufer treffen, einige Kilometer westlich von ihrem eigenen Lager entfernt. Der Gedanke daran, diesen Menschen Nahrung zu stehlen, die sie für ihr eigenes Überleben brauchen, gefällt Kaleb nicht. Das hat es vor sechs Monaten schon nicht und hat sich bis heute nicht geändert. Vielleicht ist es besser, so zu tun, als wäre er krank. Vorsichtig dreht er sich von der Seite auf den Rücken. Er sollte sich dringend einen geeigneteren Schlafplatz suchen, denkt er verschlafen, als sein Blick an dem dünnen Stoff hängen bleibt, der nur wenige Zentimeter über seinem Kopf hängt. Bislang konnte er gut mit dem bescheidenen Zelt leben, denn die Nächte sind mild und angenehm. Aber sobald der Winter einbricht, würde er vermutlich keine zwei Tage überleben und in seinem mit Löchern übersäten Zelt erfrieren.

Josko, der Anführer, erwartet nicht viel von seinen Leuten, Gesetze gibt es hier nicht. Jeder nimmt sich, was er will, solange es nicht Josko gehört. Der Letzte, der das nicht begreifen wollte, endete mit aufgeschnittener Kehle irgendwo im Wald. Niemand hat sich die Mühe gemacht, den Mann anständig zu begraben. Manchmal kommen sie an der Stelle vorbei, wo der Mann hingerichtet wurde, aber das letzte Mal war nichts mehr von ihm übrig.

Bevor er in dieses Lager kam, streifte Kaleb tagelang durch das Land. Er erinnert sich, wie die Suche nach Nahrung ihn fast verrückt gemacht hatte. Sein Magen war nichts weiter als ein Knoten gewesen, der sich immer enger zusammenzog. Die Erinnerung daran lässt ihn heute noch erschaudern.

Als jemand die ausgebleichte Decke zur Seite schiebt, die er an den Enden an sein Zelt gebunden hat, ist Kaleb schlagartig komplett wach. Nicht, dass er irgendetwas von Wert besitzen würde, aber in diesem Lager sollte man nicht nur auf sein Eigentum achten, sondern auch auf sein Leben. Vor allem sein Leben.

»Sieh zu, dass du deinen Arsch hochkriegst, wir wollen los.« Otis muss sich tief bücken, um einen Blick in Kalebs Zelt zu werfen. Die Wampe, die der Mann vor sich herschiebt, behindert ihn dabei beträchtlich. Kaum zu fassen, dass die weltweite Nahrungsknappheit Otis offensichtlich nichts anhaben konnte.

Kaleb wischt sich mit der Hand über die Stirn. »Ich glaube, ich bin krank.«

Eine Weile sieht ihn Otis wortlos an. Schließlich richtet er sich auf und wirft schwungvoll die Decke über das Zelt. »Schnittchen ist krank«, brüllt er jemanden zu.

Sofort stellen sich sämtliche Haare auf Kalebs Körper auf. Die stampfenden Schritte, die sich urplötzlich seinem Zelt nähern, tragen nicht dazu bei, dass er sich besser fühlt. Ohne Vorwarnung packt ihn jemand an den Knöcheln und zieht ihn gewaltsam nach draußen. Kaleb hustet, als die Staubwolke, die sich dabei bildet, in seine

Lunge dringt. Nachdem sich der Staub gelegt hat, sieht er in Joskos wütendes Gesicht. »Krank?«

Um sie herum bildet sich ein Kreis neugieriger Menschen.

Kaleb sollte keine Schwäche zeigen, das wäre, wie sich einem Rudel hungriger Wölfe auszuliefern. Aber er schafft es kaum, das Zittern zu kontrollieren, das ihn gerade übermannt. Zu oft hat er mit ansehen müssen, was mit denen geschieht, die den Anführer reizen. Immer wieder muss Kaleb auf das breite Krummschwert blicken, das Josko in seiner Hand hält, während er langsam auf ihn zukommt. Seine breiten Schultern verdecken die Sonne, sodass Kaleb in die dunklen Augen blicken kann. Die schwarzen Haare reichen dem Anführer bis auf die muskulöse Brust. Einige Strähnen lässt er sich von den Frauen im Lager zu schmalen Zöpfen flechten, was aber überhaupt nichts an seinem barbarischen Erscheinungsbild ändert.

»Dann sag uns doch allen, wie krank du wirklich bist, Schnittchen.«

Kaleb sieht sich unsicher um. Er beobachtet, wie die Bewohner gierig auf ihn herabblicken.

»Zu krank, um auf Plünderung zu gehen?«, fragt Josko. Kaleb antwortet nicht, stattdessen bleibt er bewegungslos auf dem harten Boden liegen.

»Zu krank, um etwas essen zu können?«

Josko breitet seine Arme aus und dreht sich zu seinen Leuten um. »Was sagt ihr?«

Kaleb ist lange genug in diesem Lager, um zu wissen, wie sehr die Bewohner öffentliche Abschlachtungen genießen. Bevor die Anhänger antworten können, steht Kaleb auf. »Es geht mir besser, wirklich. Ich ...«

Josko dreht sich wieder zu ihm um. »Es geht dir besser? Einfach so?«

Kaleb nickt heftig. Sein Herz rast, während er auf eine Reaktion seines Anführers wartet.

»Ich schlage dir einen Deal vor. Du bist noch nicht sehr lange hier, deswegen verzeihe ich dir deine Unwissenheit. Jeder hier weiß, dass ich nur sehr selten eine Ausnahme mache. Eigentlich sollte ich dir hier auf der Stelle den Kopf abschlagen. Aber ich gebe dir die Möglichkeit, dich zu beweisen. Ein anderes Leben für deines. Was hältst du davon?«

Kalebs Fingernägel bohren sich schmerzhaft in seine Handinnenflächen. Er hat sich selbst geschworen, nie wieder zu töten. Aber was bleibt ihm anderes übrig, als zuzustimmen? Er nickt und sein Anführer sieht ihn grinsend an.

»Ein Leben für ein anderes«, grölt er der Masse zu, die hinter ihm steht. Sofort folgen die Bewohner Joskos Befehl und wiederholen ihn lautstark.

Nachdem ihn Josko dieses Mal verschont hat, hat Kaleb sich vorgenommen, mit seinen Aussagen zukünftig vorsichtiger zu sein. In Windeseile hat er seine Schuhe angezogen und steht zwei Minuten später schon wieder draußen. Den Mund hat er sich innerhalb von zwei Sekunden mit Wasser ausgespült. Das sollte für heute reichen, mehr ist nicht drin, sagt er sich selbst.

Zu der Siedlung, die sie plündern werden, brauchen

sie nicht sehr lange. Es ist eine friedliche Kommune, in der hauptsächlich Frauen und Kinder leben, was den spärlichen Trupp erklärt. Außer Otis sind nur noch Vincent und Jim dabei. Jim hat ein Auge auf ihn geworfen, seit Kaleb in das Lager gekommen war. Wobei Kaleb nicht genau abschätzen kann, wie Jim tickt, denn wie es scheint, konnte er sich bisher für kein Geschlecht so richtig entscheiden. Jims letzter Liebhaber starb vor mehr als zwei Monaten an irgendeiner Krankheit. Immer wieder wirft Kaleb einen Blick über seine Schulter und trifft stets auf dieselben gierigen Augen, die ihn beobachten.

Otis hebt die Hand und sorgt dafür, dass alle stehen bleiben, als sie einen Mann entdecken, der auf einer Lichtung steht und etwas auf einem Blatt Papier notiert. Mit einem Nicken bedeutet Otis den anderen nach wenigen Augenblicken, weiterzugehen. Vorsichtig schleichen sich seine Begleiter näher heran. Der Mann scheint sie nicht zu bemerken. Er ist in seine Gedanken vertieft, während er die Umgebung analysiert.

»Was Interessantes gefunden?« Otis rammt seine Machete in den Erdboden und grinst, als er nur wenige Meter vor dem überraschten Mann steht. Der Fremde zuckt unmerklich zusammen. Schnell dreht er sich in alle Richtungen. Seine Gesichtszüge entgleisen, als er entdeckt, dass er umzingelt ist.

»Was tust du hier?«, fragt Vincent den Mann.

Schweigend faltet der Fremde das Papier zusammen und steckt es in die Brusttasche seiner Jacke. Jim nähert sich, stupst den Mann unsanft mit seinem Stab an. »Mein Freund hat dich was gefragt.«

»Das geht euch nichts an.«

Kaleb hätte so einiges erwartet, aber das sicher nicht. Vielleicht hat er keine Ahnung, wer sie sind.

»Was hast du da?«, fragt Otis und deutet auf die Brusttasche des Mannes. Kaleb schaut zu Otis rüber, der sich auf seine Machete stützt und sie nun fest umklammert.

»Bitte sag ihnen, was sie wissen wollen«, mischt sich Kaleb ein.

»Ja, sag uns, was wir wissen wollen«, fordert Vincent mit einem schiefen Grinsen.

»Lasst mich gehen«, fordert der Fremde.

»Warum sollten wir dich gehen lassen? Gib mir das, was du da hast, und du kannst gehen«, verspricht Otis.

»Ihr habt keine Ahnung, was ihr damit anrichtet.«

Kaleb fällt auf, dass er unbewaffnet ist. Warum er keine Waffe mit sich trägt, ist ihm schleierhaft. Wobei, wenn er so darüber nachdenkt, würde ihm das in seiner Situation auch nicht viel helfen. Er sieht sich hilfesuchend um. Dem Mann sind offenbar dieselben Gedanken durch den Kopf geschwirrt, denn auf einmal rennt er wie wild los. Er schubst Kaleb gewaltsam aus dem Weg und eilt an ihm vorbei. Auf der Anhöhe gibt es kaum Bäume. Der Wald ist zwanzig Meter entfernt. Er kommt nicht einmal in die Nähe der schützenden Bäume.

Jims Messer bohrt sich tief in seinen Rücken, sodass der Mann ruckartig stehen bleibt, auf die Knie fällt und dann zur Seite kippt.

»Wo zum Teufel wollte der hin?«, spottet Otis und geht zu dem Mann rüber. Vincent und Jim folgen ihm kopfschüttelnd. Jim zieht sein Messer aus dem Rücken des Mannes. Dann dreht er ihn um, greift in dessen Brusttasche, zieht das Papier heraus und reicht es Vincent. »Hier, sag uns was da draufsteht.«

Er klappt es auf und sofort breitet sich ein Lächeln auf seinem Gesicht aus. »Das ist eine Karte.«

Kaleb zuckt zusammen, als sich der verletzte Mann an seine Hose krallt, während Blut aus seinen Mundwinkeln sickert. Mitleidig sieht Kaleb ihn an. Er kann dem Mann nicht helfen, kniet sich aber trotzdem neben ihn. Das Messer scheint seine Lunge durchbohrt zu haben. Es ist nur eine Frage der Zeit, bis sie sich mit Blut füllt und er praktisch ertrinkt.

»Eine Karte?«, wiederholt Jim. Otis reißt Vincent die Karte aus den Händen und wirft einen Blick darauf.

»Hier sind Siedlungen markiert, und zwar eine Menge.« Seine Augen glühen regelrecht vor Freude.

»Volltreffer. Das wird Josko gefallen«, erwidert Jim gierig.

Der Mann zerrt an Kalebs Hose. Unsicher bückt er sich herunter. Die Lippen des Fremden bewegen sich, doch es kommen nur gurgelnde Geräusche aus seinem Mund.

»Na dann, Schnittchen. Das ist deine Chance. Ein Leben für ein anderes«, erinnert ihn Otis an den Vorfall von vor ein paar Stunden. Augenblicklich sackt Kalebs Blut ab.

»Was? Der ist doch schon tot«, beklagt sich Jim und tritt dem am Boden liegenden Mann gegen das Bein. Otis überlegt eine Weile. »Ja, das stimmt. Allerdings wäre das ein Anfang. Na los, erlöse die arme Ratte von seinen Qualen.«

Ein gezacktes Jagdmesser landet direkt neben Kaleb auf dem Boden. Es ist, als würde jemand seine Kehle zuschnüren, je länger er es ansieht. Der Mann hustet, Blut spritzt ihm auf die Brust.

Er kann nicht. Er kann nicht!

Plötzlich legt der Mann seine Hand auf Kalebs Oberschenkel. Er kann das Flehen in seinen Augen erkennen, die Angst, den Schmerz.

»Na mach schon, bevor er erstickt. Dann gilt es nicht mehr«, spornt ihn Otis an. Kaleb hat schon zu viele Menschen getötet. Die Gesichter seiner Opfer verfolgen ihn jede Nacht. Er will, dass es aufhört. Warum hört es nicht auf?

»Bi…«, gurgelt der Mann und schnappt ringend nach Luft. Kaleb greift sich das Messer. Seine Hand zittert. Schweiß bildet sich auf seiner Stirn. Dann setzt er die Spitze des Messers auf die Brust des Mannes, genau da, wo sich sein Herz befindet. Als er in das schmerzverzerrte Gesicht des Mannes blickt, nickt der ihm zu. Dieser Mann leidet, denn er wird langsam an seinem eigenen Blut ertrinken. Kaleb umklammert die Waffe mit beiden Händen, fest entschlossen, den Mann von seinen Qualen zu befreien, aber sein eigenes Herz krampft sich immer weiter zusammen. Mit letzter Kraft legt der Mann seine Hand auf Kalebs Hände. Tränen fließen aus den blauen Augen des Sterbenden. Hat er Familie? Frau? Kinder?

Kaleb schluckt den Kloß in seinem Hals hinunter und rammt das Messer so schnell und tief in die Brust des

Mannes, wie er kann. Der Körper des Fremden bebt nur wenige Sekunden unter Kalebs Fingern, bis das Leben mit einem letzten gequälten Atemzug aus seinen Augen weicht. Es ist still um ihn herum. Er kann das Blut in seinen Adern rauschen hören und eine Stimme, die er nicht zu unterdrücken vermag. »Mörder!«

Je näher sie ihrem Ziel kommen, desto schlechter fühlt sich Kaleb. So oft hat er sich schon vorgenommen, das Lager der Enter zu verlassen, doch die Aussichten sind niederschmetternd, egal wie sehr er es dreht und wendet. Er müsste schon sehr weit laufen, um aus der Reichweite der Plünderer zu gelangen, und ob ihn eine neue Siedlung aufnähme, wäre ohnehin ungewiss. Wenn Josko ihn woanders finden würde, hätte er nicht so viel Glück wie vor einer Stunde.

Kapitel 3

Benjamin
Im Bunker
(zur selben Zeit)

Das grelle Licht der Neonröhre blendet Benjamin, als er die Augen öffnet. Selbst nach Jahren kann er sich immer noch nicht an diese verdammten Dinger gewöhnen. Punkt sieben Uhr morgens schalten sie sich automatisch ein, um sich abends, um exakt zweiundzwanzig Uhr, wieder abzuschalten. Er wirft einen verschlafenen Blick zu Lucas rüber. Doch wie so oft ist das Bett seines fünf Jahre älteren Bruders leer.

»Wo treibst du dich schon wieder rum?« Benjamin steht auf und schleppt sich zum Waschbecken. Als er den Wasserhahn aufdreht, schüttelt er belustigt den Kopf. Fließendes Wasser. Während er sich hier drin die Zähne mit fließendem Wasser putzt, leben die armen Schweine draußen wie im tiefsten Mittelalter. Dabei ist ihm der ganze Luxus scheißegal. Das Einzige, das ihn kümmert, ist, wann sie endlich für den Kampf bereit sein werden.

Den Bunker gibt es schon seit knapp achtzig Jahren. Menschen werden in diesem Bunker geboren, wachsen hier auf und manche sterben irgendwann auch hier. Seit knapp zwanzig Jahren verstecken sie sich erfolgreich. Er selbst wurde hier geboren, in dem Jahr, als die Squatters kamen.

Nachdem er sich angezogen hat, geht er den langen Tunnel Richtung Kantine entlang. Der Weg dorthin dauert ganze vier Minuten. Die unterirdischen Gänge verbinden mehrere Abteilungen miteinander. Insgesamt erstreckt sich der Bunker über mehrere Quadratkilometer unter der Erde. Die Menschen hatten immerhin knapp zwanzig Jahre Zeit, um ihn immer weiter auszubauen.

Dass sie in dieser Zeit weder von den Sammlern, noch von den Menschen an der Oberfläche entdeckt wurden, liegt schlicht und ergreifend daran, dass es nur vier Eingänge gibt. Ein klarer Nachteil, sollte ihnen die Hütte irgendwann auf den verdammten Schädel knallen, aber von Vorteil, wenn man den Bunker geheim halten möchte. Die nächste Siedlung ist achtzig Kilometer entfernt und weit und breit sind sie die einzigen Menschen. Insgesamt leben nahezu dreihundert Menschen hier unten. Die meisten davon Soldaten, Analytiker und solche, die sich mit Computern auskennen. Benjamin versteht das meiste, was in diesen Abteilungen getrieben wird, nicht einmal. Deshalb ist er Teil der winzigen Streitmacht ihrer Gemeinschaft und nicht wie sein Bruder Biochemiker geworden.

Vom Kämpfen hat er immerhin Ahnung, während Lucas schon immer der Schlauere von ihnen beiden gewesen ist.

Auch in der Kantine ist von Lucas nichts zu sehen. Levi, mit dem die Brüder aufgewachsen sind, winkt ihn zu sich an den Tisch.

»Hast du Lucas irgendwo gesehen?«, fragt Benjamin seinen Freund, als er sich zu ihm setzt. Der zuckt mit den Schultern, während er Essen in sich hineinstopft. »Nein, wieso, ist er wieder ausgeflogen?«

Benjamin lächelt schief. »Keine Ahnung. Wahrscheinlich hängt er im Labor rum und seziert Quallen oder so. Schmeckt das Zeug da?«

Bevor Levi antworten kann, bleibt ihm das Essen fast im Hals stecken. »Ärger auf elf Uhr«, warnt er und starrt über Benjamins Schulter. Gerade will der sich umdrehen, da packt ihn Levi warnend am Arm. »Nicht umdrehen. Vielleicht hat sie dich noch nicht entdeckt.«

Verdammt. Nadia. Benjamin muss nicht einmal hinsehen, um zu wissen, dass sie wütend ist. Er hätte sich denken können, dass er nicht einfach so davonkommen würde. Woher sollte er aber auch wissen, dass die blutrünstigste Kämpferin und obendrein Truppenführerin eines eigenen Teams auf Kuscheln danach steht? Er hat einfach ein Händchen dafür, sich in beschissene Situationen zu bringen.

»Okay, mein Freund, sie hat dich entdeckt. Egal was du getan hast, wenn du nicht willst, dass sie dir deine Eier zum Frühstück serviert, entschuldigst du dich und gut ist.«

Benjamin bleibt sitzen und tut so, als beobachte er die Menschenschlange, die sich mittlerweile vorne an der Essensausgabe gebildet hat. Als Nadia neben ihm stehenbleibt, dreht er den Kopf. Ihre Arme hat sie vor der Brust verschränkt und sie sieht aus, als wolle sie ihm bei lebendigem Leibe die Haut abziehen.

»Nadia. Guten Morgen«, begrüßt er sie freundlich. Ohne Vorwarnung knallt sie ihre Hände auf den Tisch und beugt sich zu ihm herunter. Alle Anwesenden stellen ihre jeweiligen Beschäftigungen schlagartig ein und blicken in ihre Richtung.

»Niemand fickt mich und schleicht dann einfach so aus meiner Kabine«, flüstert sie. Jedoch nicht leise genug, alle im Raum starren ihn an.

»Ich wollte dich nicht wecken, du hast so friedlich geschl…«

»Ich war wach, du Vollidiot.«

»Nadia, hör zu. Ich möchte ehrlich sein. Ich …«

»Leck mich, Ben. Sollte ich dich in nächster Zeit auch nur in der Nähe meiner Kabine sehen, schneide ich dir deinen kleinen Schwanz ab und stecke ihn dir in deinen Arsch.«

Nadia richtet sich auf und verschwindet dann direkt wieder aus der Kantine. Die versammelte Mannschaft sieht ihn noch eine ganze Weile stumm an, bevor sie ihren gewohnten Ablauf wiederaufnimmt.

»Das war eine eindeutige Ansage. Vielleicht solltest du darüber nachdenken, wo du deinen Kollegen zukünftig reinsteckst. Deine Frauenwahl wird von Tag zu Tag gefährlicher«, erklärt Levi unnötigerweise. Seine Augen werden noch kleiner als sie es für einen Asiaten ohnehin schon sind. Was seine Eltern sich dabei dachten, als sie ihrem Sprössling einen jüdischen Namen verpasst haben, weiß keiner, doch Benjamin kann sich keinen anderen mehr als seinen besten Freund vorstellen.

Benjamin antwortet seinem Freund nicht. Der Tag hat echt schon beschissen genug angefangen, er kann auf eine Moralpredigt verzichten. Der Appetit ist ihm auch vergangen. In einer Stunde muss er sich auch noch beim Chief melden, um einige neue Rekruten auszubilden.

Alle, ohne Ausnahme, müssen im Alter von sechzehn Jahren mit einer Waffe umgehen können. Ob sie für den Kampf taugen, wird sich im Laufe des Trainings zeigen. Der Tag wird immer besser. Doch zuerst sollte er nach seinem Bruder sehen. Weiß der Geier, wo der sich wieder rumtreibt.

Kapitel 4

Lara

Fletcher und die anderen Anwärter haben sich bereits am vereinbarten Treffpunkt eingefunden. Die Mienen der vier Jungen, alle zwischen sechzehn und achtzehn, verdunkeln sich, als Andrew und Lara dazu kommen. Vor allem Dells, der sie bei jeder nur denkbaren Gelegenheit an die hässliche Narbe erinnert, die über Laras gesamte linke Gesichtshälfte verläuft. Dell ist in ihrem Alter und Lara hat schon lange das Gefühl, dass er sich auf irgendeine Weise von ihr bedroht fühlt.

Dass heute ein Mädchen an dem Lauf teilnimmt, scheint jedenfalls bei keinem der Anwesenden gut anzukommen. Sei's drum, denkt Lara und ignoriert die abschätzigen Blicke.

»Ach, musste das Mädchen begleitet werden?«, witzelt Dell und lacht höhnisch. Die anderen Jungs stimmen nur verhalten in das Gelächter ein.

Lara wirft Paul einen finsteren Blick zu, der sofort mit dem Lachen aufhört und sogleich die Erde vor seinen Füßen interessiert beäugt. Seit sie ihm vor drei Jahren die Nase gebrochen hat, hält er sich mit dummen Bemerkungen zurück. Eigentlich wollte sie ihm damals nicht wehtun, aber nachdem er ihre Eltern beleidigt und vermutet hat, sie wären deshalb nicht zurückgekehrt, weil sie so hässlich sei, konnte sie sich einfach nicht mehr zurückhalten. Er kann von Glück sagen, dass sie ihm nicht noch mehr gebrochen hat. Nachdem der Vorfall dann die

Runde gemacht hat, musste sich Lara über die meisten anderen keine Gedanken mehr machen. Heute tuscheln sie nur noch hinter vorgehaltener Hand. Wenn Andrew ihr eines beigebracht hat, dann, dass man sich den Respekt der Menschen verdienen muss. Er war zwar von der Art und Weise, wie sie das getan hat, nicht sonderlich begeistert und als Strafe durfte sie eine Woche nicht mit zur Jagd, aber es erfüllte dennoch seinen Zweck.

Fletcher hebt demonstrativ die Hand in die Luft. Sofort wird es still und alle beruhigen sich wieder.

»Also, die Markierungen sind gesetzt. Der Lauf erstreckt sich über etwa drei Kilometer durch den Wald und endet kurz vor der gefährlichen Zone. Ihr werdet durch Enter-Gebiet laufen, deshalb seid vorsichtig. Mit dieser Gruppe ist nicht zu spaßen. Solltet ihr auf Sammler treffen, versteckt ihr euch und verhaltet euch ruhig. Führt sie auf gar keinen Fall in unsere Siedlung!« Fletcher macht eine kurze Pause.

Jeder weiß, was es bedeutet, wenn man auf einen Sammler trifft. Zum Wohle der Siedlung lässt man sich eher fangen. Gegen diese Maschinen zu kämpfen wäre reiner Selbstmord, sie sind einfach unbesiegbar.

»Die ersten beiden, die hier am Ziel eintreffen, dürfen sich den Suchern anschließen. Für den Rest wird sich anderweitig eine geeignetere Beschäftigung in der Gemeinschaft finden«, beendet Fletcher seine Rede.

Dell sieht Lara belustigt an. »Bei den Wäschern ist sicher noch Platz.«

Lara ignoriert den arroganten Idioten und dreht sich stattdessen zu Andrew um, der angespannt hinter ihr steht. »Dann geht es jetzt wohl los«, sagt sie und kontrolliert noch einmal ihre Ausrüstung, das Messer und die kleine Axt, die sie immer in einem Holster auf dem Rücken trägt, wenn sie mit Andrew jagen geht. Er beugt sich ein wenig zu ihr herunter. »Sei bitte vorsichtig und geh keine unnötigen Risiken ein, okay?«

Lara nickt stumm, begibt sich zu den anderen und stellt sich auf die imaginäre Startlinie. Sie kann die Blicke der anderen spüren, während sie sich vorbereitet. Rennen, springen, ausweichen … rennen, springen, ausweichen! Die goldenen Worte, die Andrew ihr so lange eingebläut hat, bis sie selbst nachts davon träumte.

»Seid ihr bereit?«, fragt Fletcher, der den Startschuss vorgeben wird. Alle nicken und starren konzentriert in den Wald.

»Dann los!«

Wie ein Pfeil sprintet Lara nach vorne. Ein Stück gelben Stoffs hängt an einem Baum, gibt die erste Markierung, und so auch die Route, vor. Dell, Paul und die anderen beiden, Harry und Roland, haben einen kleinen Vorsprung ergattert. Lara peitscht an Gestrüpp und Ästen vorbei. Immer wieder wirft sie einen Blick nach vorne, um zu sehen, wie weit die anderen entfernt sind, lässt den Untergrund aber nie wirklich aus den Augen. Noch hat sie sie nicht eingeholt. Geschickt springt sie über einen Baumstamm, der sich mitten auf ihrem Weg befindet, ohne das Tempo zu verlangsamen. Sie hat zwar kürzere Beine, aber dafür ist sie flink und leichtfüßig.

Dell weicht einem herunterhängenden Ast aus, indem er sich blitzartig duckt. Harry, der ihm dicht auf den Fersen ist, übersieht ihn, wird von dem dicken Ast auf Brusthöhe getroffen und mit voller Wucht niedergestreckt.

Ein weiterer Fetzen gelben Stoffs zeigt die zweite Markierung an. Von Weitem schon kann Lara den schmalen Flusslauf hören, der durch den Wald fließt. Sie muss nur eine geeignete Stelle finden, um auf die andere Seite zu gelangen. Gefühlt tausend Mal haben Andrew und sie das geübt und jedes Mal ist sie im Flussbett gelandet. Ihre Muskeln erhärten sich, ihr Herz schlägt schneller. Sie versucht ihre Atmung zu kontrollieren, sie bewusst wahrzunehmen.

Dell erreicht das Ufer als Erster. Es geht drei Meter in die Tiefe und etwa genauso weit muss der Sprung sein, um auf der anderen Seite anzukommen. Wer es nicht über den Fluss schafft, ist automatisch ausgeschieden. Als Lara wieder aufsieht, erkennt sie, wie Dell mit einem unglaublich weiten Sprung mühelos auf der anderen Seite landet. Er wirft ihr einen stechenden Blick zu, bevor er weiterrennt.

Inzwischen hat sie Paul eingeholt. Noch fünf Meter bis zur Böschung. Roland setzt zum Sprung an. Doch Lara bemerkt gleich, dass er viel zu weit hinten ansetzt. Noch bevor er das andere Ufer erreichen kann, stürzt er mit einem Schrei in den Fluss.

Ein letztes Mal zieht Lara die Luft in ihre Lunge, setzt einen Fuß direkt an die Kante der Böschung und springt. Sie schwebt fast in der Luft, hat das Gefühl die andere Seite kommt unglaublich langsam auf sie zu. Als ihre Füße die Erde wieder berühren, kommt sie ins Straucheln, kann sich aber gerade noch auffangen und steht schließlich wie benommen auf festem Boden. Noch bevor Lara ihr Glück fassen kann, wird sie hart von hinten in den Rücken gestoßen. Unsanft landet sie mit dem Gesicht voraus auf dem harten Waldboden.

»Sorry«, ruft Paul ihr verlogen zu, als er wie ein Geschoss an ihr vorbeizieht. Sofort rappelt Lara sich auf und sprintet weiter.

Die dritte Markierung lässt nicht lange auf sich warten. Sie wurde an einem weiteren Baum angebracht. Fahrig wischt Lara sich den Schweiß von der Stirn. Nur noch wenige hundert Meter bis sie die sichere Zone verlassen. Aufmerksam schaut sie sich um.

Auf der rechten Seite rast etwas mit hoher Geschwindigkeit auf Dell zu. Sie kann nicht erkennen, was es ist, aber es muss verdammt groß sein.

»Dell!«, ruft Lara ihm zu, aber entweder kann, oder will, er sie nicht hören. Dummer Vollidiot, schimpft sie wütend in sich hinein und rennt noch schneller.

»Dell!«, versucht sie es noch einmal. Er wirft einen kurzen Blick in ihre Richtung, sieht ihr dabei direkt in die Augen, rennt aber dann unbeirrt weiter. Nun ist ihr klar, dass er sie nicht hören will. Durch die dichten Sträucher und Bäume kann Lara unmöglich sehen, was da gerade auf Dell zurast. Dell kommt an der letzten Markierung an, reißt das rote Tuch herunter, stopft es in seine Hosentasche und streckt siegessicher die Fäuste in die Luft.

Ohne Vorwarnung wird er mit unglaublicher Kraft von den Füßen gerissen und mehrere Meter durch die

Luft geschleudert. Geschockt bleibt Lara einen Moment lang stehen, bevor ihr Gehirn reagiert und sie sich schnell auf den Weg zu ihm macht.

»Ein Wildschwein!«, ruft Paul erschrocken. Das riesige Tier stößt wütend mit seinem massiven Kopf gegen Dells Körper. Dell schreit auf, als der Keiler seine Hauer in seinen Oberschenkel rammt und danach auch noch zubeißt.

Noch während Lara rennt, zieht sie die Axt aus ihrem Rückenholster. Paul spannt einen Pfeil auf seinen Bogen, aber er zögert. Vermutlich hat er kein sicheres Schussfeld. Währenddessen kämpft Dell erbittert gegen die Attacken des Tieres. Er stößt es weg, doch das Wildschwein scheint außer sich vor Wut und greift immer wieder an.

Als Dell sie entdeckt, hebt er mit beiden Händen den Kopf des Keilers in die Luft und wartet. Ohne zu zögern, wirft Lara die Axt mit aller Kraft in seine Richtung. Dell sieht sie einen Moment lang entsetzt an und schützt dann sein Gesicht mit dem Körper des Keilers. Die Axt dreht sich mehrere Male um die eigene Achse. Das Tier quiekt und windet sich, nachdem die scharfe Klinge in seinem Nacken stecken bleibt. Nach wenigen Sekunden wirft Dell es mühsam zur Seite, wo der Körper des Keilers nach einigen zuckenden Bewegungen irgendwann erschlafft.

Lara atmet erleichtert auf, stützt sich mit den Händen auf den Knien ab. Ihr ganzer Körper zittert und ihre Lunge brennt.

»Das war verdammt knapp«, merkt Paul fasziniert

an, als er näherkommt. Dell kauert noch auf dem Boden, seine Hose ist zerrissen und mit Blut getränkt. Als Lara sich nähert, wirft er ihr einen düsteren Blick zu.

»Bleib weg von mir«, ächzt er und richtet sich angestrengt auf. Er muss höllische Schmerzen haben, aber das lässt er sich natürlich nicht anmerken. Lara ignoriert ihn und hockt sich direkt neben ihn.

»Sei kein Idiot, Dell. Das kannst du dir für später aufheben«, sagt sie und holt ihr Messer aus der Scheide.

»Was hast du vor?«, fragt Paul unsicher, während Dell sie mit weit aufgerissenen Augen anstarrt. Sie lächelt ihn demonstrativ an, während sie ihm das Messer vor die Nase hält. Sie müsste lügen, wenn sie behaupten würde, dass ihr dieser Moment keine Freude bereiten würde. Schließlich senkt sie das Messer und schneidet die Hose auf, damit sie sich die Wunde genauer ansehen kann.

Andrew kam schon so oft mit Verletzungen nach Hause, dass sie mittlerweile ausgeprägte Fähigkeiten in Erster Hilfe vorweisen kann. Paul atmet erleichtert aus und auch Dell scheint sich etwas beruhigt zu haben. An seinem Oberschenkel klafft eine tiefe Wunde, aus der es munter sprudelt. Bevor der Idiot noch verblutet, sollte sie das Bein abbinden, überlegt Lara und greift sich das rote Markierungstuch, das Dell in seiner Hosentasche vergraben hatte. Lara schüttelt es auf und legt es um die Wunde. Dell zuckt ein wenig zusammen, aber ansonsten hält er sich tapfer.

»Gib mir dein Oberteil«, befiehlt sie Paul, der sie überrascht ansieht.

»Mach schon«, sagt sie mit mehr Nachdruck. Ohne

weiteren Kommentar zieht er sein Shirt aus und reicht es ihr. Vorsichtig wickelt sie es um Dells Bein.

»Weißt du, ich habe nie verstanden, warum ihr mich nicht leiden könnt«, murmelt sie und fährt mit dem Verbinden fort.

Dell gibt ein abschätziges Schnaufen von sich, bevor er antwortet. »Vielleicht liegt es daran, dass du einfach nicht zu uns gehörst, Narbengesicht. Jeder weiß, dass die Leute aus dem Süden Schmarotzer und Feiglinge sind. Hab' ich nicht recht, Paul?«

Paul kommt nicht mehr dazu, etwas zu erwidern, denn Lara zieht gerade den Verband mit einem festen Ruck zu, damit er nicht verrutscht und die Blutzufuhr unterbrochen wird. Nun, vielleicht etwas zu fest. Dells Gesicht läuft augenblicklich rot an, seine Augen quellen fast aus den Höhlen, aber er bemüht sich, nicht zu schreien.

»Autsch«, kommentiert Paul nur und verzieht das Gesicht. Lara fühlt sich plötzlich besser. Dann hilft Paul seinem Kameraden auf die Beine. Dell sieht Lara eingeschnappt an, schwingt dann aber doch seinen Arm um ihre Schulter.

Gemeinsam stützen sie Dell von beiden Seiten und schlagen den Weg Richtung Gemeinde ein. Die Hoffnung, es vor Einbruch der Nacht zurückzuschaffen, verflüchtigt sich, als Lara merkt, dass Dell nur humpelnd vorankommt.

Während sie durch den Wald marschieren, fragt sie sich immerzu, wieso sie diesem gehirnamputierten Armleuchter hilft. Es wäre schlauer gewesen, sich das

Tuch zu schnappen, während er verletzt auf dem Boden gelegen hat, um als Erste durch das Ziel zu rennen.

Kapitel 5

Kaleb

Die kleine Siedlung liegt am Rande eines Waldes und grenzt an einen Berg, der mehrere hundert Meter in den Himmel ragt. Vincent schnappt sich einen auf dem Boden liegenden Metalleimer, als sie dort eintreffen, und schlägt mit einer Brechstange laut dagegen, um die Bewohner über ihre Ankunft zu informieren. Sofort strecken einige Kinder ihre Köpfe aus den Hütten, werden aber ebenso schnell von ihren verängstigten Müttern wieder hineingezogen. Die meisten verbarrikadieren sich in ihren Unterkünften, während andere wie erstarrt am Wegrand stehen bleiben und die Köpfe dabei gesenkt halten. Kaleb ist das zweite Mal mit den Enter hier und weiß, wie es in der Regel abläuft. Was die Sache auch nicht besser macht. Er fühlt sich einfach schäbig. Aus einer Holzhütte kommt Dana, die Anführerin der Kommune. Sie bindet sich die grauen, langen Haare zu einem Dutt, während sie erhobenen Hauptes auf die Eindringlinge zukommt.

»Ihr seid zu früh«, informiert sie die Männer. »Es gibt kaum etwas, das wir euch anbieten können. Die Ernte erfolgt erst nächste Woche, Josko weiß das.«

Otis sieht sich um. »Josko hat uns aber hergeschickt, alte Frau, was bedeutet, dass ihr uns das aushändigt, was ihr eben habt. Wenn ihr nichts Essbares habt, begnügen wir uns auch mit etwas anderem, wenn du verstehst. Die Frauen gehen uns langsam im Lager aus. Wie wäre es mit der da?« Er zeigt auf ein junges Mädchen, das zitternd vor der Tür einer Hütte steht. Die Anführerin kommt selbstsicher auf ihn zu. »Wenn du sie auch nur berührst, schneide ich dir alle elf Finger ab, wenn du verstehst.«

Otis knurrt, sieht auf die Frau herab als würde er sie jeden Augenblick auffressen wollen.

Kaleb gefällt es nicht, wie sich die Situation gerade entwickelt. Auf keinen Fall möchte er, dass es zu einem weiteren Blutbad kommt. Ein Toter am Tag reicht ihm.

»Wie wäre es mit den Ziegen? Wir könnten doch die mitnehmen«, schlägt Kaleb Otis vor und nickt in Richtung einer kleinen Stallung, in der drei kauende Ziegen stehen. Otis sieht gelangweilt hinüber.

»Nein, kein Bedarf«, antwortet Otis. In Kaleb regt sich ein schlimmer Verdacht.

»Dann sollten wir nächste Woche noch einmal wiederkommen«, versucht er die anderen Enter zu überzeugen.

»Halt's Maul, Schnittchen! Wer hat dich überhaupt nach deiner Meinung gefragt?«, donnert Vincent.

Otis wendet sich wieder an die Anführerin. »Also, ich mache dir ein Angebot. Du überlässt uns zwei deiner Mädchen und wir verschwinden, ohne dass jemand verletzt wird. Ist das ein Deal?«

Kaleb hat es doch geahnt. Sie sind nicht wegen Lebensmitteln oder anderen materiellen Dinge hier. Josko ist auf Frischfleisch für seinen Harem aus. Weshalb sollten sie sonst eine ganze Woche früher in dieser Siedlung auftauchen?

»Gegenangebot», erwidert Dana, »ihr haut auf der Stelle ab und ich lasse euch am Leben.«

Wie auf Kommando tauchen hinter jeder Hütte bewaffnete Frauen auf. Manche erscheinen mit Pfeil und Bogen, andere mit Schwertern und Macheten, bereit die kleine Gruppe anzugreifen. Vincent, Jim und Otis wechseln einen Blick. Kaleb kommt es so vor, als würden sich Jim und Vincent gleich in die Hosen machen, doch Otis grinst nur belustigt.

»Was denkst du, wird passieren, wenn wir nicht mehr zurückkommen, alte Frau?«, fragt er die Anführerin in ruhigem Tonfall. Sie antwortet nicht.

»Ich sage dir, was passieren wird. Wenn ihr uns tötet, wird Josko hier auftauchen und zwar mit der gesamten Meute. Ich meine, der Mann hat einen Ruf zu verlieren, er kann doch nicht zulassen, dass man ihm nicht gibt, was er verlangt. Dann bleibt es nicht nur bei zwei Mädchen. Nein, er wird den Männern anbieten, alle deine Mädchen und Frauen zu beglücken und sie dann danach eine nach der anderen töten. Hatte ich schon erwähnt, dass wir mehr als dreihundert Männer in unserem Lager haben? Nicht? Naja, ist ja auch egal. Der Frauenverschleiß in unserem Lager ist echt mörderisch. Jedenfalls wird er den Rest von euch in die Hütten sperren und sie lichterloh brennen lassen. Das wird sicher sagenhaft. Wäre auch nicht das erste Mal. Also überlege dir deinen nächsten Schritt gut, Dana.«

Danas Kiefer mahlen. Es scheint eine Ewigkeit zu vergehen, bis die Frau ihre Hand hebt und die anderen Bewohnerinnen ihrem stummen Befehl folgen. Alle senken ihre Waffen.

Otis grinst zufrieden und richtet sich an Vincent und Jim. »Na los, holt euch zwei von ihnen und dann hauen wir ab.«

In Kaleb kocht das Blut. So hatte er sich den Raubzug nicht vorgestellt. Diese Menschen zu berauben ist schon schlimm genug, aber junge Mädchen zu entführen, ist das Widerlichste überhaupt. Ist er wirklich so tief gesunken? Erst ein Mord und jetzt das? Warum zum Teufel tut er das hier? Warum ist er noch bei den Enter?

Das Gesicht der Anführerin läuft rot an. Kaleb kann ihre Wut und den Hass durchaus verstehen, doch ihr bleibt keine Wahl, denn sie weiß, genau wie alle anderen, dass Otis' Worte der abscheulichen Wahrheit entsprechen.

»Ich schlage einen anderen Deal vor«, meldet sich eine Frau zu Wort, legt ihre Axt auf den Boden und eilt zu ihnen herüber. Otis sieht sie interessiert an. Die leuchtend roten Haare und die sportliche Figur lassen sie jünger wirken als sie vermutlich ist. Kaleb würde sie auf Anfang bis Mitte dreißig schätzen.

»Ich biete mich freiwillig an. Ich und noch ein paar andere Frauen. Wir wären bereit, ein paar Stunden mit euch zu verbringen, dafür lasst ihr die Mädchen hier.«

Otis lacht laut auf. »Ich soll meinen Kopf riskieren, nur um ein paar Frauen zu vögeln? Das kann ich auch so haben«, erwidert Otis.

»Josko teilt seine Mädchen sicher nicht mit euch. Habe ich recht? Während er ein ganzes Haus voll Frauen besitzt, habt ihr nichts. Ich gebe dir und deinen drei Freunden die Möglichkeit, eine Menge Spaß mit uns zu haben. Ihr werdet es nicht bereuen.«

Jim und Vincent warten unweit der Hütte gespannt auf Otis' Antwort. Kaleb kann in ihren Gesichtern sehen, wie gierig sie auf das Angebot sind. Josko hat den Männern verboten, die Frauen in den Siedlungen zu schänden, wenn er nicht dabei ist. Der Anführer der Enter demonstriert damit seine Macht gegenüber seinen Männern, und diese fügen sich. Die Frau hat recht. Josko teilt nicht, seine Frauen schon gar nicht. Der Überschuss an Männern im Enter-Lager hat schon so manchen den Kopf gekostet. Sei es, weil sie sich an eine von Joskos Frauen rangemacht haben, oder weil sie die Frau eines anderen angefasst haben. Meist endet sowas mit mindestens einem Toten.

Otis blickt zu seinen Freunden.

»Wir haben die Karte«, startet Kaleb einen Versuch, auch wenn ihm dieser Deal genauso wenig schmeckt wie der vorige.

»Wir können Josko sagen, dass wir gleich zurückgekommen sind, um sie ihm zu bringen, und nicht in die Siedlung gegangen sind.«

Vincent nickt Otis eifrig zu. Auch Jim lässt, bei dem Versuch eines anzüglichen Grinsens, eine Reihe ungepflegter Zähne zum Vorschein kommen.

»Na gut«, stimmt Otis dem Handel zu. »Dann machen wir es so. Und wehe einer von euch verplappert sich, dem schlitze ich die Kehle persönlich auf«, droht er.

Grinsend läuft Vincent an Kaleb vorbei und betritt die kleine Hütte, in die ihm vier Frauen folgen. Als Jim an

Kaleb vorbeigeht, zwinkert er ihm zu. »Na, Schnittchen, auf was wartest du? Komm schon, wir haben nicht den ganzen Tag Zeit.«

Kaleb schüttelt angewidert den Kopf. »Nein danke.« Er möchte nichts von dem hören, was gleich aus dieser Hütte kommen wird. Er macht sich auf den Weg zu dem kleinen Bach, der nahe der Kommune fließt und die Schreie der Frauen hoffentlich übertönen wird.

»Das ist wirklich eine gute Ausbeute. Die beste seit Jahren«, sagt Josko und schmunzelt zufrieden, während er die Karte studiert.

Otis, Vincent und Jim sehen sich dabei mit stolzgeschwellter Brust an. Ihr Dauergrinsen ist nicht aus ihren Gesichtern zu kriegen. Als wäre die Tatsache, einen unbewaffneten Menschen wegen eines Blatt Papiers zu töten, auch noch heroisch. Oder vielleicht liegt es einfach nur daran, dass sie seit Langem mal wieder eine Frau hatten. Ach, was weiß er schon, er möchte gar nicht mehr über den Vorfall in der kleinen Kommune nachdenken.

»Morgen werden wir drei Gruppen losschicken. Sorgt dafür, dass jemand die Karte dupliziert.« Josko übergibt Vincent die Karte und wendet sich an Kaleb. »Du hast deine Aufgabe erfüllt. Hätte nicht gedacht, dass du den Mumm dazu hast.«

Einen anderen hätten die Worte des Anführers vermutlich stolz gemacht, aber nicht Kaleb. Er fühlt sich schmutzig. Das Blut vieler Menschen klebt an seinen Händen, und nun ist das eines weiteren dazu gekommen. Kaleb nickt stumm und entfernt sich, als Josko von einem anderen Bewohner angesprochen wird.

Das Lager liegt außer Reichweite der Sammler. Joskos Vorgänger, so erzählte man Kaleb, brachte seine Leute vor fünf Jahren auf diesen Berg. Für die Maschinen ein nahezu unpassierbarer Weg. Die meisten Menschen hier besitzen nur Zelte, die fest im Boden verankert wurden. Andere, wie der Anführer, haben sich eine Hütte aus Lehm und Steinen bauen lassen. Die Hierarchie im Lager ist allgegenwärtig. Im Grunde herrscht hier das Gesetz des Stärkeren. Friss oder stirb. Dazwischen gibt es nichts.

Als er später an Otis' Unterkunft vorbeigeht, kommt er nicht umhin, das Gespräch zu verfolgen, das sich gerade im Inneren abspielt.

»Hier sind Kommunen und Siedlungen markiert, von denen wir überhaupt nichts wissen. Einige davon besitzen anscheinend Waffen in großer Anzahl«, sagt Vincent.

»Der Kerl muss sie wochenlang beobachtet haben. Was wollte er mit diesen Informationen?«, fragt Jim.

Otis lacht. »Das ist doch scheißegal, jetzt haben wir die Karte. Und ihr könnt eure Ärsche darauf verwetten, dass Josko jede einzelne dieser Siedlungen besuchen wird.«

Erst als der Schmerz nachlässt, bemerkt Kaleb, dass er seine Fingernägel so fest in seine Handballen gedrückt hat, dass sie tiefe Abdrücke hinterlassen haben.

Die Menschen in diesen Siedlungen werden gegen Joskos Leute kaum Chancen haben. Die Enter sind ein gewalttätiges Volk und nicht gerade wenige. Im Gegensatz zu anderen Siedlungen, von denen die meisten von rund hundert bis hundertfünfzig Leute beherbergen, sind es bei den Enter dreimal so viele.

Er hat schon einige Schlachten miterlebt, doch die Brutalität, mit der die Enter vorgehen, lässt sich nur noch mit Barbarei vergleichen. Nicht nur, dass sie plündern und morden, nein, Vergewaltigung steht ganz oben auf ihrer Liste, wie die drei Hinterwäldler in der Hütte heute wieder einmal bewiesen haben. Vielleicht sollte Kaleb ein einziges Mal in seinem kümmerlichen Leben etwas Gutes tun und sich von seinen Taten reinwaschen.

Was denkt er denn da? Was er getan hat, ist unverzeihlich. Niemand wird ihm verzeihen können, am wenigsten er selbst. Aber trotzdem. Vielleicht sollte er es wenigstens versuchen.

»Kommt, lasst uns was futtern gehen. Der Magen hängt mir schon in den Kniekehlen«, fordert Otis die anderen beiden auf. Kaleb reagiert schnell und hastet um die Ecke, wo er sich gegen die Wand drückt. Lachend verlassen die drei Männer das Haus.

Er überlegt noch einmal, ob er das wirklich durchziehen will, aber was bleibt ihm übrig? Wenn sie ihn erwischen … Daran möchte er gar nicht denken. Er sieht sich nochmal aufmerksam um, bevor er in das Haus schleicht. In der Mitte des Raumes steht ein Holztisch, daneben ein Stuhl. Aufgeregt nähert er sich dem Tisch, doch dort liegt sie nicht. Verdammt. Er muss die Karte finden und sie von hier wegbringen. Das Herz schlägt ihm bis zum Hals. Er geht zu einer Kommode und reißt die Schubladen auf. Außer einer Handvoll Nüsse und ein paar verblassten, zusammengerollten Papierfetzen herrscht in den Schubladen gähnende Leere. Der Gedanke, Otis hätte die Karte vielleicht eingesteckt und mitgenommen, schießt Kaleb plötzlich durch den Kopf. Seine Augen bleiben an dem Bett haften, das in der Ecke steht. Schnell eilt er rüber, zieht die Bettdecke hoch und wirft sie ans Fußende. Dann hebt er das Kissen in die Luft. Da ist sie! Einen Augenblick lang überlegt er nochmals, ob er nicht einfach hier verschwinden und dem Schicksal seinen Lauf lassen soll. Doch dann greift er nach der Karte und steckt sie in die Innentasche seiner Jacke. Jetzt sollte er nur noch aus dem Lager kommen und die Karte vernichten. Niemand wird je erfahren, dass er es war, der sie gestohlen hat.

Gerade als er das Haus verlassen will, sieht er Jim wütend draußen durch das Lager stampfen.

»Verdammter Idiot«, murmelt er, denn Jim kommt geradewegs auf ihn zu. Kaleb schaut sich nervös in der kleinen Unterkunft um. Es gibt weder ein Fenster, aus dem er flüchten, noch eine Ecke, in der er sich verstecken könnte. Kaleb hat keine Zeit mehr, denn Jim kommt durch die Tür und bleibt schließlich überrascht am Eingang stehen, als er ihn entdeckt.

»Was machst du denn hier?«

Er ist tot. Man wird ihn vierteilen oder ihm die Haut abziehen.

»Ich …«, stottert Kaleb. Seine Hände zittern. Unbemerkt steckt er sie in seine Jackentaschen. Jim kommt langsam auf ihn zu.

»Hast du dich in der Unterkunft geirrt? Meine ist zwei Häuser weiter.«

»Ich wollte mit ... Otis reden ...«

Jim hebt neugierig die Augenbrauen. »Über etwas Bestimmtes?«

An Jims Mimik erkennt Kaleb, dass er geliefert ist. Er muss einen Ausweg aus dieser misslichen Lage finden. In seinem Kopf rattert es. Selbst wenn er es an Jim vorbei schafft, würden dessen Schreie die anderen alarmieren, und er würde keine zehn Meter weit kommen.

»Ich dachte, ich hätte was ins Haus schleichen sehen, dort, hinter der Kommode. Siehst du?« Mit dem Finger zeigt er auf die Stelle.

Eine Weile sieht Jim ihn misstrauisch an, doch letztlich dreht er sich um und wirft einen Blick in Richtung der Kommode. Das ist Kalebs einzige Chance.

Hektisch greift er nach dem Stuhl, hebt ihn in die Luft und schmettert ihn ohne zu zögern auf Jims Rücken. Der torkelt kurz, scheint sich aber wieder zu fangen. Kaleb holt wieder aus und trifft den Mann mit voller Wucht am Hinterkopf. Geräuschvoll geht Jim zu Boden. Kaleb hofft, dass niemand den lauten Aufprall gehört hat, und sieht auf den bewusstlosen Körper hinab. Jim rührt sich nicht mehr.

So schnell ihn seine zitternden Beine tragen, flüchtet Kaleb aus der Unterkunft. Zu seinem Glück ist niemand in der Nähe. Das war es wohl mit seinem tollen Plan. Zurück kann er nicht mehr. Er muss das Lager so schnell wie möglich verlassen und er darf nie wieder zurückkehren.

Kapitel 6

Benjamin

Die Jungen und Mädchen werfen Benjamin neugierige Blicke zu, als er die Türe der Trainingshalle passiert. Die meisten sind das erste Mal hier, während ein paar schon länger an dem Training teilnehmen. Benjamin ist nur einige Jahre älter als die jungen Erwachsenen, die er im Nahkampf ausbildet. Die ehrfürchtigen Blicke, die ihm die Bewohner des Bunkers und die jungen Menschen zuwerfen, wenn er durch die Gänge schreitet, hat er aber schon immer genossen.

Etwa zwanzig Jugendliche stehen stramm in ihren Uniformen vor ihm. Er kann sich noch genau daran erinnern, wie er selbst vor sechs Jahren mit dem Training begann. Mit seinen vierzehn Jahren war er damals der jüngste Teilnehmer, aber deshalb sicher nicht mit Samthandschuhen angefasst worden.

»Sir, werden wir heute die neuen Waffen testen?« Thomas, einer der älteren und erfahreneren Jungen wartet unruhig auf eine Antwort. Benjamin weiß, wie sehr sich die Mannschaft darauf freut, die kürzlich hergestellten Waffen testen zu dürfen, aber leider werden er und die anderen sich noch eine Weile gedulden müssen. Er selbst kann es allerdings auch kaum noch erwarten.

»Das dauert noch, Thomas«, erwidert Benjamin. »Heute setzen wir das Training von gestern fort. Nahkampf mit Stab und Messer. Für den Neuzugang gilt: keine Messer. Ihr werdet erst einmal lernen müssen, euch mit euren Fäusten zu verteidigen. Also, los geht's.«

Nach drei Stunden harten Trainings ist die Hälfte der Jugendlichen schon an ihre Grenzen gestoßen. Schweißgebadet liegen einige am Boden und japsen schwer nach Luft. Benjamin schüttelt verständnislos den Kopf. Und diese Luschen sollen gegen die Sammler kämpfen? Zum Glück haben sie genug Frauen und Männer, die im Kampf erprobt sind, sonst würden die Sammler ihnen nach nur wenigen Sekunden in den Hintern treten.

Die damalige US-Regierung baute den Bunker für den Fall eines dritten Weltkrieges. Wer konnte ahnen, dass sich die Menschen nicht selbst zerstören, sondern der Feind vom Himmel kommen würde? Auf jeden Fall haben die Leute damals großzügig geplant. Platz ist hier nämlich genug. Dennoch wird niemand mehr von draußen aufgenommen. Solange sie nicht bereit sind und ihre Streitmacht nicht stark genug ist, werden sie den Teufel tun und der Welt mitteilen, dass es sie gibt. Einheit 36. So nennen sich die Bewohner hier. Das war das Jahr, in dem die Squatters auf die Erde kamen, beinahe die komplette Erde vernichteten und Menschen wie Sklaven abtransportierten oder töteten.

»Schluss für heute. Verschwindet. Wer morgen zu spät kommt, macht Küchendienst. Ist das angekommen?«

Die meisten nicken nur, packen ihre Sachen, und machen, dass sie schleunigst wegkommen. Der Rest schafft es gerade noch, aus dem Raum zu kriechen.

Stirnrunzelnd begibt sich Benjamin in seine Kabine. Nachdem er geduscht hat, stattet er der Kantine einen

Besuch ab und nimmt sich schnell etwas zu essen mit. Er hat gleich eine Besprechung mit dem Chief. Eigentlich müsste er ihn ja Commander-in-Chief nennen, aber nach so vielen Jahren sind inzwischen alle, er eingeschlossen, dazu übergegangen, den kürzeren Titel Chief zu benutzen. Und ganz ehrlich, die militärischen Strukturen und Titel, die es früher wohl mal gegeben hat, sind doch ohnehin alle nicht mehr von Belang. Ob Commander-in-Chief oder nur Chief, für Benjamin ist das alles nur Spielerei.

Vor dem Treffen sollte er aber im Labor nachsehen, ob Lucas dort irgendwo steckt. Wie üblich wird er vor lauter Bioscheiß das Essen vergessen haben. Ist doch nicht zu fassen, dass er seinem älteren Bruder nachlaufen muss, als wäre er ein Kleinkind.

»Habt ihr Lucas heute Morgen schon gesehen?«, fragt er, als er in das Labor für Waffentechnik kommt. Die Anwesenden drehen sich zu ihm um und schütteln unwissend den Kopf. Wo steckt der Kerl nur? Besorgt verlässt er das Labor.

Auf dem Weg zum Chief kommt ihm Nadia entgegen. Manchmal hasst er diese Tunnel, denn sie bieten keinen Platz, um sich irgendwo schnell mal verpissen zu können. Der Bunker ist enorm, aber gerade jetzt hat er das Gefühl, sich in einem winzigen Rattenkäfig zu befinden. Nadias Augen sprühen geradezu vor Wut. Er hätte wirklich auf Lucas hören und sich von ihr fernhalten sollen. Aber hin und wieder scheint sein Gehirn bei dem Anblick einer schönen Frau einfach abzuschalten. Er atmet erleichtert auf, als er hinter Nadia den Chief erkennt, der in seine Richtung kommt. Wobei er sich nicht ganz sicher ist, wer von den beiden das größere Übel ist, wenn er genau darüber nachdenkt.

»Benjamin«, ruft der Chief knapp und deutet mit einem Nicken an, er solle ihm folgen. Benjamin holt den älteren Mann zwar ein, aber der scheint es wirklich eilig zu haben.

»Hast du deinen Bruder gesehen?«, fragt der Chief, während die beiden durch den Tunnel marschieren.

»Nein. Ich bin selbst auf der Suche nach ihm.«

Sie biegen in einen weiteren Tunnel ab und steuern die Zentrale für taktische Analysen an.

»Finde ihn. Wir brauchen seine Daten.«

»Ja, Sir.«

Nach weiteren schweigsamen, hundert Metern, erreichen sie den Raum, der von Anfang an als Kommandozentrale geplant worden war. Die Betonwände sind inzwischen mit Karten volltapeziert. Kaum ein Zentimeter Platz ist übrig. Einige zeigen Siedlungen und Kommunen an, in denen sich Menschen aufhalten, gekennzeichnet mit der Bewohneranzahl und dem zugehörigen Waffenarsenal. An der gegenüberliegenden Wand erstreckt sich eine drei mal zwei Meter große Weltkarte, die die Standorte der Squatters markiert. Soweit ihnen bekannt ist, gibt es weltweit zweiunddreißig Festungen der Besetzer. Wie viele Sammler es gibt, ist schwer einzuschätzen. Seit sechs Monaten versuchen ihre Späher das herauszufinden, indem sie in die Festungen einzudringen versuchen, doch keiner von ihnen ist bisher wieder zurückgekommen.

Vier Männer und drei Frauen sind in der Zentrale mit Analysen und Taktiken beschäftigt. Ja, es hat sich seit seiner Kindheit wirklich so einiges verändert. Anfangs hatten die Menschen im Bunker keinen Plan. So vegetierten die meisten vor sich hin, in der Hoffnung, die Squatters würden irgendwann wieder von allein den Weg in den Himmel finden. Doch das haben sie nicht und sie machen auch jetzt keine Anstalten dazu. Erst vor zehn Jahren, nachdem die Furcht, die die Menschen bis dahin gelähmt hatte, immer mehr dem Wunsch nach Freiheit und Frieden gewichen war, fingen sie an, sich zu formieren. Pläne zu schmieden, um einen Weg zu finden, diese verdammten Monster zu besiegen. Sich auf ewig hier unten zu verstecken und zu warten, bis die Menschen völlig ausgerottet werden, ist keine Option.

»Zwei uns unbekannte Männer haben den Südeingang gefunden«, berichtet einer der Anwesenden.

»Ist uns wenigstens bekannt, aus welcher Siedlung sie stammen?«, fragt Chief Collins, während er die Karte an der Wand studiert.

»Nein.«

Der Chief überlegt nur kurz, bevor er antwortet. »Sie wissen, was zu tun ist.«

Der junge Mann blickt sich unsicher um. »Ich glaube nicht, dass sie eine Bedrohung darstellen, Sir.«

Die anderen sechs, die die Diskussion bisher teilnahmslos verfolgt hatten, sehen sich angespannt an. Gefährlich langsam dreht sich der Chief zu dem Mann um. »Hank, richtig?«

Der Mann nickt.

»Hank, haben Sie eigentlich auch nur eine winzige Vorstellung davon, wie es uns möglich war, in den letzten zwanzig Jahren unbemerkt zu bleiben? Aus welchem Grund uns die Sammler bisher nicht finden konnten?«

Hank dreht nervös einen Stift in den Händen und wirft immer wieder Blicke zu seinen Kollegen.

»Da Sie offenbar in unserer Geschichte nicht sehr bewandert sind, werde ich Sie aufklären«, fährt der Chief fort, ohne auf eine Antwort zu warten. »Wir lassen uns nicht von unseren Gefühlen leiten. Wissen Sie, was mit Menschen geschieht, die sich von ihren Gefühlen leiten lassen?«

Schweigend tritt der junge Mann von einem Fuß auf den anderen, bleibt aber still.

»Sie sterben. Sie sterben, weil sie nicht über die Folgen ihres Handelns nachdenken. Sie glauben, Entscheidungen aufgrund ihrer Menschlichkeit zu treffen, wäre edel, doch im Grunde ist es einfach nur dumm. Es haben schon manche den Weg in unseren Bunker gefunden. Das ist ein Problem. Und Probleme, Hank, müssen beseitigt werden. Wir können es uns nicht leisten, entdeckt zu werden. Was denken Sie, wie schnell sich die Position unserer kleinen unterirdischen Stadt verbreiten würde? Im Nu wären wir von Plünderern und Mördern umgeben und bald würden auch die Sammler hier auftauchen und unser Vorhaben vernichten, noch bevor es begonnen hat. Wir, mein Junge, sind die letzte Hoffnung der Menschheit. Wenn wir fallen, gibt es keine Hoffnung mehr. Für Niemanden.«

Beschämt schaut Hank zu Boden und wagt es nicht,

dem etwas entgegenzusetzen. Irgendwie tut der junge Mann Benjamin leid. Er weiß genau, wie er sich in diesem Moment fühlen muss. Er selbst musste sich diese Vorträge oft genug anhören, so oft, dass sie ihm fast aus den Ohren herausgequollen sind. Jedes Mal hat er dabei das Gefühl gehabt, immer kleiner und unbedeutender zu werden.

Benjamin schaut über seine Schulter, als ihm plötzlich jemand von hinten auf die Schulter klopft. Levi steht hinter ihm.

»Dann sind wir uns ja einig und können mit der eigentlichen Besprechung beginnen«, beendet der Chief das Gespräch. Sofort kehrt der Alltag ein und niemanden kümmert es mehr, was mit den zwei neugierigen Männern passiert, die das Pech hatten, einen Eingang zum Bunker zu finden. Er ist so weit abgelegen und gut versteckt, dass man manchmal den Eindruck hat, sie würden außerhalb jeglicher Zivilisation leben. Und trotzdem finden einige hin und wieder einen Weg zu ihnen.

»Wie weit sind wir mit der Infiltration der Festung?«, fragt der Chief.

Eine der Frauen ergreift das Wort. »Die Späher sind noch nicht zurück. Sie hätten gestern eintreffen sollen.«

»Warum wurde ich nicht schon gestern darüber informiert?«

Unsicher blickt die Frau den Chief an. »Sie waren gestern sehr beschäftigt, Sir. Und ich … ich wollte Sie nicht damit behelligen.«

Der Chief sieht unzufrieden aus. »Wie steht es mit dem Waffenlager?«

Der älteste von ihnen wirft einen Blick auf ein Blatt Papier, das in einem Klemmbrett steckt. »Das Waffenlager ist beinahe voll. Wir besitzen mehrere tausend Handgranaten, zweihundert Pistolen in verschiedenen Ausführungen inklusive Munition, und Bögen für etwa dreihundert Schützen und Pfeile in angemessener Menge. Es werden täglich mehrere hundert gespickte Aufsätze fertiggestellt. Allerdings werden die Rohstoffe knapp. Kalisalpeter und Schwefel sind noch vorhanden, aber es mangelt an Holzkohle, um die Minen und Wurfgeschosse herzustellen.«

Der Chief nickt und wendet sich an Benjamin. »Schick ein paar Männer los, sie sollen Nachschub besorgen. Und finde deinen Bruder. Er soll sich unverzüglich bei mir melden.«

Benjamin dreht sich um und verlässt den Raum ohne ein weiteres Wort, gefolgt von Levi.

»Wieder eine seiner geliebten Reden?«, fragt Levi beiläufig, als sie mit schnellen Schritten durch den Tunnel schreiten.

»Du kennst ihn doch. Sobald er eine Möglichkeit sieht, jemandem seine Meinung aufzudrücken oder ihn fertigzumachen, ergreift er sie so schnell er kann.«

Benjamin kann es kaum erwarten, so weit wie möglich aus der Reichweite des Chiefs zu verschwinden, was auch Levi nicht entgangen ist.

»Hey Kumpel, er verfolgt dich nicht, keine Bange. Kannst du einen Gang runterschalten?« Levi packt Benjamin am Arm und zwingt ihn zum Stehenbleiben, als er sein Tempo nicht drosseln will.

»Hör mal. Ich weiß, dass ihr eure Differenzen habt, und was geschehen ist, kann niemand rückgängig machen. Vielleicht solltest du einfach mal mit dem Chief sprechen und die Sache ein für alle Mal aus der Welt schaffen.«

»Mit ihm kann man nicht reden, Levi. Das weißt du genauso gut wie ich. Außerdem gibt es nichts, was ich ihm zu sagen hätte. Es ist, wie es ist, lass es einfach gut sein.«

Levi sieht ihn mit einer Mischung aus Mitgefühl und Unverständnis an. »Hass ist keine Lösung. Rede mit ihm. Er ist immerhin dein Vater.«

Kapitel 7

Lara

»Was geschieht nun als Nächstes?«, fragt Lara Andrew, nachdem sie Dell in der Pflegeunterkunft abgeliefert haben, auf dem Weg in die Höhlen.

Schon vor einer ganzen Weile ist die Sonne untergegangen, der Marsch hat länger gedauert, als sie gedacht hätte. Es ist still auf dem Hof der Gemeinde. Die Sammler jagen in der Regel nur bei Nacht, weil sie so die Wärme der Menschen besser wahrnehmen können. Zumindest wurde ihnen das von den alten Bewohnern gesagt. Doch auch hier bestätigt die Ausnahme die Regel, weswegen sie zu jeder Tageszeit wachsam sind.

Andrew zuckt mit den Schultern. »Ich weiß nicht. Ich vermute, Fletcher möchte erst einmal hören, was passiert ist, und wird dann entscheiden.«

»Denkst du, wir müssen den Lauf wiederholen?«

»Das könnte gut möglich sein. Genaugenommen hat ihn keiner von euch geschafft. Aber mach dir darüber keine Gedanken.« Andrew drückt Lara an sich, während sie weitergehen. »Ich bin froh, dass du gesund wieder zurückgekommen bist. Und ich bin sehr stolz auf dich.«

Lara kickt einen Stein aus dem Weg und denkt darüber nach, wie sich Fletcher morgen entscheiden wird. Sie hat Angst, dass sie nicht bei den Suchern aufgenommen wird, nur weil sie mal wieder jemandem geholfen hat.

Andrew bleibt stehen, umfasst Laras Schultern mit beiden Händen und sucht Blickkontakt, indem er sich zu ihr hinunter beugt.

»Hör zu, Lara, du hast alles so gemacht, wie ich es von dir erwartet habe.«

»Ich bin ein guter Mensch«, rezitiert Lara Andrews Worte, von denen sie weiß, dass sie jetzt gleich kommen werden, denn sie hat sie schon tausendmal gehört. Sie rollt mit den Augen.

»Genau. Tief drinnen weißt du, dass wir stets füreinander da sein müssen, uns den Rücken stärken. Es gibt zwei Arten von Menschen, Lara. Die, die Schutz brauchen und die, die Schutz geben. Zu welcher Art du gehören möchtest, entscheidest nur du allein. Und du hast dich schon sehr früh entschieden, das habe ich dir schon oft gesagt. Du konntest gar nicht anders. Es sitzt tief in dir drinnen, anderen helfen zu wollen. Diese Eigenschaft ist ein Teil von dir geworden, wie deine Narben ein Teil von dir geworden sind. Und dieser Junge, Dell, braucht ebenso unsere Hilfe und unseren Schutz wie alle anderen auch, selbst dann, wenn er meint, keinen zu benötigen.«

Ungläubig sieht sie ihn an. »Dell ist nicht schwach, sondern nur ein Vollidiot.«

Andrew lächelt belustigt. »Ein Vollidiot zu sein, macht einen schwach. Das hast du heute selbst sehen können. Aber so oder so, du konntest ihm deine Hilfe nicht verweigern. Du wirst nicht das letzte Mal auf Menschen gestoßen sein, die so sind wie er. Die deine Hilfe nicht wollen, nicht wissen, dass sie sie brauchen. Aber ich kenne dich, Lara, du wirst niemals jemandem deine Hilfe verweigern. Verstehst du, was ich dir damit sagen möchte?«

Lara nickt stumm.

»Gut, denk immer dran. Du bist ein guter Mensch. Und jetzt komm. Wir sollten nicht länger als nötig hier draußen rumstehen.«

Ob Paps weiß, wieviel er mir bedeutet, fragt sie sich, als sie am nächsten Morgen in ihrem Bett liegt und über seine Worte nachdenkt. Sie glaubt nicht, dass sie ihm jemals wirklich dafür gedankt hat. Für das, was er für sie getan hat. Dabei hätte er es allemal verdient. Seit Lara denken kann, versucht sie, wie er zu sein und immer das Gute im Menschen zu sehen, doch manchmal fällt ihr das unheimlich schwer. Mit einem mulmigen Gefühl steht Lara auf. Die Nacht ist wenig erholsam gewesen und auch jetzt, nachdem sie sich angezogen hat, ist es nicht besser geworden.

Schweigend betreten die Bewohner den Hof der Gemeinde und stellen sich nacheinander im Kreis auf. Bei jeder Ansprache soll sich die ganze Gemeinschaft versammeln. Fletcher hat diese Lachnummer eingeführt, um einen Sozialstaat zu simulieren, dabei weiß jeder, dass das letzte, und damit verbindliche Wort, doch bloß er hat.

Dell wird von seinen Eltern gestützt und auf einen Baumstamm gesetzt. Sein Bein ist mit frischen Tüchern bandagiert. Nervös krallt Lara ihre kurzen Nägel in die Innenseite ihrer Hände. Andrew greift unbemerkt nach ihrer Hand, drückt sie leicht und Lara merkt, wie sich die Anspannung sogleich ein wenig legt. Auch Harry, der um seinen Brustkorb einen dicken Verband trägt, steht aufmerksam im Kreis.

Fletcher stellt einen Holzstuhl auf ein Podest und schaut in die Runde. Die Erhöhung, die aus alten Holzlatten zusammengezimmert worden ist, ist nicht sehr hoch, zwanzig Zentimeter vielleicht, aber es reicht, um allen zu vermitteln wer hier das Sagen hat.

»Gestern fand der alljährliche Lauf der Anwärter für die Sucher statt. Tragischerweise ereignete sich dabei ein Unfall, bei dem einer der Teilnehmer verletzt wurde. Wir sind hier, um zu klären, was genau vorgefallen ist, und wie wir in dieser Situation angemessen vorgehen.«

Sofort macht sich leises Gemurmel unter den Bewohnern breit. Einige blicken in Laras Richtung, andere werfen Dell mitleidige Blicke zu.

»Dell, bitte schildere uns, was gestern vorgefallen ist.«

Dell räuspert sich und fängt an zu erzählen. Nachdem er fertig ist, wendet sich Fletcher an Lara.

»Hast du gesehen, dass Dell von diesem Tier verfolgt wurde?«

»Ja. Das heißt, ich habe gesehen, dass da etwas war, aber ich konnte nicht erkennen was«, antwortet sie wahrheitsgemäß.

»Und du hast ihn nicht gewarnt?«

Sie schaut Dell scharf an, denn dieses Detail hat er nicht erwähnt. Lara fragt sich, ob das von ihm beabsichtigt war.

»Ich habe gerufen«, antwortet sie schließlich.

Fletcher verschränkt die Hände hinter seinen Rücken und dreht sich in Dells Richtung. »Ist das wahr, Dell?«

Wie ein Häufchen Elend sitzt er auf dem Baumstamm,

schaut in die Gesichter der wartenden Bewohner.

»Ich habe nichts gehört.«

Sofort wird es laut unter den Anwesenden. Laras Herz bleibt für einen Bruchteil einer Sekunde stehen. Sie kann nicht fassen, dass er lügt. Andererseits, denkt sie, hätte mir das klar sein müssen.

»Du lügst!«, schreit sie ihn an und erkennt, wie sich seine Mundwinkel fast unmerklich zu einem Grinsen nach oben ziehen.

»Sag, dass das nicht wahr ist. Du hast dich umgedreht und bist weitergelaufen. Sag es!« Lara geht wütend auf ihn zu, doch Andrew packt sie am Arm und zieht sie wieder zurück in den Kreis.

»Was ist mit Paul?«, wirft Andrew ein. »Er war doch auch dabei. Fragen wir ihn.«

Alle Blicke richten sich auf den schmächtigen Jungen, dessen Gesicht plötzlich heller leuchtet als sein rotes Haar.

»Ich ... ich ...«, stottert Paul.

Dells Vater schneidet ihm das Wort ab und stellt sich aufgebracht vor seinen Sohn. »Wollt ihr meinen Sohn wirklich als Lügner anprangern? Wenn er sagt, dass er nichts gehört hat, dann war das so. Oder wollt ihr einem Mädchen aus dem Süden mehr glauben als Dell? Sie ist ja nicht einmal eine von uns.«

»Pass auf was du sagst, Marcus«, warnt Andrew ihn zornig und stellt sich schützend vor Lara.

»Sonst was? Jeder weiß, dass diese Leute schuld sind an dem, was damals mit unserem Dorf passiert ist. Sie haben sie direkt zu uns geführt. Über zwanzig unserer

Leute sind dabei gestorben und ebenso viele wurden eingesammelt. Sie wussten, was mit uns geschehen würde, wenn sie in unsere Richtung flüchten, aber das war ihnen egal.«

»Sie haben Schutz und Hilfe gesucht«, kontert Andrew.

»Schutz? Wie zum Teufel hätten wir sie schützen sollen? Wegen diesem egoistischen Pack mussten wir uns ein neues Zuhause suchen. Nur gut, dass sie alle draufgegangen sind, sonst hätte ich das erledigt. Und dasselbe hättest du mit dieser Missgeburt tun sollen, als du sie gefunden hast!«

Rasend vor Wut stürmt Andrew auf den Mann zu. Ohne Vorwarnung holt er aus. Es knackt hörbar, als Andrews Faust auf das Gesicht des Mannes trifft. Er holt zu einem weiteren Schlag aus, wird aber von seinen Kameraden, den Suchern, zurückgehalten. Marcus schwankt gefährlich und lässt sich dann auf den Boden fallen.

Lara kann die Tränen, die sich in ihren Augen bilden, gerade noch zurückhalten.

»Lass gut sein, Andrew, der ist es doch nicht wert«, beruhigt ihn Kai, mit dem Andrew als Einzigen eine Art Freundschaft pflegt. Marcus steht auf und hält dann die Hand vor seine blutige Nase.

»Schluss jetzt!«, brüllt Fletcher empört. »Der Nächste, der diese Versammlung stört, wird augenblicklich ausgeschlossen.« Dabei sieht er Marcus und Andrew gleichermaßen drohend an. »Wir können es uns nicht leisten, uns gegenseitig zu bekämpfen, dafür haben wir schon die Sammler und ihre Schöpfer. Also beruhigen wir uns alle und fahren mit der Versammlung fort.«

Eine Weile ist es ruhig. Laras Magen rebelliert. Ob es Wut oder Enttäuschung ist, die in ihr brodelt, kann sie nicht sagen, aber es tut verdammt weh. Sie weiß schon lange, dass man sie in der Gemeinde verachtet, aber so direkt hat es bisher keiner von den Bewohnern ausgesprochen.

»Paul. Hast du gehört, dass Lara Dell gewarnt hat oder nicht?«, fragt Fletcher den Jungen ungehalten.

Der sieht sich in alle Richtungen um, und nach einer ganzen Weile nickt er schließlich. Wieder beraten sich die Bewohner murmelnd untereinander.

»Was ist mit dir?«, fragt Fletcher Paul plötzlich. »Hast du ihn gewarnt?«

»Ich ... ich ...«

»Hast du oder hast du nicht?«

Paul senkt beschämt den Kopf. »Ich wusste nicht ... ich ... ich hatte Angst. Ich wollte rufen aber, ...«

Die Bewohner schütteln fassungslos die Köpfe.

»Gut, dann wäre das geklärt«, stoppt Fletcher den Jungen. »Lara hat als Einzige richtig gehandelt.« Er wirft den beiden Jungen einen vorwurfsvollen Blick zu. »Dessen ungeachtet hat keiner von euch den Lauf erfolgreich absolviert. Ihr habt die Möglichkeit, die Prüfung nächstes Jahr zu wiederholen. Damit ist die Versammlung beendet. Marcus, geh in die Pflegeunterkunft und lass dir die Nase richten. Für alle anderen gilt: Geht wieder an eure Arbeit!«

Lara will gerade ansetzen, um gegen den Entschluss zu protestieren, da packt Andrew sie an den Schultern und zerrt sie mit sich.

»Sag jetzt nichts mehr, Lara.«

»Aber das ist unfair. Es war nicht meine Schuld, dass ich den Lauf nicht beenden konnte. Fletcher ist ein Arschloch«, speit sie aufgebracht. Ein Jahr. Sie wird ein ganzes Jahr warten und in der Zwischenzeit eine Arbeit verrichten müssen, die sie hasst.

Andrew zieht sie weiter, bis sie ein wenig außerhalb der Siedlung stehen bleiben.

»Hey, hör mir zu. Fletcher ist oft hart und setzt die Regeln nicht immer durch, wie die Bewohner es gerne hätten. Dir mag das vielleicht nicht so vorkommen, aber Fletcher ist im Gegensatz zu anderen immer gerecht gewesen. Auch wenn er manchmal ein Arschloch ist, sorgt er immer für seine Leute. Du solltest nie vergessen, dass er es war, der dich aufgenommen hat. Ohne seine Zustimmung wären wir beide wahrscheinlich jetzt irgendwo alleine unterwegs oder bereits tot«, beendet er seinen Vortrag.

»Ich hätte das Schwein mitnehmen sollen anstatt dieses Lügners. Dann hätten wir wenigstens was zu essen gehabt.«

Andrew lächelt sie an und wuschelt ihr durchs Haar.

»Ach ja? Du hast gesagt, das Tier wäre riesig gewesen.«

»Na und? Das hätte ich schon irgendwie geschafft«, erwidert sie schulterzuckend. »Übrigens ...«, setzt sie an, als sie sich jetzt zu ihren Unterkünften bewegen. »Wer bestraft dich eigentlich für die gebrochene Nase?«

Andrew lacht laut auf. »Ich fände es nur gerecht, wenn

du das übernehmen würdest.«

»Hm ... Also, ich finde eine Woche meine Wäsche zu waschen, wäre eine angemessene Strafe.«

Andrew stemmt die Hände auf die Hüften und sieht sie überrascht an. »Eine Woche?«, erwidert er empört. Lara nickt schelmisch und geht weiter.

»Ich muss heute wieder los. Kommst du alleine zurecht?«, fragt Andrew, nachdem sie in ihrer Unterkunft angekommen sind.

»Wann müsst ihr denn aufbrechen?«

»Bald. Wir sollten aber vor Sonnenuntergang wieder zurück sein.«

Es gefällt Lara nicht, dass er schon wieder aus der sicheren Zone muss. Jedes Mal schnürt die Angst ihr die Kehle zu. Der Gedanke, er würde nicht wieder zurückkommen und sie hier allein zurücklassen, treibt sie manchmal beinahe in den Wahnsinn. Lara setzt sich auf das schmale Bett und seufzt laut.

»Was glaubst du, geschieht mit den Menschen, die die Sammler mitnehmen?«

Andrew setzt sich neben sie aufs Bett. »Ich weiß es nicht, niemand weiß das.«

Lara stützt ihren Kopf an Andrews Schulter ab. »Glaubst du, meine Eltern sind eingesammelt worden?«

Sein Arm legt sich schützend um ihre Schulter. »Ich weiß es nicht, Kleine. Ich weiß es nicht.«

Kapitel 8

Kaleb
New York City
Zwanzig Jahre zuvor

Die Sonne verdunkelt sich plötzlich, als Kaleb mit einer Schaufel ein Loch gräbt. Seine Schwester und er haben Mutter versprochen, eine riesige Burg zu bauen und sie nach ihr zu benennen. Ihr Vater hat Sand besorgt und ihn dann in einen Kasten gefüllt. Natürlich hat Kaleb dabei helfen dürfen, immerhin ist er sieben Jahre alt und schon fast ein Mann.

Natalie blickt nach oben. Ihre Augen sind schreckgeweitet und ihr Mund halb offen. Kaleb reckt seinen Kopf und schaut ebenfalls in den Himmel. Etwas Großes hat sich vor die Sonne geschoben und hat sie hinter sich versteckt. Die schwarze Kugel, die über der Stadt schwebt, kommt immer näher, direkt auf sie zu. Das Ding macht weder Geräusche, noch kann Kaleb Dampf oder Ähnliches erkennen, wie er es von Raumschiffen aus dem Fernsehen kennt. Mutter kommt herausgestürmt und zieht ihn und seine Schwester mit sich ins Haus.

Der Fernseher im Wohnzimmer läuft. Aufgeregt berichtet die Nachrichtenfrau über die schwarze Kugel, die direkt hinter ihr in der Luft schwebt.

»Das Phänomen spielt sich auf mehreren Teilen der Erde gleichzeitig ab. Zum jetzigen Zeitpunkt kann niemand genau sagen, wie viele von diesen Objekten sich inzwischen auf der Erde befinden. Unbestätigten Berichten zufolge ist die Wahrscheinlichkeit, dass sie extraterrestrischen Ursprungs sind, sehr hoch. Das Militär und die NSA befinden sich vor Ort. Was die Besucher hier auf der Erde wollen und woher sie kommen, ist zurzeit noch unklar. Moment, einen Augenblick, wir empfangen gerade eine Meldung. Dave, senden, senden ... «

Die Frau wirkt sehr aufgeregt. Kaleb nähert sich dem Fernseher. Plötzlich ist der Bildschirm schwarz. Als hätte ihn jemand abgeschaltet. Doch nur wenige Sekunden später erhellt sich der Fernseher wieder. Kalebs Augen werden immer größer. Hunderte Maschinen kommen aus der schwarzen Kugel marschiert. Sie sehen aus wie Spielzeugfiguren aus dem Laden in der Mall. Kaleb zuckt zusammen, als eine verzerrte Stimme aus den Lautsprechern ertönt. »Verhalten Sie sich ruhig. Leisten Sie keinen Widerstand. Unsere Maschinen werden Sie nicht verletzen, wenn Sie kooperieren. Verhalten Sie sich ruhig. Leisten ...« Die Ansage wird immerzu wiederholt. Verwirrt blickt Kaleb seine Schwester Natalie an, die weinend auf dem Boden sitzt und fassungslos in den Fernseher starrt.

»Kaleb, Natalie, packt eure Sachen. Wir gehen zu Großmutter«, sagt Mutter und hält sich entsetzt die Hand vor den Mund.

Gegenwart
Kaleb wacht aus einem unruhigen Schlaf auf. Licht fällt durch den engen Spalt in den winzigen Bau, über den er zufällig am Abend zuvor gestolpert ist und in dem er sich seitdem verkrochen hat. Wohin er gehen

soll, weiß er nicht. Hauptsache weit weg von den Enter. Wenn er Glück hat, haben sie die Suche nach ihm bereits aufgegeben. Das ist zwar mehr als unwahrscheinlich, aber er klammert sich dennoch an diese vermutlich falsche Hoffnung. Als sich sein Magen mit einem lauten Knurren meldet, setzt er sich auf und schaufelt mit beiden Händen den Eingang frei, den er mit Blättern und Ästen verdeckt hat. Bevor er es wagt, aus dem Bau zu klettern, sieht er sich aufmerksam um.

Er wird sich mit den Früchten zufriedengeben müssen, die der Wald anzubieten hat, denn ihm ist aufgefallen, dass er so hastig aus dem Lager verschwunden ist, dass er zu allem Übel weder ein Messer noch sonst etwas eingesteckt hat, das er zum Überleben hätte gebrauchen können. Deshalb hat er jetzt solch einen Hunger, dass er ein halbes Schwein verdrücken könnte. Dummkopf, tadelt er sich selbst und macht sich auf die Suche nach etwas Essbarem.

Kapitel 9

Benjamin

Die ganze Nacht hat Benjamin kein Auge zugemacht. Nachdem er am Vortag seinen Bruder überall gesucht hat, und ihn nirgends hat finden können, wollte er sich am Abend nochmals auf die Suche nach ihm machen. Der Streit, in den er deswegen mit seinem Vater geraten ist, hat ihn so wütend gemacht, dass er sich nur mit größter Willenskraft davon abhalten konnte, sich auf ihn zu stürzen.

Sobald die Dunkelheit einsetzt, darf niemand der Bewohner den Bunker verlassen. Die Gefahr, von einem Sammler entdeckt zu werden und ihn hierher zu führen, ist zu groß. Und trotzdem ist Benjamin fest entschlossen gewesen, den Bunker zu verlassen, selbst wenn er die Nacht hätte draußen verbringen müssen. Der Chief hat ihn daraufhin in seiner Kabine unter Arrest stellen lassen und zwei Männer vor der Tür postiert.

Benjamin hat lange gegrübelt und versucht zu verstehen, warum sein Vater so reagiert. Er ist auf nichts gestoßen, das seine Handlungen rechtfertigen könnte. Sind ihm seine Söhne wirklich so scheißegal? Lucas könnte irgendwo da draußen liegen und verletzt sein. Womöglich von einem Tier angegriffen worden sein.

Er kann den Gedankengang nicht ganz zu Ende führen, denn plötzlich wird es in seiner Kabine unangenehm hell. Na endlich. Er hat sich am Abend vorher nicht einmal die Mühe gemacht sich umzuziehen, sondern seine

Klamotten einfach anbehalten, damit er jetzt am Morgen nicht unnötig Zeit verliert.

Aus seinem Schrank fischt er ein Nachtsichtgerät heraus und steckt es in seine Tasche. Val, ein begnadeter Techniker, hat das Teil wieder funktionstüchtig gemacht und statt eines Strom-Akkus mit einer kleinen Solarzelle versehen. Das hat zwar den Nachteil, dass es nur zwei Stunden in Betrieb bleiben kann, bevor es den Geist aufgibt, aber Akkus, wie Val sie nennt, sind kaum noch zu finden und nach so vielen Jahren vermutlich auch nicht mehr zu gebrauchen.

Er tritt hastig aus der Tür. Die Wachen sind verschwunden. Während er sich auf den Weg zum Nordausgang macht, kommt Levi, beladen mit einem Rucksack und einer Armbrust, auf Benjamin zu. Benjamin selbst hat sein Schwert eingesteckt. Handfeuerwaffen benutzt er nur im äußersten Notfall. Die Gefahr, damit Sammler anzulocken, ist einfach zu groß.

»Bereit?«, fragt ihn sein Freund. Benjamin lächelt ihn schief an und nickt. Er hat Levi nicht einmal fragen müssen, ob er ihn begleitet. Bevor sie jedoch vom Nordausgang nach draußen gelangen, blickt er noch in die Augen des Chiefs, der hier auf ihn gelauert hat und jede seiner Bewegungen von Weitem beobachtet. Ohne die Geschwindigkeit seiner Schritte zu drosseln, verlässt Benjamin mit Levi im Schlepptau den Bunker.

Kapitel 10

Lara

Seit Jahren jeden Tag dasselbe. Dabei ist hinter diesen dummen Hühnern herzurennen, ihren Kot zu beseitigen und sie zu füttern, wirklich nicht das, was Lara sich für ihr ohnehin trauriges Leben vorgestellt hat. Sie hat auch nicht gedacht, dass es sie wieder zu der alten Martha verschlagen würde. Verdammt, sie war gestern einfach zu dumm. Immerhin, Martha und Lara reden nicht sehr viel miteinander. Die alte Frau gibt ihr Anweisungen und Lara führt sie aus.

Andrew ist seit Stunden mit den anderen Suchern unterwegs. Sie sollte bei ihm sein, stattdessen hat sie das Gefühl, aus jeder Pore den Gestank dieser Hühner abzusondern.

Angewidert rümpft sie die Nase. Sie muss dringend den Schweiß und den Dreck abschrubben, der an ihr klebt, als hätte sie mit den Viechern die Nacht verbracht. Entweder das oder sie wird der nächsten Henne, von der sie gepickt wird, den Hals umdrehen. Also macht sie sich auf zum Dorf.

Außer diesen grässlichen Hühnern gibt es noch vier Schweine und drei Ziegen in der Siedlung. Deren Milch schmeckt zwar widerlich, aber laut Andrew solle sie gesund sein. Der Wald liefert ihnen Früchte und Wild. Alles Weitere, wie Kleidung, Schuhe und Werkzeuge, müssen die Sucher besorgen, indem sie in die verwaisten Städte ziehen und alles Brauchbare einsammeln. Häufig sind sie tagelang unterwegs. Fortwährend hört sie, wie die Menschen im Nordstamm über die Städte sprechen. Erinnerungen, die sie mit den Jüngeren teilen. Lara hat noch nie eine Stadt gesehen und sie kann es kaum erwarten, mit den anderen Suchern loszuziehen. Sie denkt oft darüber nach, wie die Squatters aussehen. Katzenköpfe, mit dem Körper einer Echse und winzigen Fangzähnen. Wenn sie daran denkt, muss sie lachen, denn alles andere würde sie zu Tode erschrecken.

Andrew sagt, die Menschen seien ihnen von Anfang an unterlegen gewesen. Über jedem Kontinent, jeder größeren Stadt, schwebte eine ihrer gewaltigen schwarzen Kugeln mit einem Durchmesser von rund fünfhundert Metern. Gegen die Waffen der Squatters hatten die Menschen keine Chance. Sie kamen nicht einmal in die Nähe der Kugeln, denn alles Organische, das sich im Umkreis von hundert Metern befand, wurde einfach von einem unsichtbaren Schild pulverisiert. Schlussendlich, nachdem die Hoffnung auf einen Sieg der Menschheit schwand, wurden die Sammler losgeschickt. Große Maschinen mit mechanischen Fangarmen, bestückt mit mehr Waffen als so mancher je in seinem Leben gesehen hatte. Sie sehen alle gleich aus. Etwa vier Meter hoch und drei Meter breit. Auf ihrem Rücken sind Käfige befestigt, um die Eingesammelten darin zu transportieren. Dann verschwinden sie, nehmen die Menschen mit in ihre Festungen, von denen es sehr viele auf dem ganzen Planeten verteilt geben soll.

Die verbliebenen Menschen haben sich an das Leben, das sie jetzt führen müssen, angepasst. Lara hingegen fragt sich immerzu, was die Squatters hier wollen, und wann sie wieder gehen.

Als Lara im Dorf ankommt, herrscht Trubel auf dem Hof. Einige Bewohner rennen aufgebracht von einer Höhle zur anderen, schleppen Eimer mit Wasser durch die Gegend und tragen Verbände in die Pflegeunterkunft. Manche bleiben stehen, als sie Lara entdecken, machen dann aber unbeirrt weiter. Ein eigenartiges Gefühl macht sich in ihrer Magengegend breit.

Ihr Anführer steht vor den Höhlen, seine Hände sind in den Taschen vergraben und sein Blick starr auf den Boden gerichtet.

»Was ist los?«, fragt sie ihn.

Er hebt den Blick. »Lara ... ich weiß nicht, wie ich dir das sagen soll«, setzt er an. Noch bevor er weiterredet, fühlt sich Lara auf einmal wie benommen.

»Die Sucher sind auf Sammler gestoßen ...«

Sie hört, was er sagt, aber eigentlich möchte sie es nicht hören.

»Es waren diesmal mehr unterwegs ...« Aufhören! Sie will das nicht hören.

»Unsere Männer hatten keine Chance.«

»Wo ist er?«

»Lara ...«

Lara spürt, wie das Loch, das sich gerade unter ihren Füßen auftut, sie verschlingen möchte.

»Wo ist er?«, schreit sie wütend. Er ist bestimmt in seiner Höhle, oder aber in der Pflegeunterkunft. Ja, er wurde sicher nur verletzt, wie so oft. Das ist kein Problem, sie pflegt ihn wieder gesund.

»Lara ...« Fletcher möchte nach ihrem Arm greifen, aber sie ist schon unterwegs zu Andrews Unterkunft. Sie rast durch die Höhlen, rempelt rücksichtslos einige Bewohner an, die gerade auf den Weg nach draußen sind.

Als sie endlich ankommt, ist sie leer. Die Höhle, das Bett, leer. Sie dreht sich um und prallt gegen Fletchers Brust.

»Lara, er ist nicht hier. Andrew ist nicht hier, verstehst du das?«, sagt er mit bebender Stimme.

Nein, sie versteht das nicht. Paps würde sie nie allein zurücklassen, niemals.

»Es tut mir leid, Lara. Andrew wurde von den Sammlern mitgenommen.«

Erst jetzt, nachdem er die Worte ausgesprochen hat, von denen sie gehofft hatte, sie nie hören zu müssen, fällt sie. Sie fällt immer weiter, immer tiefer in das dunkle Loch, das sie hinab zieht, in eine Finsternis, aus der es kein Entrinnen gibt. Was ist das in ihrer Brust? Sie bekommt keine Luft.

Kapitel 11

Benjamin

Der Chief hat ihnen befohlen, vor Sonnenuntergang wieder zurück zu sein. Benjamin scheißt auf das, was sein Vater sagt. Bevor er Lucas nicht gefunden hat, wird er nicht in den Bunker zurückkehren.

Abgesehen von den Sammlern geistern eine Menge Menschen auf der Suche nach Nahrung in den Wäldern umher. Von denen haben die meisten nichts Gutes im Sinn. Egal. Benjamin schlägt vor, den angrenzenden Wald zu durchforsten, vielleicht treibt sich sein Bruder dort irgendwo herum.

»Glaubst du, ihm ist etwas zugestoßen?«, fragt Levi unerwartet. Benjamin möchte nicht daran denken, doch er muss sich eingestehen, dass diese Möglichkeit in Betracht kommt. Seufzend geht er weiter.

»Ich hoffe nicht. Lucas ist nicht das erste Mal einfach verschwunden. Allerdings ist es untypisch für ihn, nachts nicht in den Bunker zurückzukehren.«

Levi schüttelt verständnislos den Kopf. »Ich verstehe nicht, weshalb dein Vater keinen Trupp losschickt, um nach ihm zu suchen.«

»Das hat er, aber erst heute früh.«

Während er weiterläuft, blickt er Levi an. Er sollte doch wissen, dass der Chief für niemanden den Bunker aufs Spiel setzen würde. Er hat es damals für seine Mutter nicht getan und würde es heute sicher nicht für einen seiner Söhne riskieren. Seit Benjamin denken kann, bereitet der Chief den Kampf gegen die Maschinen und die Squatters vor, und zwar ohne Rücksicht auf Verluste. Er ist wie besessen davon, diesen Krieg zu gewinnen, vor allem seitdem seine Mutter von den Sammlern mitgenommen wurde.

Benjamin hat sich damals gewünscht, dass sein Vater auf die Suche nach ihr geht, sie aus den Fängen der Maschinen befreit, aber der hat nichts dergleichen getan und das trägt Benjamin ihm noch immer nach.

»Dennoch. Du weißt, wie ich darüber denke«, sagt Levi.

»Ja das weiß ich.«

»Der Chief ist, abgesehen von Lucas, der einzige Blutsverwandte, den du noch hast. Das ist mehr als ich habe.«

Benjamin kann verstehen, dass Levi Partei für den Chief ergreift, immerhin hat der sich um ihn gekümmert und praktisch großgezogen, nachdem seine Eltern vor zwölf Jahren gestorben sind.

Instinktiv hält Benjamin plötzlich an. Schnell streckt er seinen Arm aus, legt ihn auf Levis Brust und sorgt dafür, dass sein Freund auch stehen bleibt.

Zunächst ist außer dem Gezwitscher einiger einheimischer Singvögel nichts zu hören. Doch schon nach wenigen Augenblicken sind Stimmen zu vernehmen, nicht weit von ihnen.

Benjamin und Levi verstecken sich rasch hinter einem Gebüsch. Die Stimmen werden lauter. Geräuschlos holt Levi die Armbrust hervor. Dann zieht er einen Pfeil aus dem Köcher, legt ihn in den Lauf und spannt den Bogen.

Benjamin hält sein Schwert fest in den Händen. Dann warten sie.

Kapitel 12

Lara

Bevor ihre Eltern sie damals in das Loch geschoben haben, sind sie durch ihr Dorf gerannt. Sie wurden gejagt wie wildes Vieh, bevor es zur Schlachtbank geführt wird. Lara verstand damals nicht, was vor sich ging, und hielt es zunächst für ein Spiel. Sie erinnert sich, wie sie lachte, an einem Brunnen stand und wartete, dass ihre Mutter sie einfing. Dann drehte sie sich um und sah sie das erste Mal. Die Maschinen, die Sammler. Etwas streifte ihr Gesicht und sie stürzte. Als Nächstes spürte sie, wie etwas an ihr zerrte, fühlte einen Schmerz in ihrem Rücken. Lara erlebte, wie die Sammler Menschen, mit denen sie aufgewachsen war, töteten oder einsammelten. Sie hatte solche Angst, dass sie vergaß zu atmen, als hätte man ihr das letzte bisschen Luft aus den Lungen gesogen. Sie lag einfach nur da und konnte sich nicht rühren.

Und jetzt gerade, in diesem Moment, wiederholt sich dieses Gefühl. Dieses Gefühl der Hilflosigkeit, das einen erdrückt und in die Tiefe zieht, als stünde man kurz vor dem Ertrinken.

Jemand berührt Lara an der Schulter, aber es ist, als wäre sie meilenweit entfernt, irgendwo zwischen dem Hier und einem immer näher kommenden Abgrund. Sie versucht zu begreifen, was Fletcher ihr gesagt hat, aber sie ist zu sehr damit beschäftigt, den Druck von ihrem Brustkorb zu nehmen. Er hat sie verlassen, sie einfach hier allein zurückgelassen. Fletchers Worte gehen ihr nicht mehr aus dem Kopf, aber sie ergeben keinen Sinn.

»Lara«, hört sie Fletcher sagen. Sie sieht auf. Seine Augen offenbaren denselben Kummer wie immer, wenn sie jemanden aus der Gemeinde verlieren. Aber Andrew ist nicht ›Jemand‹. Er ist Andrew, er ist Paps.

»Was tun wir jetzt?«, fragt sie und merkt, dass sie die Worte nur in ihrem Kopf formuliert hat. Ihr Mund ist trocken, die Kehle zugeschwollen.

»Lara. Es tut mir schrecklich leid. Ich weiß, wie nah ihr euch gestanden habt.«

Langsam begibt sie sich zu Andrews Bett und sinkt darauf nieder. Wie üblich hat er es nicht gemacht, die Decken liegen ungeordnet übereinander und das Kissen irgendwo am Fußende.

»Was ist passiert? Wieso …« Lara schluckt den Kloß in ihrem Hals herunter.

Fletcher gesellt sich zu ihr aufs Bett. »Sie waren unterwegs zu einer Siedlung zwanzig Kilometer westlich von hier. Die Siedlung hat einen Schmied, der Waffen und Werkzeuge herstellt.«

»Die Boulder«, flüstert Lara. Andrew hat ihr von ihnen erzählt. Im Umkreis von zweihundert Kilometern existieren Dutzende solcher Siedlungen. Im Laufe der letzten Jahre gab es in den Ruinen der einstigen Städte kaum mehr etwas zu holen, deshalb begannen die Gemeinden untereinander Handel zu treiben. Anders wäre kein Überleben möglich gewesen.

»Richtig, die Boulder. Die Sucher mussten durch die Gefahrenzone, um in die Kolonie zu gelangen. Als sie dort eintrafen, waren Sammler gerade dabei, die Menschen einzufangen, die noch lebten.« Fletcher macht eine kurze Pause und atmet hörbar aus. »Die Männer hatten keine Chance zu entkommen.«

»Aber einige haben es geschafft, oder?«, fragt sie, als sie sich an die Bewohner erinnert, die mit Verbänden und Kübeln gefüllt mit Wasser in die Pflegestation eilten.

»Drei von sieben, ja.«

»Andrew wäre niemals ein unnötiges Risiko eingegangen. Wieso sind sie nicht umgekehrt, als sie die Sammler entdeckt haben?«

Sie kann das alles nicht verstehen. Paps hat immer gesagt, er würde kein Risiko eingehen, wieso also?

»Er war schon auf dem Rückweg. Als Liam von einem Sammler entdeckt und verletzt wurde, ist er wohl umgekehrt.«

Lara lässt die Worte auf sich wirken. Vor nicht allzu langer Zeit, während eines Streits, sagte Fletcher zu Andrew, dass ihn seine Hilfsbereitschaft irgendwann in Schwierigkeiten bringen würde. Fletcher hatte recht behalten.

»Und was tun wir jetzt?«

Schnaufend steht Fletcher auf. »Wir können nichts tun, Lara, außer weiterzumachen wie bisher. So schwer dir das auch fallen mag, wir haben keine andere Wahl.«

Mit einem Mal springt Lara auf. Das kann er nicht ernst meinen!

»Weitermachen wie bisher? Er wurde mitgenommen, weil er jemandem das Leben gerettet hat, und ihr wollt ihn einfach aufgeben?«, faucht sie wütend.

»Du weißt, dass wir nichts dagegen tun können. Glaube mir, Andrews Verlust schmerzt mich ebenso sehr wie dich, aber wir können ihm nicht helfen. Vermutlich ist er schon ...«

»Wage nicht, es auszusprechen», fällt sie ihm ins Wort.

Fletcher schüttelt resignierend den Kopf und geht Richtung Ausgang. Zornig stellt Lara sich vor ihn und versperrt ihm den Weg.

»Ihr wisst doch gar nicht, was sie mit den Menschen machen.«

»Und das wollen wir auch nicht. Wir haben keine Chance gegen die Squatters und das weißt du.«

»Können wir es denn nicht versuchen? Vielleicht ...«

»Ich werde nicht für eine aussichtslose Sache unnötig Menschenleben aufs Spiel setzen. Er ist tot, Lara, akzeptiere das.«

»Ihr habt keine Ahnung, ob sie noch leben oder nicht. Keiner von euch hat je gewagt, es herauszufinden, weil ihr eine Horde von Feiglingen seid. Ihr verkriecht euch in euren Höhlen in der Hoffnung, dass sie euch nicht finden. Aber irgendwann werden sie auch diese Siedlung finden, irgendwann werden sie uns alle finden und dann wirst du dich fragen, wieso du nichts gegen diese Monster unternommen hast. Ihr wisst gar nichts! Ihr wisst gar nichts!«

Fletcher sieht sie eine Weile ernst an. »Du trauerst Lara, deshalb werde ich deinen Wutanfall und deine Respektlosigkeit übersehen. Dieses eine Mal. Du wirst wie alle anderen, die jemanden verloren haben, die Gesetze in dieser Gemeinde befolgen. Und das ist mein letztes Wort«, entgegnet Fletcher und stürmt aufgebracht zur Tür hinaus.

Eine ganze Weile steht Lara zitternd vor Wut in der kleinen Unterkunft. Dann greift sie nach den Decken und schleudert sie durch die Luft, es folgen das Kissen und weitere Gegenstände. Alles was sich in ihrer Reichweite befindet, wird gegen die Wand geschmettert. Der uralte Holzstuhl kracht gegen die Tür, wird in seine Einzelteile zerlegt und landet schließlich auf dem Boden. Die Schüsseln, die sich unter dem Bett befinden, leisten dem zersplitterten Holz neben der Tür Gesellschaft. Lara schaut sich um. Nachdem nichts mehr übrig ist, das sie zerstören kann, spürt sie ihr Herz hämmern. Es schlägt so stark in ihrer Brust, dass es schon beinahe wehtut. Ihre Hände sind zu Fäusten geballt, bereit jeden zu verprügeln, der es wagen sollte, durch diese Tür zu kommen. Diese Aasgeier werden die Unterkunft sicher an den Nächstbesten weitergeben wollen, aber das dürfen sie nicht, nicht jetzt, niemals.

Und dann, ohne Vorwarnung, trifft es Lara wie ein heftiger Schlag in die Magengrube. Das Bett ist leer. Es ist leer und wird vermutlich für immer leer bleiben. Sie wird nie wieder hierher, in diese Unterkunft, kommen und ihn wecken, wenn er mal wieder verschlafen hat. Nie wieder wird sie sich an ihn kuscheln können, wenn sie nachts von Albträumen wachgehalten wird. Nie wieder wird er sie beschützen und ihr sagen, dass alles gut wird.

Ihre Augen, die bisher wie ausgetrocknet waren, füllen sich auf einmal mit Tränen. Grob wischt sie sie mit dem Handrücken weg, doch sie kommen immer wieder, wie ein verfluchter Fluss aus Schmerz und Trauer. Irgendwann legt sie sich auf das Bett. Ihre brennenden Augen schließen sich, während sie Andrews Geruch einatmet. Er lebt, er ist nicht tot. Er darf es einfach nicht sein.

Kapitel 13

Kaleb

Jetzt, wo er sich gegen einen Baum lehnt und die Beeren isst, die er gesammelt hat, kommt sich Kaleb einsamer vor als je zuvor. Viel zu oft möchte er sich an sein früheres Leben erinnern, um wenigstens ein wenig Trost zu spüren. Aber wenn er sich an diese glücklichen Momente erinnert, lassen die schlimmen nicht lange auf sich warten.

Nachdem er die winzige Portion verdrückt hat, holt er die Karte aus seiner Brusttasche und klappt sie auf. Interessiert begutachtet er das Papier. Er hatte ja keine Ahnung, wie viele Siedlungen sich rund um die Wälder von New York City versteckt halten. Allein im Sugar Hill State Forest gibt es fünf solcher Kommunen, weitere drei im Finger Lakes National Forest. Es scheint, als hätten die Menschen begonnen, eine neue Zivilisation zu gründen. Kaleb dreht die Karte in den Händen. Vielleicht sollte er sein Glück bei den Boulder versuchen. Die Gemeinde ist auf der Karte mit einem grünen Kreis markiert, das Lager der Enter mit einem roten. Ob das etwas zu bedeuten hat? Da sind einige mehr mit einem grünen Kreis. Eine weitere nennt sich Nordstamm-Siedlung und ist nicht sehr weit von seiner Position entfernt. Selbst wenn sie ihn nicht aufnehmen, haben sie vielleicht etwas Essbares für ihn. Er schaut sich die Karte genauer an, breitet sie mit beiden Händen aus, während er noch auf der letzten Beere herumkaut, und hebt sie gegen das

Sonnenlicht. Nur undeutlich kann er etwas darauf erkennen, das nicht dorthin zu gehören scheint. Ist das ein Name? Es ist kaum sichtbar, wie eine Prägung, als hätte es die Person, die sie angefertigt hat, verbergen wollen. In seinem Kopf brummt es auf einmal, wie ein Schwarm Bienen, der sich durch seine Gehirnwindungen kämpft und dabei eine Spur aus Schmerz hinterlässt. Das Brummen entwickelt sich zu einem stechenden Fiepen. Kaleb lässt die Karte fallen und hält sich mit beiden Händen den Kopf, der vor Schmerz zu explodieren droht.

»Finde sie, Kaleb. Du musst sie finden und zu mir bringen.« Panisch dreht er sich auf dem Boden im Kreis, kaum mehr in der Lage, einen klaren Gedanken zu fassen, geschweige denn aufzustehen.

Wer spricht da? Seine Augen erfassen die Bäume und Sträucher nur mit Mühe. Hier ist niemand, er ist allein. Der Schmerz schwillt zu einem immer stärkeren Stechen an. Ihm wird schlecht, sein Magen rebelliert und Schweiß rinnt seine Stirn hinunter. Mühsam stützt er sich mit einer Hand an einem Baum ab und übergibt sich.

Wie durch ein Wunder hört der Schmerz so schnell auf, wie er angefangen hat. Kaleb fällt erschöpft zu Boden, versucht seine Atmung und seinen Puls zu regulieren, denn sein Herz hämmert wie verrückt in seiner Brust.

Plötzlich wird er von einem Geräusch aufgeschreckt. Schnell sucht er nach der Karte, faltet sie zusammen, steckt sie wieder in seine Brusttasche und legt sich anschließend flach auf den Bauch. Äste brechen und die auf dem Waldboden verstreuten Blätter rascheln. Vorsichtig hebt er den Kopf, schaut über die Büsche in die Richtung, aus der er die Geräusche vermutet. Erst kann er nichts entdecken, doch nur ein paar Sekunden später lugt ein Kopf vom Boden hoch. Kaleb lächelt, als das Reh ihn kauend mustert und dann schnell in den Wald verschwindet. Erleichtert lässt Kaleb den Kopf sinken und dreht sich dann wieder auf den Rücken. Als Nächstes blickt er auf die Spitze einer Machete.

»Na, Schnittchen, überrascht?«

Otis' breites Grinsen lässt Kaleb das Blut in den Adern gefrieren. Die scharfe Klinge ist nur einen Zentimeter von seinem Gesicht entfernt.

»Aufstehen«, befiehlt Otis und geht einen Schritt zurück. Kaleb hält Ausschau nach anderen Enter, aber kann niemanden entdecken. Das ist seltsam, denn wo Otis ist, sind Jim und Vincent in der Regel nicht weit. Kaleb dreht sich um, kniet sich hin und spürt einen faustgroßen Stein unter seinen Fingern. Seine Beine zittern immer noch.

»Wo sind die anderen?«

Otis hebt seine Machete in die Luft und setzt sie auf seiner Schulter ab. »Warum? Hast du Sehnsucht nach uns gehabt? Josko wird sich sicher auch freuen, dich wieder zu sehen. Hast ihn ganz schön verärgert.«

Es wäre besser, mir den Kopf gleich hier abschlagen zu lassen, denkt Kaleb nüchtern. Wenn Josko ihn erst einmal in die Finger bekommt, wird er einen sehr langen und qualvollen Tod sterben, davon ist er überzeugt. Heimlich umfasst Kaleb den Stein und tut so, als habe er Probleme beim Aufstehen. Das ist seine einzige Chance zu entkommen. Aber er muss ganz genau treffen, denn sollte er sein Ziel verfehlen, ist es aus. Bevor Kaleb sich ganz aufrichtet, greift er nach dem Stein. Seine Finger zittern. Mit all seiner Kraft schleudert er ihn Otis entgegen, und der Stein landet genau da, wo Kaleb ihn haben wollte. Ein dumpfer Laut kommt aus Otis' Mund, er hält sich die Hand zwischen die Beine und knickt anschließend ein. Kaleb beobachtet noch, wie Otis' Gesicht rot anläuft und rennt dann wie verrückt los.

Kapitel 14

Lara

Lara ist zwar nur kurz weggedöst, aber ihr Kopf fühlt sich trotzdem an, als wäre er mehrere Male gegen die Wand gedonnert worden. Die Erinnerung an den Streit mit Fletcher kommt ihr sofort wieder in den Sinn. Sie will nicht akzeptieren, dass er so gar nichts unternehmen will, dieser Feigling.

Sie steht auf, massiert ihre Schläfen und begibt sich dann in ihre Unterkunft. Vielleicht haben die Sammler Andrew noch nicht in die Festung der Squatters gebracht, vielleicht sind sie noch unterwegs und sie kann ihn irgendwie befreien. Die Chancen stehen schlecht, das ist ihr natürlich klar, aber sie muss es versuchen. Sie muss einfach. Er würde dasselbe für sie tun.

In ihrer Höhle angekommen, greift sie nach dem grauen Rucksack, den Andrew ihr geschenkt hat, und füllt ihn mit den wenigen Kleidungsstücken, die sie besitzt. Zwei Messer legt sie auch dazu. Ein drittes steckt sie in die Messerscheide, die sie immer um ihr Bein gewickelt hat. Die kleine Axt verstaut sie wie gewöhnlich im Rückenholster, das sie sich umgebunden hat. Diese Handgriffe sind schon vor Jahren zur Routine geworden. Zum Glück hindert sie der Rucksack nicht an einem schnellen Zugriff auf die Axt an ihrem Rücken. Man weiß nie, wann man seine Waffe benötigt, aber man sollte sie stets griffbereit tragen. Das hat ihr Andrew beigebracht. Sie wird ihn finden.

Draußen gehen die Bewohner der Siedlung unbekümmert ihren Pflichten nach, als wäre nichts geschehen. Einige Unterkünfte, wie die des Anführers, liegen auf der anderen Seite des Hofes. Karl, der Schreiner, baut gerade einen Tisch zusammen, während Marcus, Dells Vater, ihm zur Hand geht. Er wirft Lara einen hasserfüllten Blick zu, als sie an ihnen vorbeiläuft.

»Sie glaubt doch nicht, dass wir sie von nun an versorgen«, giftet Dells Mutter, die mit ein paar anderen Frauen neben dem Eingang der Höhlen auf der anderen Seite des Hofes steht. Sie macht sich nicht einmal die Mühe zu flüstern.

»Sie ist alt genug, um sich ihr Essen selbst zu beschaffen«, erwidert eine der anderen Frauen.

»Irgendwie tut sie mir leid«, flüstert ein junges Mädchen, als Lara an ihr vorbeigeht. Dells Mutter gibt ein verächtliches Schnauben von sich. »So? Als ihre Leute die Sammler hergebracht haben, hat es keinem von denen leidgetan.«

Eigentlich hat Lara vorgehabt, Fletcher zu fragen, ob sie Proviant für die Reise einpacken dürfe, aber nach diesen Worten ist sie fast drauf und dran, es zu lassen. Doch dann überlegt Lara es sich anders. Sie wird alles tun, um Andrew zu retten. Und wenn das bedeutet, dass sie ihren Stolz hintanstellen muss, dann wird sie diese Kröte eben schlucken. Sie steht vor dem Eingang und wartet, dass die Frauen ihr Platz machen, aber sie versperren ihr den Weg.

»Dürfte ich mal«, sagt Lara und zwängt sich einfach hindurch.

»Fletcher wird dir nicht helfen. Wir haben gehört, was du von ihm willst«, ruft Dells Mutter hinterher.

Lara kann sie kaum noch hören, als sie weiter in die Höhle dringt und schließlich vor Fletchers Tür stehen bleibt. Die Holztür wurde mit Scharnieren am Höhlengestein festgeschraubt. Früher war es üblich, den Eingang bloß mit einem Stück Stoff zu verschließen, um ein Mindestmaß an Privatsphäre zu haben, doch Karl, der Schreiner, fing irgendwann an, alle Unterkünfte mit diesen Holztüren auszustatten. Die Alten erzählen manchmal, wie es war, bevor die Squatters kamen. Menschen lebten in Häusern, manche mit Vorgärten, was auch immer das sein soll. Und alle wohl mit Bad, manche mit Duschen, andere mit Badewannen. Als Lara Andrew gefragt hat, was das sei, antwortete er: »Eine Badewanne ist eine riesige Metallschüssel, in die man sich legt. Aus einer Vorrichtung, die man Wasserhahn nennt, fließt dann warmes Wasser.«

Dass es etwas gab, aus dem warmes Wasser fließt, kann sie bis heute nicht so wirklich glauben. Sie selbst kam zwei Jahre, nachdem die Squatters die Erde besetzten, auf die Welt.

Sie klopft an die Tür und wartet, bis Fletcher sie hineinbittet. Lara betritt die Unterkunft mit gemischten Gefühlen.

»Lara.«

Fletcher blickt von seinem Stuhl aus auf, der hinter dem Tisch steht. Er schreibt noch schnell etwas auf ein Blatt Papier. Seine Fingerspitzen sind schwarz gefärbt.

Andrew wollte ihr längst das Schreiben beibringen,

aber sie hat immer Besseres zu tun gehabt. Für Lara ist es immer wichtiger gewesen, rechnen zu können, denn als Sucherin muss sie mit anderen Siedlungen verhandeln können, und da ist es nur sinnvoll, wenn sie weiß, wie man rechnet.

»Was kann ich für dich tun? Geht es dir etwas besser?«, fragt Fletcher mit einem Hauch Bedauern in der Stimme.

»Ich wollte fragen, ob ich etwas Proviant mitnehmen darf.« Lara kommt gleich zur Sache. Wenn sie die Sammler rechtzeitig finden möchte, darf sie keine Zeit mehr verlieren

Fletchers Augenbrauen ziehen sich zusammen. »Und wohin willst du?«

»Ich werde Andrew suchen.«

Er schnauft laut aus. »Lara ...«

»Bitte versuch nicht, mich davon abzubringen. Bekomme ich den Proviant oder nicht?«, stoppt sie Fletcher, bevor er wieder eine seiner berühmten Predigten halten kann. Der steht auf, umrundet den Tisch und öffnet die Tür.

»Immer mit dem Kopf durch die Wand, stur wie ein Bock, das warst du schon von klein auf«, murmelt er vor sich hin und schreitet durch den schmalen Höhlentunnel. Lara eilt hinterher. Kurz vor dem Ausgang bleibt er stehen und dreht sich zu ihr um. »Ich kann dich nicht davon abhalten?«, fragt er bekümmert. Lara schüttelt den Kopf.

»Kaum jemand hat je einen Kampf gegen die Sammler überlebt, Lara. Ich kann deine Beweggründe verstehen, aber dir ist hoffentlich klar, dass du nie wieder zurückkommen wirst. Andrew hätte das sicher nicht gewollt.«

Schweigend sehen sie sich eine Weile an, bis Fletcher aufgibt und sie bittet, ihm zu folgen. Das Vorratslager befindet sich etwas abseits der Gemeinde. Da sie schon mehrmals überfallen worden sind, hält Fletcher es für unerlässlich, die Bestände woanders unterzubringen. Nur eine Handvoll der Bewohner weiß, wo genau sich das Lager befindet, und dass Fletcher es ihr jetzt zeigt, beweist eindeutig, dass er nicht mit ihrer Rückkehr rechnet.

Sie halten irgendwo mitten im Wald. Fletcher stampft mit dem Fuß erst dreimal, dann zweimal auf den Boden. Nach langer Wartezeit öffnet jemand die Luke, die zum unterirdischen Vorratslager führt.

»Hamish, wie geht es dir?«, fragt Fletcher den Mann, während sie die Leiter hinuntersteigen. Die zittrige Stimme des Alten erfüllt den Raum. »Wie soll es mir schon gehen, Fletcher. Der Rücken schreit, meine Finger sind steif und wenn mir noch mehr Zähne ausfallen, werde ich meine Mahlzeiten bald nur noch mit einem Strohhalm zu mir nehmen können. Aber ich beklage mich nicht.«

Die Frage, was ein Strohhalm sein soll, verkneift Lara sich lieber. Sie will den alten Mann nicht aus dem Konzept bringen. Wer weiß, wie gut er sich noch konzentrieren kann, und sie darf keine Zeit mehr verlieren. Mit jeder Sekunde, die sie hier rumsteht, wird es wahrscheinlicher, dass sich die Spur der Sammler, und damit Andrews, verliert. Da sollte sie sich nichts vormachen. Trotzdem schaut sie sich kurz um. An den etwa zwei

Meter hohen Wänden lagern Kisten mit Gemüse und Obst. Getrocknetes Fleisch hängt von den Decken herab und füllt Laras Nase mit leckerem Duft. Erst jetzt fällt ihr ein, dass sie seit gestern nichts mehr gegessen hat.

Nur den Kindern ist es erlaubt, morgens etwas zu sich zu nehmen. Die Erwachsenen müssen warten, bis sie ihre Arbeit verrichtet haben, und bekommen gegen Mittag ihre erste Mahlzeit. Nur so schafft es die Gemeinde, am Leben zu bleiben, ohne dass irgendjemand verhungern muss. Alles, was die Bewohner jagen, pflücken oder von den Suchern mitgebracht wird, landet in diesem Lager. Das garantiert auch, dass sie im Winter genug Vorräte zur Verfügung haben. Laras Magen knurrt plötzlich. Fletcher und Hamish drehen sich gleichzeitig in ihre Richtung, während Garrett, ein Dorfbewohner, der dem alten Mann wohl Gesellschaft leistet, gelangweilt auf einem Stuhl sitzt und mit einem kleinen Messer den Dreck unter seinen Fingernägeln hervorkratzt.

»Was tut ihr eigentlich hier? Für die Wochenration ist es noch reichlich früh«, fragt Hamish.

Fletcher räuspert sich. »Lara möchte uns verlassen und braucht für ihre Reise etwas Proviant«, erklärt er dem alten Mann. Überrascht schaut Hamish sie an. »Und wohin soll es gehen?«

»In die Stadt vermutlich.«

Fletcher und Hamish wechseln einen Blick.

»Du willst zu den Squatters?«

»Wenn ich die Sammler vorher finde, muss ich das vielleicht nicht.«

Hamish schüttelt fassungslos den Kopf. Dann

schnappt er nach den Äpfeln und legt ihr zwei davon in die Hand. Lara öffnet ihren Rucksack und steckt sie hinein.

»Warum?«, fragt Hamish unerwartet.

»Ich ... ich muss jemanden finden.«

Fletcher hängt das getrocknete Fleisch ab und reicht es Hamish, der dann ein kleines Stück davon mit einem scharfen Messer abschneidet und es an Lara weitergibt und ihr dann noch ein paar Äpfel in den Rucksack legt.

»Du bist auf der Suche nach Andrew?«

In dieser Siedlung spricht sich wirklich alles schneller herum als einem lieb ist. Sie nickt, umwickelt das Fleisch mit einem Tuch und steckt es zu den Äpfeln in ihren Rucksack.

Mit genügend Lebensmitteln ausgestattet, verabschiedet sie sich von Hamish. Bevor sie hinaufsteigt, legt der alte Mann seine faltige Hand auf ihren Arm und sieht sie mit verblassten Augen an.

»Wie schnell kannst du rennen?«

Überrascht starrt Lara ihn an. »Schnell genug, denke ich.«

»Gut. Gut. Und denk daran, du solltest immer kalt sein«, sagt er abschließend und tätschelt ihren Arm noch eine Weile. Dann begibt er sich wieder in das Innere der Höhle.

»Ja, kalt muss man sein. Das ist es. Man muss immer kalt sein. Und schnell muss man sein«, murmelt der alte Mann vor sich hin.

Nachdem sie und Fletcher die Leiter hinaufgestiegen und oben angekommen sind, sieht Lara ihn fragend an.

»Hamish war dabei, als die Squatters auf die Erde kamen. Er und seine Familie hatten sich lange Zeit in einem Haus versteckt, bis die Sammler kamen und außer ihm alle mitnahmen«, begründet er Hamishs merkwürdige Worte.

»Verstehe.«

»Ich wünsche dir viel Glück, Lara. Du weißt, dass ich Andrew helfen würde, wenn ich die Möglichkeit dazu hätte, nicht wahr?«

Lara schultert ihren Rucksack und nickt. Ohne ein weiteres Wort verlässt sie die Gemeinde.

Kapitel 15

Benjamin

Wartend hocken Benjamin und Levi hinter dem Strauch, bis die drei Männer an ihnen vorübergezogen sind. Durch die sternförmigen Narben an deren Armen erkennt Benjamin ihre Herkunft. Es sind Enter. Es ist allgemein bekannt, dass ihnen die Narbe als Zeichen ihrer Zugehörigkeit verpasst wird, und diese erhält man nur, wenn man sich bewiesen hat. Wie dieser Beweis aussehen soll, kann sich Benjamin lebhaft vorstellen.

Die Männer jagen ziemlich weit weg von ihrem Lager, überlegt er. Das gefällt ihm nicht, und wo zwei von denen sind, müssen noch mehr sein, sie sind selten nur in Dreiergruppen unterwegs. Ob sie Lucas über den Weg gelaufen sind? Vielleicht sollte er sie einfach fragen. Wenn sie Ärger machen, kann er sie immer noch liquidieren.

Levi und er kommen hinter dem Busch hervor. Zwei der Männer nehmen einen anderen Weg, während der dritte mit seiner Machete weiter geradeaus läuft.

Benjamin wartet ab. Bevor er sich zu erkennen gibt, muss er zunächst die Lage checken.

Leise schleichen er und Levi dem Mann hinterher. Nach etwa hundert Metern bückt sich der Mann und pirscht an etwas heran. Dann bleibt er stehen. Levi und er tun es ihm gleich und beobachten ihn.

»Na, Schnittchen, überrascht?«, sagt der Mann zu einem auf dem Boden liegenden Typ und bedroht ihn mit seiner beeindruckend aussehenden Machete. So ein Teil würde Benjamin auch gefallen. Levi rempelt ihn mit dem Ellbogen an. »Wir sollten ihm helfen«, flüstert sein Freund.

»Auf keinen Fall, das geht uns nichts an.« Er weiß nicht, ob noch mehr von der Sorte in diesem Wald herumstreunen, also warum sollte er sein Leben für jemanden riskieren, den er nicht kennt? Levi sieht ihn verständnislos an.

Macheten-Mann zwingt den Typ aufzustehen.

Benjamin und Levi erkunden in der Zwischenzeit die Umgebung, denn die anderen beiden müssen noch in der Nähe sein, und er hat keine Lust von denen überrascht zu werden. Plötzlich ist ein lautes Schnauben zu hören. Levi und er drehen die Köpfe. Der Mann hält sich schmerzverzerrt den Schritt. Ungläubig sehen sich die beiden Freunde an.

Der andere Kerl tut das einzig Richtige, er rennt los.

Kapitel 16

Lara

Lara schaut durch die Baumwipfel in den Himmel. Sie schätzt, dass sie noch etwa für zwei oder drei Stunden Sonnenlicht hat, dann wird es dunkel werden und bis dahin sollte sie einen Unterschlupf gefunden haben. Sie folgt nun seit geraumer Zeit der Spur der Sucher. Laut Laras Berechnungen sind es noch zehn Kilometer bis zur Siedlung der Boulder. Ob sie wirklich sehen möchte, was sich dort abgespielt hat? Eher nicht, aber die Spur der Sammler kann sie nur von dort aus aufnehmen. Da sie nicht weiß, wo sich die Stadt und Festung der Squatters befinden, bleibt ihr nur diese Möglichkeit. Andrew hat ihr von klein auf beigebracht, wie man Fährten liest, da wird sie mit Sicherheit den riesigen Spuren einer Maschine folgen können.

Unter ihren Schuhen knirschen und knacken die Äste, während sie im Wald dem Pfad der Sucher folgt. Hin und wieder stößt sie auf den einen oder anderen Waldbewohner, der sie aufmerksam ansieht und dann verschwindet.

»Verhungern werde ich bestimmt nicht«, murmelt sie und sieht dem Kaninchen nach, das in einem unterirdischen Bau verschwindet. Dann hört sie unerwartet ein Geräusch hinter sich. Sofort dreht sie sich um. Es wird immer lauter. Etwas rennt auf sie zu. Nicht schon wieder, denkt sie und sucht nach einem Baum, auf den sie klettern kann. Diese Viecher scheinen wirklich außer sich zu sein in letzter Zeit. Die Blätter und Sträucher hinter ihr rascheln. Das Tier ist verdammt schnell. Sie versucht, auf den nächsten Baum zu klettern, rutscht aber immer wieder ab. Die Rinde ist nicht dick genug, nirgends kann sie Halt finden. Sie lässt vom ersten Baum ab und versucht es beim nächsten, doch auch an diesem findet sie einfach keinen festen Halt. Genervt rutscht sie immer wieder ab.

»Dann heißt es wohl rennen«, flucht sie und will gerade loslaufen, als etwas sie ohne Vorwarnung umhaut. Sie hört ein lautes Schnauben, kurz nachdem sie auf dem Boden aufkommt und ihr die Luft aus der Lunge gepresst wird. Schnell zieht sie ihr Messer aus der Scheide, dreht sich angestrengt um und blickt direkt in zwei eigenartige Augen. Eines ist grau, das andere grün. Sofort entfernt sich Lara und krabbelt rücklings einige Meter weit weg. Ein junger Mann, vermutlich im selben Alter wie sie selbst, sieht sie erschrocken an. Sein Gesicht ist mit Schweiß bedeckt und die schwarzen Haare wirken durch den Schlamm, mit dem er überall bedeckt ist, fast braun. Nervös sieht er sich um. Dann steht er auf.

»Wir müssen hier weg«, sagt er eindringlich. Laute Stimmen nähern sich ihrer Position. Es müssen mehr als zwei sein. Enter oder Plünderer? Ach, das macht sowieso keinen Unterschied. Vielleicht ist er einer von ihnen und stellt ihr eine Falle? Immer wieder sucht der Fremde die Umgebung ab.

»Glaube mir, es ist besser, wenn du von hier verschwindest, mit oder ohne mich«, warnt er sie und rennt los.

Lara gibt ihrem Instinkt nach und folgt ihm. Er ist

schnell, aber sie ist schneller. Mit einem Wink gibt sie ihm zu verstehen, er solle ihr folgen. Ein wenig kennt sie sich in diesen Wäldern aus, früher waren Andrew und sie oft zum Jagen hier. In der Nähe gibt es ein Versteck und dort möchte sie hin.

Nach wenigen Metern rutschen sie in einen Bau etwa zwei Meter in die Tiefe, bis sie im Halbdunkel von weichem Erdboden aufgefangen werden. Von oben scheint etwas Licht herein und Lara beobachtet, wie der junge Mann sich ängstlich an die Wand drückt. Nur wenig später kann sie Stimmen ausmachen.

»Wo zum Henker ist er hin?«, fragt jemand.

»Keine Ahnung, vor ein paar Sekunden war er noch hier.«

»Der verdammte Pisser hat die Karte mitgenommen. Wenn wir ohne sie zurückkommen, können wir von Glück reden, wenn Josko uns die Eier nicht abschneidet«, brummt ein anderer.

Lara sieht den Kerl neben ihr an. Was hat der mit dem Anführer der Enter zu tun? Wenn er ihm etwas gestohlen hat, dann ist er selbst schuld an seiner misslichen Lage. Niemand legt sich mit Josko an, das weiß doch jeder im Umkreis von dreihundert Kilometern. Und sie hat er jetzt da hineingezogen, na super. Hat sie nicht schon genug Ärger?

Die Männer unterhalten sich noch eine ganze Weile. Irgendwann ist von oben nichts mehr zu hören. Erst jetzt atmet Lara erleichtert auf. Sie steht auf und konzentriert sich auf die Geräusche am Ausgang des Baus. Sie sind weg. Schweigend schnappt sie sich den Rucksack und schwingt ihn über ihre Schulter. Wird Zeit, dass ich hier wegkomme, denkt sie und greift nach den Wurzeln, die an der Höhlenöffnung überall aus der Erde ragen.

»Danke«, kommt es von dem Fremden.

Lara dreht sich nicht um, sondern zieht an den Wurzeln, um zu sehen, ob sie ihr Gewicht tragen können. Sie hat keine Zeit für so etwas, und im Übrigen hat sie keine Lust, sich mit Josko dem Schlächter anzulegen.

»Du hättest mich ihnen auch ausliefern können«, sagt er und kommt auf die Beine. Lara antwortet nicht, sondern hangelt sich an den Wurzeln hoch, bis sie endlich oben ankommt und sich erschöpft auf die Erde fallen lässt. Nach einigen tiefen Atemzügen steht sie auf. Der Fremde kommt auch aus dem Bau gekrochen, schüttelt sich den Dreck von seiner Hose und sieht sie neugierig an. »Wo willst du hin?«, fragt er.

Lara dreht sich zu ihm um. »Hör zu, du brauchst mir nicht zu danken, okay?«

»Der Anstand verlangt das aber«, erwidert er lächelnd.

Sie rollt mit den Augen und setzt ihren Weg fort. Der Anstand? Aus welchem Jahrhundert stammt der denn?

Egal, welche Route Lara nimmt, dieser Typ mit den ungewöhnlichen Augen folgt ihr auf Schritt und Tritt. So langsam geht er ihr wirklich auf die Nerven. Sie wartet, bis er nah genug bei ihr ist, um nicht zwingend durch den Wald schreien zu müssen.

»Was willst du von mir?«, fragt sie, als er einen Meter vor ihr anhält.

»Da wo ich herkomme, ist man demjenigen etwas schuldig, der einem das Leben gerettet hat. Gleiches für Gleiches.«

»Du bist mir nichts schuldig, lass gut sein.«

»Das ist Ehrensache.«

»Dann entbinde ich dich eben von diesem Ehrendings, was auch immer. Du kannst gehen.«

Sie hofft, dass er das verstanden hat und geht endlich ihres Weges. Je weniger sie sich auf andere einlässt, umso sicherer ist es für sie. Nach einer Weile dreht sie sich um. Der Fremde ist nirgends zu sehen.

Kapitel 17

Kaleb

Er kennt dieses Mädchen. Die Narben in ihrem Gesicht sind unverkennbar. Als die Enter vor einigen Monaten ihre Siedlung plünderten, war er dabei. Da er zu diesem Zeitpunkt erst seit einigen Tagen zu den Enter gehörte, musste er der Plünderung beiwohnen. Der Anführer händigte alles, was die kleine Siedlung zur Verfügung hatte, ohne Gegenwehr aus. Kaleb ist sofort aufgefallen, dass das Mädchen als Einzige ein Problem damit hatte und am liebsten eingegriffen hätte. Er ist froh, dass sie es nicht getan hat.

Denn er hat direkt danach gesehen, was passiert, wenn sich jemand gegen Josko auflehnt. Die nächste Kommune war nämlich nicht so besonnen und wehrte sich gegen die Plünderung. Das kostete die Bewohner vier Männer und drei Frauen. Zwei der Frauen wurden gleich an Ort und Stelle mehrmals vergewaltigt und schließlich getötet. Eine dritte wurde mitgenommen und lebt nun im Lager der Enter. Sie ist Teil von Joskos Harem. Wann immer es ihn gelüstet, holt er sich eine der fünf Frauen, die direkt neben seinem Haus in einem robusten Zelt leben. Manchmal hat Kaleb die Schreie der Frauen bis ans andere Ende des Lagers hören können.

Das Mädchen sollte auf keinen Fall allein durch diese Wälder streifen. Und sie hat ihm das Leben gerettet, ohne eine Gegenleistung zu verlangen.

Also folgt er ihr unbemerkt, immer darauf bedacht,

genügend Abstand zwischen sich und dem Mädchen zu wahren. Zum wiederholten Male bückt sie sich, sieht sich etwas auf dem Boden an und geht dann weiter. Sie folgt einer Spur. Wo will sie nur hin?

Kapitel 18

Benjamin

»Wir sollten zusehen, dass wir von hier wegkommen«, flüstert Benjamin Levi zu. Die Enter haben sich bereits wieder auf den Weg gemacht und folgen diesem Kerl.

»Wer weiß, was sie mit ihm anstellen werden, sollten sie ihn erwischen«, gibt Levi zu bedenken.

Benjamin schnauft laut und mustert seinen Freund. Wenn Levi könnte, würde er alle Menschen aufgabeln und in den Bunker pferchen, nur damit sie in Sicherheit sind. Sie sind keine verfluchte Auffangstation für irgendwelche dahergelaufenen Streuner. Benjamin schüttelt verständnislos den Kopf und kommt hinter dem Busch hervor.

»Und was, wenn es Lucas wäre, der gejagt werden würde?«, setzt Levi nach.

»Ist er aber nicht und genau deswegen müssen wir weiter. Ich habe Wichtigeres zu tun, aber wenn du ihnen hinterherrennen möchtest, bitte, tu dir keinen Zwang an.«

Zähneknirschend steht Levi auf.

»Die am nächsten gelegene Siedlung ist die der Boulder«, informiert Benjamin seinen Begleiter. »Wir sollten nachsehen, ob Lucas möglicherweise dort ist oder zumindest dort gesehen wurde. Aber wir nehmen die andere Route, die ist zwar steiler aber dafür um Einiges kürzer.«

Levi steckt seinen Pfeil wieder in den Köcher und

nickt, wenn auch widerwillig. Benjamin klopft ihm dankbar auf die Schulter. Egal, was passiert, Benjamin weiß, dass Levi der einzige Mensch ist, auf den er uneingeschränkt zählen kann. Niemandem sonst würde er sein Leben anvertrauen.

Die Sonne geht langsam unter, sodass der Himmel nur noch schwach beleuchtet ist. In nur ein paar Stunden wird es stockdunkel sein.

»Glaubst du wirklich, dass er so weit gelaufen ist? Und was sollte er überhaupt bei diesen Leuten?«, fragt Levi, während sie sich durch Gestrüpp kämpfen.

Benjamin fährt sich mit der Hand über das Gesicht. »Als er vor einem halben Jahr auf der Suche nach irgendwelchen Rohstoffen war, hat er zufällig in diesem Wald eine Frau kennengelernt. Sie gehört zu den Boulder.«

Sein Freund sieht ihn verwundert an. »Eine Frau? Lucas?«

Benjamin zuckt mit den Schultern. »Ja. Wie es scheint, hat er sich danach heimlich mit ihr getroffen. Er sagte, solange der Chief nicht zur Besinnung kommt, sollte es unter uns bleiben. Du weißt ja, was er mit denen macht, die von unserem Stützpunkt wissen.«

Levi antwortet nicht, sondern schüttelt nur fassungslos den Kopf.

Die Strecke zur Siedlung verläuft über steile Hänge und steinigen Boden. Nach etwa zwei Stunden kommen sie wieder auf ebenem Weg an.

»Dort drüben befindet sich die Siedlung.« Benjamin zeigt mit dem Finger in südliche Richtung. Der Wald endet hier und er weiß, dass sie praktisch auf dem Präsentierteller sitzen. Sie sollten sich beeilen, bevor die Nacht hereinbricht und die Sammler unterwegs sein werden.

Kapitel 19

Lara

Lara mag die Einsamkeit in den Wäldern, es hat etwas Beruhigendes an sich. Doch die Stille, die sie gerade einhüllt, trügt. Bevor es dunkel wird und die Sammler aus ihren Löchern kriechen, sollte sie irgendwo Schutz suchen. Auch wenn ihr der Gedanke missfällt, im Dorf der Boulder die Nacht zu verbringen, wird ihr keine andere Wahl bleiben.

Ihr Blick schweift über das karge Land, das hinter dem Wald zum Vorschein kommt. Das Dorf befindet sich in einem Tal, umgeben von Wäldern. Doch um dort hinzugelangen, muss Lara etwa zwei Kilometer durch offenes Gebiet hinter sich bringen. Das ist der gefährlichste Abschnitt, denn es gibt weit und breit nichts, wo man sich verstecken könnte.

Sie schultert ihren Rucksack, bindet ihn mit der Schnalle fest um ihren Bauch und rennt los. Die trockene Erde unter ihren Stiefeln knirscht. Kleine Staubwolken bilden sich, während sie über den ausgedörrten Boden eilt. Immer wieder sieht sie sich zu allen Richtungen um, doch ihre Befürchtungen scheinen unbegründet. Sie atmet tief durch, als sie endlich im Dorf ankommt. Die Sonne ist bereits hinter den Bäumen verschwunden und spendet nur noch wenig Licht. Aber es reicht, um die Verwüstung auszumachen, die durch den Angriff der Maschinen angerichtet wurde. Von den spärlichen Hütten und Zelten, die einst am Rande des Dorfes gestanden haben mussten, ist kaum mehr etwas zu erkennen. Über dem Boden sind Holzteile, Inventar und Kleidung verstreut. Vorsichtig schreitet Lara auf dem erdigen Weg durch das Dorf. Es ist still. Sie nähert sich einer Baracke. Die Tür wurde aus den Angeln gerissen, ein Teil vom Dach fehlt und vor dem Eingang sieht sie eine Lache aus getrocknetem Blut. Auch wenn das Meiste davon im Erdboden versickert ist, kann man die Flüssigkeit trotzdem noch gut erkennen. Der Angriff hat ja schließlich erst vor knapp einem Tag stattgefunden. Mit einem mulmigen Gefühl betritt sie die Holzhütte und hofft, nicht über Leichen zu stolpern, denn ansonsten scheint sie ein geeignetes Nachtlager abzugeben.

Im Inneren kann sie nicht sehr viel erkennen. Die Nacht hat inzwischen alles in Dunkelheit gehüllt. Erleichtert legt sie ihren Rucksack auf dem Boden ab und zieht die Packung mit den Streichhölzern heraus, die Andrew irgendwann mal gegen ein Paar Socken eingetauscht hat. Die ersten drei streichen wirkungslos über die Reibefläche und sie wirft sie achtlos weg. Die Dinger sind schon so alt, dass man von Glück sagen kann, wenn überhaupt noch eines davon funktioniert. Schließlich entzündet sich das vierte und Lara kann ein Bettlager erkennen, das in einer Ecke der Hütte errichtet wurde. Vorsichtig geht sie einen weiteren Schritt hinein. Neben einer Waschschüssel steht eine Öllampe, die sie sofort ergreift, bevor das Streichholz den Geist aufgibt. Im Dunkeln schraubt sie das Glas auf, entzündet dann ein weiteres Streichholz und zu ihrer Erleichterung kann sie die Lampe zum Leuchten bringen. Lara atmet auf, als sie keine Leichen in der Hütte entdecken kann, und setzt sich auf die Schlafstätte, die aus einer löchrigen Decke und etwa fünf Zentimeter geschichtetem Heu besteht. Sie greift nach dem getrockneten Fleisch in ihrem Rucksack und beginnt eilig zu essen. Sie sollte die Lampe nicht länger als unbedingt nötig brennen lassen.

In dieser Siedlung lebten etwa zweihundert Menschen, weitere hundert in einer anderen Kolonie, nicht sehr weit entfernt. Ob die Sammler dort auch schon waren? In den letzten Jahren sind sie auf ihrer Suche nach Menschen immer weiter in das Landesinnere vorgedrungen. Es ist wohl nur eine Frage der Zeit, bis sie auch Laras Siedlung finden werden.

Während sie kaut, hört sie plötzlich ein Geräusch. Schnell schluckt sie den Rest der Mahlzeit runter, löscht das Licht und lauscht in die Dunkelheit. Da war es wieder. Sie kann deutlich Schritte ausmachen, die sich in ihre Richtung bewegen. So leise wie möglich steht Lara auf, zieht ihr Messer aus der Scheide und stellt sich dicht an die Wand neben den Eingang. Sofort spürt sie, wie ihr Herz schneller schlägt, hört das laute Pochen in ihren Ohren. Die Dunkelheit, die ihr vorhin noch Angst machte, gibt ihr nun Schutz, ihr einziger Vorteil. Ich darf nicht zögern, zuzustechen, egal wer sich da draußen rumtreibt, denkt sie. Aber was, wenn es kein Feind ist? Was, wenn es Andrew ist?

Jemand öffnet die Tür und späht hinein. Lara kann überhaupt nichts erkennen und ehe sie weiter darüber nachdenken kann, ergreift die Person geschickt ihr Messer und entwaffnet sie so schnell, dass sie überrascht aufschreit. Unsanft wird sie auf den Boden der Baracke geworfen und kommt auf ihrem Ellbogen auf. Sofort versucht sie, die Axt aus dem Rückenholster zu holen, als sie unerwartet von einer männlichen Stimme gestoppt wird.

»Das würde ich an deiner Stelle lassen.«

Ihre Finger berühren bereits den Holzgriff und sie überlegt, ob sie schnell genug ist, die Axt herauszuholen und in die Richtung der Stimme zu schwingen.

»Denk nicht einmal daran«, sagt die Stimme. Es ist stockdunkel in der Hütte, sie kann nicht einmal die Hand vor Augen sehen, wie kann es also dieser Mann?

»Was tust du hier?«, fragt er schließlich. Vielleicht ist es ein Bewohner, ein Überlebender?

»Ich bin auf der Suche nach jemandem.«

»Auf der Suche? Nach wem?«

Der Ellbogen, auf dem Lara gelandet ist, beginnt allmählich zu schmerzen. Vorsichtig setzt sie sich auf.

»Einem Freund«, erwidert sie und hört, wie er plötzlich näherkommt. Instinktiv weicht sie zurück, drückt sich an die Wand. Die schweren Schritte stoppen. Eine Weile ist es still. Krampfhaft versucht Lara ihre Augen an die Dunkelheit zu gewöhnen, zu erkennen, mit wem sie es hier zu tun hat.

»Ich werde jetzt Licht machen. Wenn du dich auch nur einen halben Zentimeter bewegst, ramme ich dir dein Messer in den Hals. Verstanden?«

Lara nickt und murmelt etwas Unverständliches. Dann hört sie, wie der Fremde das Glas der Lampe aufschraubt. Wenige Sekunden später wird die Hütte durch warmes Licht erhellt. Blinzelnd sieht sie in seine Richtung. Vor ihr steht ein junger Mann in einer grünen Uniform, und mit Drei-Tage-Bart, schätzungsweise zwischen zwanzig und fünfundzwanzig Jahre alt. In seiner Hand hält er etwas Merkwürdiges. Wie eine Brille, nur mit mächtig dicken Gläsern, die mehrere Zentimeter nach außen ragen. In der anderen Hand umklammert er ihr Messer, das in Laras Richtung zeigt. Er geht in die Hocke, beobachtet sie neugierig mit seinen hellblauen Augen. Dann neigt er seinen Kopf zur Seite, starrt unverblümt auf ihre rechte Gesichtshälfte und schüttelt den Kopf.

»Was willst du von mir?«, fragt Lara schroff. Nur langsam löst er sich von ihrem Gesicht und blickt ihr in die Augen.

»Es scheint, als gäbe es nichts, das du mir anbieten könntest.« Er steht auf.

Verärgert, jedoch mit aller Vorsicht, steht auch Lara auf. Er muss ein Plünderer sein. Andrew hat sie immer vor solchen Leuten gewarnt. Man sollte sich besser nicht mit ihnen anlegen und schon gar nichts mit ihnen zu tun haben wollen.

»Was macht ein junges Ding wie du hier ganz alleine? Gehörst du zu dieser Siedlung?«, fragt er und verschränkt seine Arme vor der Brust.

»Das sagte ich bereits. Ich suche jemanden.« Lara kann seinen Blick spüren, wie er sie taxiert und versucht, sie einzuschätzen.

»Ich will keinen Ärger«, sagt sie.

»Dafür ist es reichlich spät, oder? Wo kommst du

her?«

Einen Augenblick lang ist Lara still, versucht zu ergründen, was dieser Kerl eigentlich von ihr will. Kann er sie nicht einfach in Ruhe lassen und gehen?

Er fährt sich über die kurzen, blonden Stoppeln, die er wahrscheinlich Haare nennt und dreht das Messer in seiner Hand um, sodass er mit den Fingern die Klinge hält. Dann streckt er es Lara hin. »Hier. Das wirst du noch brauchen, wenn du allein durch das Land ziehen willst.«

Lara geht vorsichtig auf ihn zu, ohne den Blick von ihm zu nehmen. Schließlich ergreift sie das Messer und hält es fest.

»Du solltest kein Licht machen, das zieht die Sammler an«, warnt er, als ob sie das nicht selbst wüsste. Langsam steckt sie das Messer wieder in die Scheide und beginnt dann, ihren Krempel in den Rucksack zu verstauen. Sie wird bestimmt nicht mit diesem Fremden in einer Hütte übernachten.

»Du kannst hierbleiben. Ich wollte ohnehin weiter«, sagt er und geht abrupt nach draußen. Überrascht schnappt Lara nach der Lampe und folgt ihm ein Stück. Eine Weile sieht sie ihm nach. Dann dreht er sich nochmal um. »Und mach das Licht aus«, befiehlt er leise und verschwindet ohne ein weiteres Wort in der Dunkelheit.

Kapitel 20

Kaleb

Er hätte das Mädchen nicht mit diesem Mann allein in der Hütte lassen sollen, doch wie so oft hat sich die Angst wie ein Verräter in sein Herz gestohlen. Wenn er hineingegangen wäre, hätte er womöglich wieder jemanden töten müssen. Was ist bloß aus ihm geworden? Vor wenigen Stunden versprach er, ihr zu helfen. Sich selbst hat er eingeredet, sie zu beschützen, aber er hat sich nur hinter einer Hütte versteckt und abgewartet.

Als der Mann wieder herausgekommen, und auch das Mädchen kurz danach unversehrt vor der Tür erschienen ist, konnte er seine Erleichterung fast körperlich spüren. Etwas an ihr ist anders. Mit ihr ist es, als würde er sie schon sein ganzes Leben lang kennen. Dieses eigenartige Gefühl, wenn er in ihre Augen blickt, kann er sich einfach nicht erklären. Er kennt diese Augen, er kann sie nur noch nicht zuordnen.

Nachdem sich das Mädchen wieder in die heruntergekommene Hütte begeben hat, sucht auch Kaleb jetzt ein Nachtlager. Morgen wird er versuchen, mit ihr zu reden. Wenn sie sich bereit erklärt, sich mit ihm zusammen zu tun, um die Kommunen und Siedlungen zu warnen, dass die Enter nun ihre Standpunkte kennen, müsste er nicht allein weiter. Er ist schon zu lange allein. Er sehnt sich immer mehr nach einem Zuhause, nach Menschen, die ihn aufnehmen und ihm das Gefühl geben, kein Monster zu sein.

Kaleb kriecht in ein Zelt, das noch einigermaßen steht. Die Stille umhüllt ihn. Durch ein Loch in der Zeltwand kann er die Sterne beobachten, die sich wie tanzende Lichter am Himmel bewegen. Es dauert nicht lange und seine Augen fallen zu. Er möchte nicht einschlafen, nicht träumen, nie wieder. Doch schon bald muss er den Kampf gegen die Müdigkeit aufgeben.

17 Jahre zuvor

»Junge, lass nicht los, hörst du?« Sein Vater überquert ganz vorsichtig die alte Brücke, die nur noch an zwei abgewetzten Seilen hängt. Kaleb hält sich tapfer fest, doch die Brücke schaukelt gefährlich hin und her. Natalie und seine Mutter folgen ihnen. Kaleb kann die Geräusche der Maschinen hinter ihnen hören. Sie kommen näher. Die Schreie der Menschen überlagern das laute Rauschen des Flusses unter ihren Füßen. Seit drei Jahren fliehen sie vor den Maschinen, doch egal wohin sie gehen, die Sammler folgen ihnen. Vater hatte ihm am Abend zuvor gesagt, dass, wenn ihm etwas passiert, er auf seine Mutter und Schwester achten soll, immerhin ist er schon zehn Jahre alt und erwachsen genug. Doch Kaleb fühlt sich nicht erwachsen, er hat Angst. Die mechanischen Geräusche, die die Sammler machen, wenn sie ihren Greifarm ausstrecken, ertönen hinter ihnen. Kaleb traut sich nicht, sich umzudrehen, sondern läuft unbeirrt weiter.

Natalie schreit entsetzlich laut, als die Brücke plötzlich anfängt, noch stärker zu schwanken. Vater ist fast auf der anderen Seite angekommen, es sind nur noch wenige Meter. Kaleb dreht sich doch noch in die andere Richtung und erstarrt. Die Maschine greift nach dem dünnen Seil. Sie zieht daran, so fest, dass es mit einem Ruck reißt. Kaleb kann nur noch einen kurzen Blick zu seinem Vater werfen, als die Brücke schließlich nach unten gleitet. Keiner von ihnen kann sich noch daran festhalten. Die Brücke stürzt in die Tiefe. Das Wasser kommt immer näher. Es ist vorbei, es ist vorbei!

Gegenwart

Kaleb wacht schweißgebadet auf. »Nur ein Traum, es war nur ein Traum«, flüstert er immer wieder.

Zittrig fährt er sich über das nasse Gesicht und blickt dann durch das Loch an der Zeltwand. Es wird noch ein paar Stunden dauern, bis die Sonne aufgeht. Er legt sich wieder hin und schwört sich, in dieser Nacht nicht mehr einzuschlafen.

Kapitel 21

Benjamin

Als Benjamin aufwacht, liegt Levi tief schlafend neben ihm. Er selbst hat die halbe Nacht gebraucht, um die Bilder der verwüsteten Siedlung aus seinem Kopf zu verdrängen. Da die Hütte so ziemlich die einzige Schlafmöglichkeit in der Siedlung war, hatte er sich dazu entschlossen, die Nacht irgendwo anders hinter sich zu bringen. Das Mädchen mit der hässlichen Narbe im Gesicht hatte die Baracke dringender nötig. Er ist ja kein Untier. Der Anblick der Siedlung hat ihn und Levi ziemlich geschockt. Schweigend sind sie nebeneinander hergelaufen, bis sie auf eine Höhle im Wald gestoßen sind, sich dort hingelegt und still die Decke angestarrt haben. Irgendwann ist dann das leise Schnarchen seines Freundes zu hören gewesen.

Benjamin wälzt sich unruhig in der kleinen Höhle hin und her. Wenn Lucas wirklich bei den Boulder gewesen ist, liegt die Vermutung nahe, er könne von den Sammlern mitgenommen worden sein. Leichen gab es kaum, dafür eine Menge Blut. Anscheinend sind die Maschinen bei dieser Siedlung darauf aus gewesen, mehr Menschen einzusammeln als zu töten. Eigenartig.

Vielleicht sollte er einfach die Möglichkeit in Betracht ziehen, dass sein Bruder für immer verloren ist. Bei der Vorstellung krampft sich sein Magen jedoch sofort zusammen. Das kann er nicht akzeptieren. Sobald Levi wach ist, wird er ihn fragen, ob er ihn zur Stadt begleitet. Die Spuren in der Siedlung weisen darauf hin, dass der Angriff maximal einen Tag her sein kann.

Levi dreht sich grunzend auf die Seite. Nur langsam schafft er es, seine noch vom Schlaf verquollenen Augen zu öffnen. »Wie lange bist du schon wach?«

»Noch nicht sehr lange.« Benjamin setzt sich auf und beginnt seinen Schlafsack einzurollen. Sein Freund richtet sich mühsam auf. »Was tun wir jetzt?«

»Wir folgen den Sammlern«, erwidert er. Levi reibt sich den Schlaf aus den Augen bevor er darauf antwortet. »Du willst die Sammler suchen? Warum zum Henker willst du das tun?«

»Wenn Lucas tatsächlich bei den Boulder war, ist es gut möglich, dass sie ihn mitgenommen haben.«

»Er könnte aber auch in die andere Richtung gelaufen sein oder ist längst wieder im Bunker, das weißt du doch gar nicht. Ich finde, wir sollten zurückkehren.«

»Du kannst ja wieder zurück. Ich werde weiter nach ihm suchen. Wenn ich mich beeile, schaffe ich es noch, bevor die Sammler in der Stadt sind. Natürlich könnte er in eine andere Richtung gelaufen oder sogar wieder zu Hause sein. Allerdings, sollte das nicht der Fall sein und sie ihn wirklich mitgenommen haben, verpasse ich die Chance, und das kommt überhaupt nicht infrage.«

Seufzend steht sein Begleiter auf. »Und wenn du die Sammler findest? Was hast du dann vor? Ich meine, überleg doch mal, selbst wenn sie ihn mitgenommen haben, wie willst du ihn befreien? Bis jetzt hat niemand einen Kampf gegen diese Maschinen gewonnen, glaubst du wirklich, du schaffst das?«

Benjamin wirft Levi einen genervten Blick zu. »Ich muss wissen, ob er mitgenommen wurde, verstehst du das nicht?«

Schweigend schnappt er sich den Rest seiner Ausrüstung und verlässt die Höhle.

Kapitel 22

Lara

Laras Schlaf ist unruhig, die Träume verstörend und beängstigend. Das Gesicht ihrer Mutter, eine verblasste Silhouette, vermischt sich mit den grauenhaften Bildern des Angriffs der Sammler. Andrew wird von einer Maschine in die Luft gehoben und in einen Käfig gesteckt, neben ihm sitzt ihre Mutter. Er wehrt sich, versucht zu entkommen.

»Andrew, Andrew«, schreit Lara und fährt schwer atmend aus dem Albtraum hoch.

Langsam schleppt Lara sich nach draußen. Die Verwüstung wirkt im Tageslicht noch erschreckender als am Abend zuvor. Alles, was sie bisher fürchtete, spiegelt sich in dieser Siedlung wieder. Es ist, als würde die Vergangenheit an ihr zerren, sie an den Tag zurückbringen, an dem sie alles verloren hat, was ihr wichtig war.

Sie hofft, die Sammler zu erreichen, noch bevor sie in der Stadt ihrer Herren ankommen, und folgt einem großen Abdruck, der einen Durchmesser von etwa einem Meter hat. Es ist nicht der einzige, der die Straße der Gemeinde verunstaltet. Sie führen nach Osten, und dort muss sich auch die Stadt befinden. Was tun die Squatters mit den Eingesammelten? Wie sehen sie aus? Warum sind sie vor zwanzig Jahren ausgerechnet auf die Erde gekommen? Und was tun sie, wenn es keine Menschen mehr gibt? Ziehen sie weiter zum nächsten Planeten?

Lara ist noch nie so weit draußen gewesen. Der Wald

ist schon immer ihre Wohlfühlzone gewesen, dort kennt sie sich aus, weiß, wie sie sich verhalten muss. Aber hier draußen sieht das ganz anders aus. Die Wälder erstrecken sich etappenweise über das ganze Land. Irgendwann gibt es nichts mehr, nur noch karge Gegenden, verlassene Städte und offenes Land, soweit das Auge reicht. Zumindest hat Andrew das gesagt. Ihre Gedanken werden unterbrochen, während sie den Weg aus der Siedlung nimmt. Lara hat das Gefühl, beobachtet zu werden, und ihr Gefühl trügt sie fast nie. Jemand verfolgt sie. Sie weiß, es sind keine Sammler, denn die hört man aus mehreren hundert Metern Entfernung. Sie beschleunigt ihre Schritte unmerklich, verlässt die Siedlung und begibt sich in den dichten Wald.

Man sollte annehmen, dass die Menschen zusammenhalten, wenn sie einem gemeinsamen Feind gegenüberstehen, doch die Nahrungs- und Wasserknappheit machte aus den meisten brutale Psychopathen. Dann gibt es zwei Arten von Menschen. Täter und Opfer. Lara hat sicherlich nicht vor, letzteres zu werden.

Geduldig lehnt sie sich gegen einen Baum und holt die kleine Axt aus dem Rückenholster. Dann wartet sie. Äste brechen und sie kann hören, wie sich jemand nähert. Als die Schritte unmittelbar neben ihr zum Stehen kommen, holt sie aus. Die Axt schwingt nur knapp über dem Kopf des jungen Mannes hinweg, den sie gestern im Wald zurückgelassen hat.

In gebückter Haltung sieht er sie an. »Das war ganz schön knapp.«

Tatsächlich hätte sie ihm fast den Kopf abgeschlagen.

Warum verfolgt er sie? »Was zum Teufel tust du hier?«, fragt sie gereizt. Er grinst sie an, als wäre die Tatsache, dass sie ihn fast getötet hätte, auch noch lustig. Schulterzuckend sieht er an ihr vorbei. »Du willst in die Stadt, habe ich recht?«

»Das geht dich nichts an«, erwidert Lara, kehrt ihm den Rücken zu und stürmt weiter. Wenn er sie ständig aufhält, wird sie die Sammler nie rechtzeitig finden. Er folgt ihr mal wieder unaufgefordert.

»Ich würde dir davon abraten.«

»Mich interessiert nicht, was du denkst.«

»Es ist gefährlich und du wirst niemals durch …«

»Du bist wohl schwer von Begriff«, unterbricht Lara ihn barsch und dreht sich zu ihm um. »Ich will nichts mit dir zu tun haben. Ich habe keine Zeit, um mich mit dir herumzuärgern, verstanden?« Andrew könnte schon weiß der Geier wo sein, und sie muss sich hier mit einem nervtötenden Stalker herumstreiten.

Der holt ein Blatt Papier aus der Innentasche seiner Jacke und hält es in ihre Richtung. »Das ist eine Karte. Hier sind alle Siedlungen im Umkreis von fünfhundert Kilometern markiert, sogar die, aus der du kommst. Die Enter haben sie einem Mann abgenommen, den sie getötet haben. Ich weiß nicht, wer oder warum jemand diese Karte entworfen hat, aber die Enter haben mit ihr nichts Gutes im Sinn.«

»Woher weißt du, wo ich herkomme?«, fragt Lara überrascht.

»Du verstehst nicht, was ich damit sagen möchte.«

»Nein, du verstehst nicht, dass ich etwas Wichtiges zu

tun habe«, kontert sie.

Sie denkt zwar kurz an die Bewohner in ihrer Siedlung, aber es wäre nicht das erste Mal, dass sie von den Enter ausgeplündert werden. Fletcher gibt ihnen was sie wollen und alle überleben das, wie immer. Das ist also das kleinere Problem. Und noch dazu eines, das sie ohnehin nicht lösen kann. Doch Andrew wird ohne ihre Hilfe womöglich nicht überleben. Sie muss ihn erreichen, bevor er in die Stadt kommt.

»Was könnte wichtiger sein, als deinen Leuten zu helfen?«

Lara antwortet nicht auf die Frage und dreht sich wieder um. Die Spur führt aus dem Wald heraus und sie wird ihr folgen.

»Allein schaffst du das niemals«, ruft er ihr zu.

»Willst du mir vielleicht helfen?«, fragt Lara, ohne anzuhalten. Nachdem sie eine Weile nichts mehr von ihm gehört hat, dreht sie sich um. Im ersten Augenblick stockt ihr der Atem.

Ihr unwillkommener Begleiter wird von einer düsteren Gestalt im Schwitzkasten gehalten, während die Klinge eines Messers am Hals des jungen Mannes verweilt. Als der Angreifer Lara angrinst, kommen eine Reihe gelber und brauner Zähne zum Vorschein.

»Ist das deine Freundin, Kaleb?«, flüstert er ihrem Stalker zu. Lara sieht sich panisch um. Der eklige Typ scheint allein zu sein, noch jedenfalls. Sie könnte abhauen und diesen Kaleb einfach seinem Schicksal überlassen. Das wäre das einzig logische Vorgehen.

»Ich kenne sie nicht«, antwortet Kaleb heiser.

Der Mann lacht auf. »Das glaube ich dir nicht.«

»Ich kenne ihn nicht«, mischt Lara sich ein.

»Weißt du was, Mädchen, das ist mir völlig egal. Mitgefangen, mitgehangen. Josko wird sich über Frischfleisch freuen. Die anderen werden bald auch hier sein und ...«

Kaleb, windet sich in seiner Umklammerung.

»Na na, sei friedlich, oder soll ich dir deinen hübschen Hals gleich hier aufschlitzen?«, droht er lechzend und fährt mit seiner Zunge über Kalebs Wange.

Lara muss einen Würgereflex unterdrücken. Ich werde auf keinen Fall warten, bis seine Kumpane hier aufkreuzen, denkt sie und macht einen Schritt rückwärts.

»Geh«, würgt Kaleb hervor und kassiert prompt einen Schlag auf den Hinterkopf.

Sie ist ihm nichts schuldig, redet sie sich ein.

»Verschwinde«, brüllt er ihr nochmal zu.

Der Mann stößt Kaleb unerwartet das Messer in den Oberarm. Er schreit auf.

Andrew, ich muss Paps finden. Ohne weiter darüber nachzudenken, dreht sich Lara um und rennt los. Hinter ihr kann sie Kampfgeräusche hören, doch sie rennt immer weiter, hinein in den Wald. Lara hat das Gefühl, vor Angst jeden Moment ohnmächtig zu werden. Irgendwann hält sie an, dreht sich um und prüft die Lage. Es sieht aus, als wäre ihr niemand gefolgt. Nach Atem ringend stürzt sie auf die Knie und zieht die Luft scharf in ihre Lungen. Langsam steht sie auf, holt die Flasche mit dem Wasser aus ihrem Rucksack und löscht den penetranten Durst.

Sie fragt sich unwillkürlich, ob dieser Kaleb schon tot ist. Sie hat eine Mission und sollte sich nicht in Dinge einmischen, die sie nichts angehen. Wieder wirft sie einen Blick in die Richtung, aus der sie gekommen ist. Was werden sie wohl mit ihm machen? Energisch schüttelt sie den Kopf. Sie kann ihm nicht helfen und sie muss Andrew finden.

Nach nur etwa zwanzig Metern stoppt sie nochmals. Es ärgert sie, dass sie dieses Gefühl nicht einfach abschütteln kann. Dieser blöde Idiot. Er scheint alt genug zu sein, um zu wissen, wie die Welt funktioniert. Wie kann man sich gegen die Enter stellen? Sie läuft auf und ab, überlegt, ob sie dem Drang, diesem Kaleb zu helfen, nachgeben soll.

»Verdammt nochmal.«

Kapitel 23

Kaleb

Otis fesselt ihn, während Vincent ihm die Karte abnimmt und in seine eigene Jackentasche steckt. Mit einer kräftigen Ohrfeige bedankt sich der Mann lächelnd bei Kaleb und macht einen Schritt zurück. Kaleb spürt, wie seine Wange augenblicklich zu brennen beginnt und ein metallischer Geschmack sich in seinem Mund ausbreitet. Als er dann auch noch Jim auf sich zu stampfen sieht, wappnet er sich gegen das, was jetzt sicher kommen wird. Natürlich hat dieser Hinterwäldler nicht vergessen, dass Kaleb ihn mit einem Holzstuhl bewusstlos geschlagen hat.

Doch unabhängig davon, dass er darauf vorbereitet gewesen ist, ist der Schmerz in seinem Unterleib, als Jim ihn boxt, mit der harmlosen Ohrfeige nicht zu vergleichen. Als hätte man ihm die Eingeweide aus dem Leib geprügelt. Der Schmerz lässt ihn auf die Knie sinken.

Jim packt ihn an den Haaren, zieht seinen Kopf nach hinten, sodass Kaleb ihm ins Gesicht schauen muss, holt aus und donnert mit der Faust in Kalebs Gesicht. Immer wieder. Um ihn herum dreht sich alles und er hat das Gefühl, jeden Moment ohnmächtig zu werden.

»Das reicht. Josko will ihn lebend haben«, stoppt Otis seinen tobenden Kameraden schließlich. Kaleb schafft es gerade noch, die Augen offen zu halten. Jim wischt sich die Hand mit Kalebs Blut an der Hose ab. »Na schön. Aber das hier ist noch nicht vorbei.«

Otis zieht Kaleb auf die Beine, während ihm unaufhörlich Blut in die Augen tropft. Das rechte fängt auch schon an zuzuschwellen.

Vincent kramt währenddessen ein Seil aus seinem Rucksack, legt es Kaleb um den Hals und zieht es zu. Er lässt Kaleb gerade noch so die Möglichkeit zum Atmen.

Prompt schnappt sich Jim das Seil am anderen Ende und zerrt kräftig daran. »Na los, Bewegung!«

Kaleb kommt durch den Ruck ins Stolpern und fällt unsanft zu Boden. Instinktiv versucht er sofort, sich wieder aufzurichten, denn Jim zieht weiter an dem Seil, und Kaleb bleibt die Luft weg, denn es schnürt sich immer enger um seinen Hals.

»Hey! Hör auf mit dem Scheiß, verflucht nochmal. Wenn du ihn umbringst, bevor wir im Lager sind, wird Josko seine Wut an dir auslassen, statt an ihm«, brüllt Otis, zieht Kaleb mühelos hoch und lockert das Seil um seine Kehle ein wenig. Dann reicht er Vincent das Seil.

Schnell atmet Kaleb ein, als er wieder Luft in seine Lunge ziehen kann. Der Gedanke, Jim zur Weißglut zu bringen, damit er nicht lebend im Lager ankommt, erscheint Kaleb gerade sehr reizvoll. Er möchte sich gar nicht ausmalen, was Josko mit ihm anstellen wird.

Kapitel 24

Benjamin

Der Wald, in dem sie unterwegs sind, ist nicht so groß wie der Allegheny National Forest, wo sich der Bunker befindet, aber er erstreckt sich dennoch auf über fünfzehn Quadratkilometern. Und trotzdem treffen er und Levi immer wieder auf dieselben Leute. Man sollte meinen, sie würden in diesem verfluchten Wald ihre Ruhe haben, aber stattdessen sind sie dauernd gezwungen, sich hinter irgendwelchen Büschen zu verstecken. Wie zwei verschreckte Rehkitze. Und die Zeit läuft, die Sammler erreichen womöglich schon bald die Stadt.

Benjamin und Levi suchen Schutz hinter den Sträuchern und Büschen, als ihnen die drei Männer vom vorigen Tag entgegenkommen. Im Schlepptau haben sie den Typ, dem gestern die Flucht gelungen ist. Oder doch nicht, denkt Benjamin desinteressiert. Das Gesicht des Kerls sieht aus, als hätten ihn die drei als Box-Sack benutzt.

Levi starrt zu der Gruppe rüber. Benjamin erkennt an der angespannten Körperhaltung seines Freundes, dass der am liebsten hinter dem Gestrüpp hervorspringen und dem Gefangenen helfen würde. Aber für solche Heldentaten haben sie keine Zeit. Benjamin legt ihm die Hand auf den Arm und gibt ihm zu verstehen, er solle sich da nicht einmischen.

Die Gruppe läuft an ihnen vorbei. Benjamin wartet noch bis sie weit genug weg sind, damit sie nicht doch noch entdeckt werden. Gerade als er aufstehen möchte, kommt das Mädchen, das er in der Hütte der Boulder getroffen hat, aus derselben Richtung wie die Männer. Leise rennt sie an ihnen vorbei und versteckt sich hinter einem Baum. Levi sieht Benjamin überrascht an. Er dachte, das Mädchen wäre allein unterwegs gewesen?

Kapitel 25

Lara

Leise schleicht Lara zwischen den Bäumen hin und her, sondiert die Lage und versucht, keinen Laut von sich zu geben. Sie weiß, wo die drei Männer mit Kaleb hingehen, denn Lara kennt die Richtung zum Lager der Enter. Andrew hat ihr schon früh erklärt, wohin sie niemals gehen darf. Und was zum Teufel tut sie jetzt? Genau das Gegenteil.

Man hat Kalebs Hände gefesselt und ein weiteres Seil um seinen Hals gewickelt. Einer der Entführer zieht ihn an dem anderen Ende des Seils hinter sich her. Die ungepflegten, schulterlangen Haare des Mannes kleben regelrecht an seinem Gesicht, auch wenn er sie immer wieder mit der Hand wegschiebt. Zwangsläufig zieht er so an dem Seil und bewirkt dabei jedes Mal, dass Kaleb die Kehle zugedrückt wird.

Kaleb stolpert über den unebenen Boden, fängt sich aber gleich wieder. Aus der Wunde an seinem Arm sickert Blut, und zwar eine ganze Menge. Die anderen beiden folgen dem Gefangenen. Nach dem, was man sich so über ihn erzählt, schätzt Lara den Anführer der Enter, Josko, so ein, dass er Kaleb lebend haben möchte, um ein Exempel an ihm zu statuieren. Was auch immer er mit ihm vorhat, wenn sie Kaleb nicht hilft, wird er einen qualvollen Tod sterben. So viel ist ihr klar. Was ihr allerdings nicht klar ist, ist, wie ihre Hilfe aussehen soll. Drei Männer. Schwer bewaffnet. Und einer skrupelloser als der andere. Das ist total irre. Wieder verdammt sie sich selbst, weil sie es wieder nicht gut sein lassen konnte und sich von ihrem Gewissen hat leiten lassen. Was zur Hölle macht sie eigentlich hier?

»Hey, wartet mal, ich muss pissen«, sagt der mit der riesigen Wampe und entfernt sich von der Gruppe, um sich hinter einem der zahlreichen Bäume zu erleichtern. Die Machete lehnt er an und öffnet dann den Reißverschluss seiner Hose. Ob das der richtige Moment ist, um einzugreifen? Es sind immer noch zwei und Lara hat eigentlich keine Lust, sich von denen in der Luft zerreißen zu lassen. Gerade als sie ihren angewiderten Blick von dem Mann abwendet und zu der Gruppe schaut, dreht sich Kaleb in ihre Richtung. Ihre Blicke treffen sich für einen Moment. Lara sieht, dass ein Auge komplett zugeschwollen ist. Er sieht ziemlich blass aus, aber bringt ein kleines Lächeln zustande. Auf ihn wird sie wohl aber in einem Kampf nicht zählen können. Doch dann nickt er ihr unmerklich zu. Was hat er vor?

Ehe Lara sich versieht, fängt Kaleb an zu würgen. Der Mann, der das Seil am anderen Ende festhält, schaut zu seinem Kameraden rüber. Der zuckt nur abwesend mit den Schultern. Kaleb geht in die Knie, würgt und würgt, so als ob er sich jeden Moment übergeben müsste.

»Was ist denn mit dem los?«, fragt der mit dem Seil und lockert es ein wenig.

Lara ist sich nicht ganz sicher, ob das ein Trick sein soll, oder ob Kaleb gerade tatsächlich erstickt. Es sieht zumindest verdammt echt aus.

»Josko will ihn lebend haben. Wenn der krepiert,

macht er uns einen Kopf kürzer«, jammert der andere. Sofort bückt sich sein Kamerad und befreit Kaleb von dem Seil um seinen Hals. Der hustet heftig und dreht sich schließlich unbemerkt in Laras Richtung.

Das ist verrückt. Unsicher blickt sie zu Wampe, der immer noch mit heruntergelassener Hose neben einem Baum steht und offenbar nichts von alledem mitbekommt.

Sie zückt ihr Messer und wirft es mit aller Kraft zielgenau nach dem Mann, der das Seil festhält. Es bohrt sich tief in seinen Oberschenkel. Er schreit auf und fällt zu Boden. Der andere blickt entsetzt in alle Richtungen. Und dann entdeckt er sie.

Doch bevor er auch nur einen Schritt auf sie zukommen kann, rammt Kaleb ihn mit der unverletzten Schulter und schiebt ihn so weit nach hinten, bis beide gegen einen Baum prallen und dem Entführer die Luft aus der Lunge gepresst wird.

Die Aktion ist auch nicht an Wampe vorübergegangen. Schnell zieht er seine Hose hoch und eilt zum Geschehen. Lara rennt auf den Verletzten zu, dem das Messer noch im Oberschenkel steckt. Schockiert reißt er die Augen auf. Nein, sie wird ihn nicht töten, auch wenn er es vermutlich verdient hat. Als Lara bei ihm ankommt, zieht sie ruckartig das Messer aus seinem Schenkel. Er schreit auf und drückt die Wunde mit beiden Händen ab.

Wampe rast grölend mit seiner Machete auf sie zu. Lara schreckt kurz hoch und rollt sich dann zur Seite, sodass die Klinge sie um Haaresbreite verfehlt. Schnell zieht sie die kleine Axt aus ihrem Rückenholster und schlägt so fest sie kann auf seine Wade ein. Wampe knickt kurz ein. Lara nutzt seine Verwirrung und sprintet auf Kaleb zu. Der kämpft unterdessen immer noch mit gefesselten Händen gegen den anderen. Er tritt mit seinem Knie gegen dessen Unterleib.

Hastig befreit sie ihn von den Fesseln. Doch anstatt gleich abzuhauen, rennt er auf den am Boden liegenden Mann zu, kramt etwas aus seiner Jackentasche und steckt es in die eigene. Erst dann rennen sie los, als wäre der Teufel höchstpersönlich hinter ihnen her.

Lara hört, wie die Männer hinter ihnen rufen und fluchen. Zwei folgen ihnen, doch sie sind zu langsam.

Laras Haare kleben ihr im Gesicht, während sie immer weiter und weiter rennt. Als sie glaubt, keine Luft mehr zu bekommen, hält sie an, lauscht, ob sie noch verfolgt werden, aber sie kann nichts hören. Nur Kaleb keucht und schnauft neben ihr.

»Jetzt ... schulde ich dir mehr ... als ein Leben«, japst er. Lara schüttelt nur den Kopf und richtet sich wieder auf. Vielleicht kann er mir ja doch nützlich sein, denkt sie, als sie sich erinnert, wie er mit gefesselten Händen gegen den Enter gekämpft hat. Um sich herauszuhalten, ist es ohnehin zu spät.

»Du hast gesagt, du weißt wo die Stadt ist.«

Ungläubig sieht er sie an. »Nein, ich sagte, es sei zu gefährlich. Und ich sagte, das würdest du niemals allein schaffen.«

»Ich dachte, du schuldest mir was. Also, das ist deine Gelegenheit, deine Schuld zu begleichen«, sagt Lara.

Er blinzelt mehrere Male, kratzt sich nervös mit einem Finger den Lockenkopf. »Schön, ich werde dich hinführen, unter zwei Bedingungen.« Er schaut sie einen Moment an.

»Ich möchte wissen, wieso du dorthin willst und was es mit der Narbe auf sich hat.«

»Das geht dich beides nichts an.« Sie dreht sich um und lässt ihn stehen. Ich werde den Weg dorthin auch ohne diesen Idioten finden, flucht sie lautlos.

»Warte«, ruft er hinterher und folgt ihr. »Okay, dann sag mir wenigstens, was du dort willst.«

Abrupt bleibt Lara stehen. »Warum interessiert dich das?«

»Weil die Stadt riesig ist und die Festung ebenso. Wenn ich weiß, wonach du suchst, kann ich dich genau an den Ort bringen, den du suchst. Oder willst du lieber planlos durch die Stadt spazieren?«

Lara verschränkt die Arme vor der Brust.

»Woher kennst du dich so gut aus?«

Kaleb sieht zu Boden. »Ich war schon dort.«

»In der Stadt?«, hakt sie nach.

»In der Festung.«

»Ich suche jemanden, der von den Sammlern mitgenommen wurde«, antwortet sie.

Eine Weile ist es still. »Du weißt schon, dass dort niemand mehr rauskommt?«

Lara macht zwei Schritte auf ihn zu, bis sie nur noch wenige Zentimeter vor ihm steht. »Das stimmt nicht! Und selbst wenn, ich habe eine Spur der Sammler gefunden und wenn ich sie erwische, bevor sie in die Stadt gelangen, muss ich gar nicht dorthin. Abgesehen davon bist du, laut deiner eigenen Aussage, ja wohl auch dort rausgekommen. Aber jetzt habe ich genug Zeit deinetwegen vergeudet. Komm mit, oder lass es.«

Nach wenigen Augenblicken antwortet er. »Ich komme mit.«

Kapitel 26

Benjamin

Erst ist er sauer gewesen, weil Levi den beiden Flüchtenden plötzlich hinterhergerannt ist. Als die beiden dann stehengeblieben sind, haben auch sie angehalten und sich dann unbemerkt in ihre Nähe geschlichen. Doch nach dem, was er jetzt gehört hat, ist das die beste Möglichkeit in die Stadt zu kommen. Einen Teil des Gespräches konnte Benjamin nämlich mithören. Woher der Kerl weiß, wie man in die Festung hineingelangt, wird er schon noch herausfinden. Im Moment geht ihm das allerdings gepflegt am Arsch vorbei.

Er stupst Levi mit dem Ellbogen an und sie kommen aus dem Gestrüpp hervor, hinter dem sie sich versteckt haben.

Sofort zieht das Mädchen die Axt aus ihrem Rückenholster und sieht ihn überrascht an.

»Das scheint dein Lieblingsspielzeug zu sein«, erwähnt er. Das Mädchen reißt die Augen auf. »Du?« Sofort schiebt sie die Kapuze ihrer Jacke über das Gesicht und zieht an der dünnen Schnur, sodass man nur noch ein wenig ihrer blauen Augen erkennen kann.

»So sieht man sich wieder.«

Im Augenwinkel bemerkt er, wie der Typ ihn misstrauisch ansieht. Verdammt, der sieht aus, als hätte man ihn mit dem Gesicht nach unten durch den Wald geschleift.

»Was willst du?«, fragt das Mädchen.

Benjamin geht mit erhobenen Händen, als Zeichen des Friedens, auf sie zu.

»Mein Freund und ich sind auch auf der Suche nach jemandem. Wir gehen stark davon aus, dass auch er von den Sammlern mitgenommen wurde. Da sich dein Freund hier anscheinend gut in der Stadt auskennt, dachten wir, wir begleiten euch.«

»Er ist nicht mein Freund«, antwortet sie gereizt. »Und warum sollten wir euch überhaupt mitnehmen? Ich kenne euch nicht.«

Benjamin setzt sein charmantestes Lächeln auf. »Wir sind im Kampf erprobt, wissen wie man sich verteidigt und wie man tötet, daher sind eure Aussichten auf Erfolg mit unserer Begleitung wesentlich höher, als wenn ihr beide allein loszieht.«

»Wir kommen auch ohne euch zurecht.«

»Ja, das hat man gesehen«, erwidert er und muss ein Lachen unterdrücken. Die zwei hatten doch nur Glück. Wären sie ihm und Levi in solch einer Situation begegnet, wären sie jetzt Futter für die wilden Tiere im Wald.

»Hör mal«, mischt sich Levi in das Gespräch ein. »Wir suchen wirklich nur jemanden, der uns sehr nahesteht. Und es scheint, als könntest du dich damit identifizieren. Wieso also tun wir uns nicht zusammen?«

Das Mädchen beobachtet Levi und ihn aufmerksam, sagt aber nichts. Levi streckt die Hand aus und geht vorsichtig auf sie zu. »Mein Name ist Levi und das ist Benjamin.«

Starr schaut sie auf Levis ausgestreckte Hand. Nach einer ganzen Weile nähert sie sich ihm zögernd. Durch den Schlitz der Kapuze kann Benjamin nur ihre Augen sehen, und die drücken keine Freude aus.

»Ihr könnt mit, aber ich werde für keinen von euch mein Leben aufs Spiel setzen. Wer verletzt wird, bleibt zurück«, sagt sie, ohne den Händedruck zu erwidern. Levi lässt die Hand sinken und nickt. Ein ganz schön harter Brocken, denkt Benjamin.

Sie rückt die Kapuze zurecht und marschiert los. »Ich heiße Lara und der da ist Kaleb«, sagt sie, ohne sich umzudrehen.

Levi lächelt Benjamin zufrieden zu, bevor sie dem Mädchen folgen.

Kapitel 27

Kaleb

Schweigend gehen sie durch den Wald. Als sie an einem kleinen Bach vorbeikommen, kniet sich Kaleb hin und wäscht sich vorsichtig das schon teilweise getrocknete Blut aus dem Gesicht. Egal wo seine Finger die Haut berühren, es folgt sogleich ein stechender Schmerz. Das kalte Wasser tut trotzdem gut. Sein linkes Auge ist bereits komplett zugeschwollen. Er möchte gar nicht wissen, wie er aussieht.

Dass sich ihnen jetzt noch zwei Menschen angeschlossen haben, gefällt Kaleb überhaupt nicht. Es wird schon schwierig genug werden, eine Person unbemerkt in die Festung zu schleusen, bei drei ist es fast unmöglich. Noch bevor sie auch nur in die Nähe der Festung kommen, wird man sie entdecken. Ihre Körperwärme wird jeden Sammler im Umkreis von zweihundert Metern anlocken. So hatte er sich das nicht vorgestellt. Seine Entscheidung steht deshalb fest. Er wird sie bis zur Stadt führen und dann verschwinden. Wenn er nur daran denkt, die Sammler könnten ihn fangen und mitnehmen, würde er am liebsten die ganze Sache gleich hier und jetzt sein lassen.

»Hier.« Levi geht neben ihm in die Hocke. Er hält Kaleb eine kleine Dose hin. »Das ist eine Salbe. Es wäre gut, wenn du dein Auge damit einschmierst. Dadurch nimmt die Schwellung ab.«

Kaleb zögert einen Moment, doch dann nimmt er die

winzige Dose und schraubt den Deckel ab. Nachdem er sein Gesicht mit dem Pullover abgetrocknet hat, schmiert er sich die Salbe aufs Auge. Dieser Levi ist anders als sein Freund, und das gilt nicht nur für sein Äußeres.

»Was wollten die Enter eigentlich von dir?«, fragt Levi.

Kaleb schließt die Dose wieder und gibt sie ihm zurück. »Ich habe den Anführer verärgert.«

Levi lächelt und steht auf. »Das ist mutig. Aber auch ganz schön dumm.«

»Wäre nicht die erste Dummheit, die ich in meinem Leben begangen habe.«

Levi steht auf. »Du kennst das Mädchen noch nicht sehr lange, oder?«, fragt er, während sie zu Benjamin und Lara aufschließen.

Kaleb schüttelt den Kopf.

»Warum hilfst du ihr dann?«

»Sie hat mir das Leben gerettet. Zweimal.«

Levi schaut nach vorne und lächelt.

»Es sind drei Sammler«, bricht Kaleb die Stille.

Lara kniet sich hin und sieht sich die Abdrücke an. »Er hat recht. Sie führen nach Osten.«

Benjamin schaut verstohlen in die Richtung. »Dort liegt New York City, oder das, was von der Stadt übrig ist. Das ist ein Dreitagesmarsch durch Sammler-Gebiet. Wenn wir immer nur kurz rasten, schaffen wir es vielleicht in zwei.«

Lara kommt auf die Beine. »Vielleicht müssen wir gar nicht in die Stadt. Wenn wir die Sammler vorher erreichen …«

»Dann willst du es mit drei Sammlern aufnehmen?«, fällt dieser Benjamin ihr ins Wort, betont das ›Du‹ dabei besonders. Lara reckt ihr Kinn und geht einen Schritt auf ihn zu. »Ja, das habe ich vor.«

Benjamin gibt ein belustigtes Schnauben von sich, schüttelt den Kopf und dreht sich einfach um. »Na dann. Prinzessin möchte die Sammler erledigen. Dann sollten wir los.«

Kaleb fühlt sich immer noch nicht ganz wohl bei der Sache. Je weiter sie nach Osten laufen, desto mehr hat er das Gefühl, abhauen zu wollen. Vor zwei Stunden haben sie den Wald verlassen und die Route abseits der Straße gewählt. Es ist so unfassbar still hier.

Kaleb erinnert sich noch an eine Zeit, in der es auf den Straßen von Fahrzeugen nur so wimmelte. Die Fahrt zwischen New York, wo er mit seiner Familie lebte, und Allentown, dem Wohnort seiner Großeltern, war immer ein Abenteuer für sich gewesen. Auf dem Rücksitz ihres SUV verbrachten seine Schwester und er die Zeit mit Spielen. Nicht selten endete es in lautstarken Wortgefechten, bis ihre Eltern notgedrungen eingreifen mussten. Er vermisst die Fahrten und sein früheres Leben. Ihm fehlen seine Eltern und seine Schwester, auch wenn sie ihn manchmal mächtig geärgert hat. Zehn Jahre lang ist er mit seiner Familie vor den Sammlern geflohen. Lebte von gesammelten Früchten und gestohlenem Essen. Die Regale in den Supermärkten waren bereits nach fünf Tagen so gut wie leer. Menschen prügelten sich wegen einer Dose Thunfisch und manchmal tötete ein Mensch einen anderen wegen einer zerlumpten Decke. An den Tankstellen bildeten sich lange Autoschlangen, die bis zur nächsten Stadt reichten. Kaleb erinnert sich, dass er mit seiner Familie einen ganzen Tag dort verbrachte, nur um am Ende festzustellen, dass die Zapfsäulen leer geworden waren, kurz bevor sie an der Reihe gewesen wären. Den Wagen mussten sie schon nach vier Tagen zurücklassen und zu Fuß weitergehen. Wohin sie gehen sollten, wusste nicht einmal sein Vater. Hauptsache weg von den Städten, hatte er der Familie gesagt. Sie wechselten immer wieder ihren Standort, achteten darauf, keinen anderen Menschen zu begegnen. Manchmal verweilten sie in Hütten, bis sie von anderen Fliehenden vor die Tür gesetzt wurden. Sein Vater vermied Streitigkeiten. Zu Recht. Kaleb hat selbst mitanschen müssen, was die Angst und der Hunger in den Menschen zum Vorschein bringt.

»Wir sollten eine kurze Pause einlegen und etwas essen«, schlägt Levi vor und holt Kaleb aus seinen Erinnerungen. Lara und Benjamin nicken.

Kapitel 28

Lara

Der Wald liegt hinter ihnen. Kaleb meinte, die Straßen seien nicht sicher, weshalb sie den Weg durch die Felder genommen haben. Sie halten inmitten eines Maisfeldes, oder dem, was einmal eines gewesen ist, an. Lara hätte gerne gesehen, wie die Felder vor den Squatters ausgesehen haben. Sie sollen wohl vor essbarem Gemüse nur so gewimmelt haben. Jetzt ist schon längst nichts mehr davon übrig, es gibt niemanden, der die Felder bepflanzt oder bewirtschaftet. Die meisten Pflanzen sind durch Schnee und Frost verrottet, aber es scheint, als hätte sich die Natur selbst geholfen und an einigen Stellen meterhohes Grünzeug wachsen lassen

Lara schaut sich um. Hier dürften sie zumindest teilweise geschützt sein. Benjamin stampft einige Pflanzen nieder, damit sie sich setzen können.

Lara schaut misstrauisch in die Runde, während sie ihre Verpflegung aus dem Rucksack holt. Kaleb scheint keine Gefahr für sie zu sein, doch die beiden Neuankömmlinge, die ebenfalls Proviant aus ihren Taschen kramen, kann sie nicht einschätzen, noch nicht.

Mit ihrem scharfen Messer schneidet sie ein Stück von dem getrockneten Fleisch ab und wickelt es schließlich wieder ein. Dann lockert sie ein wenig die Schnur um ihre Kapuze, damit sie ungehindert essen kann. Gerade als sie hineinbeißen will, bemerkt sie, wie Kaleb sie beobachtet. Sofort dreht er den Kopf in die andere Richtung. Sie holt das Messer und das Fleisch wieder aus ihrem Rucksack und schneidet ein großzügiges Stück davon ab. Wortlos hält sie es ihm hin. Kaleb sieht sie unsicher an. Aber dann greift er doch nach dem Fleisch und stopft es sich sofort in den Mund. So überstürzt, wie er das Stück verschlingt, kann er schon seit Tagen nichts mehr gegessen haben. Auch Levi bricht etwas von seinem Brot ab und gibt es Kaleb.

Es ist still. Die Stimmung ist nach wie vor angespannt. Aber das ist nur logisch, wie Lara findet, denn wie soll man in dieser Welt irgendwem vertrauen? Besser, wenn sie die beiden Neuankömmlinge im Auge behält. Benjamin und Levi scheinen im selben Alter zu sein. Verwandt sind sie sicher nicht, die asiatischen Züge bei Levi sind zu stark ausgeprägt.

»Aus welcher Siedlung stammt ihr?«, fragt Levi und erlöst alle von der peinlichen Stille. Kalebs Blick schnellt nach oben.

»Woher kommt ihr?«, gibt Lara als Gegenfrage zurück. Die beiden Männer wechseln einen Blick.

»Aus dem Süden«, kommt es zeitgleich aus ihren Mündern.

Wie präzise. Sie machen ein Geheimnis daraus. Warum also sollte sie ihnen sagen, woher sie kommt?

Levi wartet geduldig auf eine Antwort.

»Wir kommen aus dem Norden.«

Sie schuldet diesem Kaleb zwar nichts, aber ihrer Meinung nach wird es besser sein, wenn die beiden nicht wissen, dass er bis vor kurzem zu den Enter gehört hat.

Benjamin wirft ihr einen kritischen Blick zu. »Aus

dem Norden also. Und was wollten die Enter von euch? Sie sahen ganz schön angepisst aus.«

Lara schraubt ihre Wasserflasche auf und nimmt einen großzügigen Schluck, um das trockene Fleisch hinunter zu spülen. »Brauchen die einen Grund?«, antwortet sie schließlich.

Er sieht sie amüsiert an. »Nein, in der Regel nicht.«

Levi holt zwei Wasserflaschen aus seinem Rucksack und wirft eine davon Kaleb zu, der sie überrascht auffängt.

»Musst es ja ziemlich eilig gehabt haben, wenn du ohne Nahrung und Wasser losgezogen bist.«

Kaleb erwidert nichts, sondern öffnet die Flasche und leert sie in einem Zug.

Laras Meinung über diesen Levi bessert sich von Minute zu Minute, trotzdem passt es ihr immer noch nicht wirklich, dass die beiden sie begleiten.

»Ihr vermutet es nur«, setzt Lara das Gespräch fort, das sie im Wald geführt hatten.

Benjamin blickt von den Feldern in ihre Richtung. »Was meinst du?«

»Ihr habt gesagt, ihr würdet vermuten, dass euer Freund von den Sammlern mitgenommen wurde, aber genau wisst ihr es nicht.«

»Stimmt, wir wissen es nicht mit Sicherheit.«

»Dafür, dass ihr nicht wisst, ob er überhaupt eingesammelt und in die Stadt gebracht wurde, geht ihr ein hohes Risiko ein. Derjenige, den ihr sucht, muss euch ja mächtig was bedeuten.«

»Er ist mein Bruder«, erwidert Benjamin. Lara kann

die Sorge in seinen Augen erkennen. »Er war in den Wäldern unterwegs und ist nicht zurückgekommen.«

»Vielleicht habt ihr ihn gesehen?«, beteiligt sich Levi an dem Gespräch. »Er ist etwa eins achtzig groß, hat blonde Haare und blaue Augen. Eigentlich sieht er aus wie der da«, sagt er und zeigt auf Benjamin. »Nur ein wenig älter und um einiges besser.«

Benjamin stößt seinen Freund mit dem Ellbogen an.

Lara schüttelt den Kopf.

»Was ist mit dir?«, fragt Benjamin Kaleb.

Lara sieht ihn an. Sie kennt ihn noch nicht sehr gut, aber es wirkt fast so, als behage ihm die Frage nicht sonderlich. Der starre Blick auf den Boden und das leichte Zittern seiner Hände bestätigt ihre Annahme. Levi und Benjamin müssen es auch bemerkt haben, denn sie wechseln bedeutungsvolle Blicke.

»Anscheinend hat ihn keiner von uns beiden gesehen«, antwortet sie an Kalebs Stelle.

»Kann er uns das nicht selbst ...« Benjamin stoppt mitten im Satz. Kaleb horcht ebenfalls plötzlich auf, streckt den Kopf in die Luft.

Zuerst kann Lara nichts hören, doch dann schleicht es sich in ihre Ohren, nimmt den Weg durch ihr Gehirn und löst schlagartig Erinnerungen aus, die sie schon lange verdrängt hatte. Seit zehn Jahren hat sie dieses Geräusch nicht mehr gehört. Sie schaut auf den Boden neben sich. Die Erde und die kleinen Steinchen darauf hüpfen bei jeder Erschütterung auf und ab. Der Boden unter ihrem Körper bebt. Sofort lässt Benjamin die Tasche fallen, die er sich kurz zuvor geschnappt hatte und legt sich flach auf den Boden. Levi und Kaleb tun es ihm gleich. Lara braucht einen Moment, bis sie reagieren kann, wirft sich dann aber bäuchlings neben die anderen.

Die mechanischen Geräusche, die die Sammler machen, während sie sich fortbewegen, sind mit nichts zu vergleichen. Als ob man Metall aneinander reibt. Sie kommen näher. Jede Bewegung, jeder Schritt, den die Maschinen machen, vibriert in Lara nach. Sie schließt die Augen. Ihr Herz rast. Wenn die Sammler sie entdecken, haben sie keine Chance. Sie sind nicht vorbereitet, haben noch nicht einmal einen Plan. Als sie die Augen wieder öffnet, schaut sie in Kalebs aschfahles Gesicht. Er scheint noch verängstigter zu sein als sie. Er liegt wie erstarrt auf dem Boden, die Hände auf seinen Bauch gefaltet, als würde er beten. Jemand berührt sie am Arm. Lara schreckt kurz auf und dreht den Kopf zur anderen Seite. Benjamin deutet mit einem Nicken in die andere Richtung. Als sie ihm folgen will, packt Kaleb sie panisch an der Schulter und robbt näher an sie heran.

»Beweg dich nicht«, stottert er.

»Wir müssen hier weg«, flüstert sie.

»Es ist Tag. Er kann unsere Wärmesignatur nicht wahrnehmen, die schalten sie nur nachts ein. Aber wenn wir uns bewegen, wird er uns sofort entdecken. Das Gras!« Er schaut ängstlich zu den Pflanzen.

»Es ist nur einer?«

Kaleb nickt.

Lara sieht sich um. Natürlich! Wenn sie sich fortbewegen, werden die hohen Grashalme und Pflanzen einknicken, warum ist sie nicht selbst darauf gekommen?

Sofort greift sie nach Benjamins Fuß, der schon ein Stück in die andere Richtung gekrochen ist. Er schaut verwirrt über seine Schulter und blickt Lara fragend an. Mit dem Zeigefinger deutet sie auf die Pflanzen, in der Hoffnung, er verstehe ihre Andeutung.

Benjamin presst die Lippen mürrisch aufeinander und überlegt kurz. Schließlich dreht er sich wieder um, versucht Levi zu warnen, doch der ist schon einen Meter voraus gekrabbelt und hat sämtliche Pflanzen bereits unter sich begraben. Je weiter er vorankommt, desto mehr ruckeln die hohen Pflanzen hin und her.

Die dumpfen Schritte des Sammlers sind nur noch wenige Meter entfernt. Lara bleibt das Herz fast stehen, als der Sammler plötzlich anhält. Alle bleiben wie erstarrt in ihrer Position auf dem Boden liegen. Lara kennt das Geräusch, das von der Maschine ausgeht. Der Sammler schwenkt seinen Kopf, sucht nach etwas, nach ihnen. Hat er sie schon entdeckt?

Levi wirft einen verzweifelten Blick in ihre Richtung. Lara formt die Worte »Beweg dich nicht«, mit ihren Lippen. Sie unterdrückt einen Schrei, als der Sammler sich wieder in Bewegung setzt und seinen riesigen Metallfuß nur wenige Zentimeter vor ihrem Gesicht in die Erde stampft. Geistesgegenwärtig rollt sie sich zur Seite und entkommt nur knapp dem hinteren Fuß.

Es ist plötzlich unheimlich still. Lara liegt mit Kaleb direkt unter dem Sammler. Von hier unten sieht die Konstruktion noch viel bedrohlicher aus. Etwa zwei Meter trennen sie vom unteren Teil der Maschine. Sie hat vergessen, wie groß die Sammler sind, oder hat sie es einfach nur verdrängt? Kaleb hält das nicht verletzte Auge fest zugedrückt. Seine Lippen bewegen sich lautlos. Doch dann werden die Worte immer lauter. Sie rempelt ihn mit dem Ellbogen an. Er soll leise sein! Doch Kaleb nuschelt immer weiter unverständliches Zeug. Ganz leise kriecht sie näher an ihn heran.

»Schlauch ... Schlauch.«

»Sei still!«, flüstert Lara ihm so leise sie kann ins Ohr. Kaleb beachtet sie gar nicht. Wenn er nicht sofort ruhig ist, werden sie noch entdeckt werden.

Benjamin schaut fassungslos und nicht weniger verärgert zu ihnen rüber. Lara tut das Einzige, das ihr in den Sinn kommt. Wenn sie mal Angst hatte, hat Andrew sie immer in seine Arme genommen und ihr die Ohren zugehalten. Nicht wegen der Geräusche in der Umgebung, sondern weil sie so ihr eigenes Blut rauschen hören konnte. Der Rhythmus ihres schlagenden Herzens beruhigte sie und vertrieb die Angst, als wäre sie nie da gewesen. Vorsichtig rollt sie sich neben Kaleb. Sie stützt sich mit den Ellbogen am Boden ab und legt ganz sanft ihre Hände rechts und links an seinen Kopf. Im ersten Moment weiß sie nicht, ob sie ihn damit nicht noch mehr erschrecken wird und er womöglich gleich anfangen wird zu brüllen. Aber wenn sie ihn nicht zur Besinnung bringen kann, sind sie so oder so aufgeschmissen. Doch diese Befürchtung bleibt zu ihrer Erleichterung unbegründet.

Er bleibt reglos auf dem Boden liegen. Während sie ihm die Ohren zuhält, lächelt sie ihn beruhigend an. Es dauert nicht lange und seine Atmung wird ruhiger, sein

Mund bleibt irgendwann geschlossen.

Ruckartig bewegt sich der Sammler wieder. Kaleb zuckt erschrocken zusammen, als die Erde wieder anfängt zu beben. Sofort rutscht Lara enger an ihn heran, ohne die Hände von seinen Ohren zu nehmen.

Sie liegen sehr lange so da. Lara kommt es wie eine halbe Ewigkeit vor. Sie hat keinen Spaß daran, sich an einen fremden Typen zu kuscheln, aber um ihr Leben zu retten, würde sie so Einiges tun, wie viele andere Menschen auch.

Die Geräusche des Sammlers werden stetig leiser, je weiter er sich entfernt. Als kaum mehr etwas zu hören ist, lässt Lara von Kaleb ab und rollt sich erleichtert auf den Rücken. Dass sie nicht entdeckt wurden, grenzt an ein Wunder.

»Was hast du für ein Problem? Deinetwegen wären wir fast draufgegangen«, brüllt Benjamin, während er wutentbrannt in ihre Richtung stampft. Schließlich bückt er sich zu Kaleb hinunter und packt ihn grob am Kragen seiner Jacke. »Konntest du dein verfluchtes Maul nicht halten? Was verdammt noch mal stimmt nicht mit dir?«

Lara ist im ersten Moment so erschrocken über Benjamins Reaktion, dass sie bloß mit offenem Mund die Szene mitverfolgt.

Levi kommt angerannt und zieht seinen wütenden Freund von Kaleb weg. »Beruhig dich wieder, ist ja nichts passiert.«

Benjamin lässt Kaleb los und fängt an, auf und ab zu laufen. Nervös fährt er sich über seine kurzen Haare, bevor er sich an die kleine Gruppe wendet.

»Ich weiß, dass er der Einzige ist, der uns in die Festung bringen kann, aber wenn er beim nächsten Mal wieder so reagiert wie gerade eben, sind wir verflucht nochmal tot. Er ist eine Gefahr, und zwar für uns alle.«

Lara steht auf und schüttelt sich die getrockneten Grashalme von der Kleidung ab. Sie stimmt Benjamin zu, noch so eine Aktion und sie kommen nicht so glimpflich davon. Trotzdem braucht sie ihn. Da fällt ihr wieder ein, was er ihr sagte, als sie am Boden lagen.

»Woher wusstest du das?«, fragt sie Kaleb misstrauisch. Er steht auf und sieht sie fragend an.

»Du hast gesagt, ich solle mich nicht bewegen, denn tagsüber könne der Sammler unsere Körperwärme nicht wahrnehmen, da sie das ausschalten. Woher weißt du das?«

Hilfesuchend blickt sich Kaleb um. Als müsse er sich die Worte erst zurechtlegen oder jeden Moment die Flucht ergreifen. Er kratzt sich am Kopf. »Das weiß doch jeder«, antwortet er schlussendlich schulterzuckend.

»Ich wusste das nicht«, sagt sie.

Levi kommt etwas näher ran. »Wir wissen, dass sie Menschen durch Körperwärme aufspüren, weshalb sie meist nachts jagen. Wir vermuten, dass sie das tun, um ihre Batterien zu schonen. Genau wissen wir es aber nicht.«

»Kann sein, dass ich das irgendwann mal aufgeschnappt habe, ist das denn so wichtig?«, gibt er leicht gereizt von sich.

Lara sieht in den Himmel. Die Sonne wird ihnen nicht ewig Schutz bieten, sie sollten einfach weitergehen und ein anderes Mal darüber sprechen. Außerdem hat sie keine Lust, sich jetzt darüber zu streiten. »Nein, ist es nicht«, erwidert sie und schnappt sich ihren Rucksack.

Benjamin stemmt die Hände in die Hüften. Er ist nicht zufrieden mit dieser Antwort, aber das ist ihr egal. Wenn ihm etwas nicht passt, kann er ja gerne allein losziehen.

Kapitel 29

Benjamin

Dieser kleine Pisser weiß doch mehr, als er zugibt, denkt Benjamin. Es ärgert ihn, dass weder der Typ noch das Mädchen klare Antworten auf seine Fragen gegeben haben, weder woher sie stammen, noch woher der Kerl so gut über die Sammler Bescheid weiß. Sicher, man könnte dasselbe von ihm sagen, aber er steht hier nicht zur Debatte. Und er war es auch nicht, der alle in Gefahr gebracht hat mit seiner Heulerei.

Es kotzt ihn an, dass er auf den weinerlichen Pisser angewiesen ist. Verdammt nochmal, woher kennt der sich in der Stadt aus? Er behauptet, uns in die Festung bringen zu können. Soweit ich weiß, ist aus dieser speziellen Hölle noch nie jemand lebend wieder rausgekommen, grübelt Benjamin. Es gibt nur zwei Möglichkeiten: Entweder lügt Kaleb oder er steckt mit diesen Monstern unter einer Decke. Immerhin scheint er ja schon mal dort gewesen zu sein, wenn Benjamin dem Gespräch zwischen ihm und Lara, Glauben schenken darf. Nachdem der Pisser seinen Zweck erfüllt hat, werde ich mich jedenfalls nicht weiter mit ihm und diesem Mädchen, das sich hier auch für den Boss zu halten scheint, rumschlagen, beschließt er.

Auf jeden Fall hat sich das, was ursprünglich als Suche geplant war, inzwischen als gefährliche Mission entpuppt. Wenn der Chief wüsste, wohin ich gerade unterwegs bin ... ach, scheiß auf den.

Der Himmel verdunkelt sich. Eigentlich sollte es noch einige Stunden hell bleiben. Als Benjamin einen Blick nach oben wirft, verzieht er mürrisch das Gesicht. Dicke, dunkle Wolken haben sich gebildet und bedecken alles. Den anderen scheint dies auch nicht entgangen zu sein.

»Wir sollten ein Lager suchen«, sagt Kaleb. Das Mädchen tut so, als hätte sie das nicht gehört und läuft stur weiter.

Es gefällt ihm nicht, aber er muss Kaleb recht geben. Weit und breit sind nur Felder zu sehen, der nächste Wald ist noch mindestens eine Stunde entfernt. Und selbst wenn sie es schaffen würden, bevor es anfängt zu regnen, ist der Wald nicht gerade die ideale Lösung. Wenn es zu allem Übel auch noch gewittert, können sie sich gleich freiwillig als Blitzableiter melden. In dieser Region regnet es nicht einfach, nein. Wenn es hier einmal anfängt, können sie von Glück reden, wenn sie nicht in einen regelrechten Sturm kommen.

»Hey«, ruft er dem Mädchen zu. »Hey, Prinzessin«, versucht er es erneut, als sie ihm keine Aufmerksamkeit schenkt. Sofort bleibt sie stehen und dreht sich zu ihm um.

»Hör auf mich so zu nennen«, zischt sie.

»Wir müssen von den Feldern runter«, warnt er sie und zeigt mit dem Finger in den Himmel.

»Hast du Angst, ein bisschen Wasser könnte deine Frisur ruinieren?«

»Nein, ich befürchte nur, dass es nicht nur bei einem

bisschen Wasser bleiben wird.«

»Wir können nicht wieder rasten. Die Fährten werden weggespült, sobald es anfängt zu regnen, und dann haben wir keine Spur mehr, der wir noch folgen können. Solange es noch möglich ist, sollten wir den Abdrücken folgen«, kontert sie.

Benjamin wechselt einen Blick mit Levi. Sein Freund hebt abwehrend die Hände in die Luft, als wolle er sagen, macht was ihr wollt. Eine tolle Hilfe, vielen Dank auch, denkt Benjamin.

Noch bevor er antworten kann, wird es plötzlich für eine Sekunde gleißend hell. Kurz darauf folgt ein lauter Donnerschlag, der alle beunruhigt in den Himmel schauen lässt. Als er Lara wieder ansieht, rollt sie entnervt mit den Augen und schnauft laut aus. »Verdammt«, murmelt sie leise.

»Wenn wir uns beeilen, schaffen wir es in eine Hütte an der Wilson Brücke«, schlägt Kaleb vor. Das Mädchen zögert.

»Wir brauchen die Abdrücke nicht. Ich bringe euch sicher in die Festung«, ergänzt er.

»Genau das wollte ich eigentlich vermeiden. Scheiße«, erwidert sie und lässt die Schultern hängen. »Uns bleibt wohl nichts anderes übrig, oder?« Sie schüttelt resignierend den Kopf und rückt ihren Rucksack zurecht. »Gehen wir.«

Kapitel 30

Kaleb

Ich habe seinen Bruder getötet! Kaleb wusste sofort, wen die beiden meinen, die Beschreibung hat genau auf den Mann gepasst, den Otis hinterrücks erstochen hat. Sollte dieser Benjamin je erfahren, dass er es war, der ihn schlussendlich getötet hat, wird er ihn auf der Stelle umbringen. Aber er ist ein Mörder, vielleicht hat er nichts anderes verdient.

»Ist es noch weit?«, ruft Levi ihm von hinten zu. Der Regen hat bereits vor einiger Zeit eingesetzt. Im Laufschritt überqueren sie die Felder und kommen in dem kleinen Wald an. Es dürfte nicht mehr weit sein, die Hütte befindet sich ziemlich nah am Waldrand. Manchmal blitzt und donnert es so heftig, dass alle die Köpfe einziehen und ihre Schritte beschleunigen.

Kaleb verneint und biegt an einem Kreuzweg ab. Die Erde ist zu einer schlammigen Masse geworden, die verhindert, dass sie durch den Wald rennen können.

Kaleb hätte nicht gedacht, dass ihn der Anblick dieser Brücke dermaßen mitnehmen würde. Er bleibt für einen Moment stehen. Die Bilder die er damit verbindet, schlagen wie Wurfgeschosse in seinen Kopf ein. Erinnerungen, die er mit aller Gewalt versucht abzuschütteln. Vergebens. Dies ist der Ort, an dem er seinen Vater verloren hat. Nachdem die Brücke eingestürzt ist und sie alle im Wasser gelandet sind, hat die Strömung des Flusses sie weit fortgespült. Außer seinem Vater konnten sich alle ans Flussufer retten. Er hat ihn nie wiedergesehen.

»Hey, hey, hör auf zu pennen und zeig uns, wo diese verdammte Hütte ist«, brüllt Benjamin ihn von der Seite an.

Kaleb wischt sich das Wasser aus dem Gesicht und blickt sich um. Er läuft vor, die anderen folgen ihm.

Die Hütte scheint verlassen zu sein, denn die Tür steht sperrangelweit auf und nichts weist darauf hin, dass sich jemand hier niedergelassen hätte. Kein Brennholz stapelt sich an der Fassade und kein Werkzeug ist zu sehen.

Vorsichtig und mit erhobenen Waffen nähern sich Benjamin und Levi der Hütte. Auch Lara holt ihre Axt aus dem Rückenholster und folgt den beiden. Nach einigen Minuten winken sie Kaleb ins Haus. Erleichtert, dass niemand getötet werden musste, setzt er befangen einen Fuß in die Hütte. Die kleine Hütte, die ihm und seiner Familie für mehrere Monate Asyl geboten hatte.

Kapitel 31

Lara

Die Holzhütte besteht lediglich aus einem einzigen großen Raum. Lara steht seit wenigen Minuten das erste Mal in einem richtigen Haus und unter ihren Füßen hat sich schon eine kleine Pfütze gebildet. Die Hütten der Boulder, und die, in denen sie mit ihren Eltern lebte, sind mit dieser hier nicht zu vergleichen, denn die waren bloß aus dünnen Latten und einem ebenso schmalen Dach zusammengeschustert. Hier aber bestehen die Wände aus dicken Baumstämmen und das Dach verläuft spitz nach oben. An den Wänden hängen gemalte Bilder und andere Sachen, die sie noch nie zuvor gesehen hat. Ein Fisch, der an ein Stück Holz genagelt wurde, hängt neben einer Lampe. Sie geht näher ran. Wer hängt sich einen Fisch an die Wand, denkt sie angewidert.

Wie auch immer. Sie öffnet eine Tür, die offensichtlich in ein angrenzendes Zimmer führt. Sie bleibt wie angewurzelt stehen, als sie eine riesige weiße Schüssel dort stehen sieht. Sie geht hinein, fährt mit ihren Fingern über die glatte Oberfläche. Aus der Wand ragt etwas heraus. Das muss eine solche Badewanne sein, von der Andrew ihr erzählt hat. Bei dem Gedanken an ihn spürt sie wieder die Angst. Ob er noch lebt? Wer weiß, was sie gerade mit ihm anstellen, während sie sich hier in einer Hütte versteckt.

Seufzend legt sie ihren Rucksack ab. Sie sollte erstmal aus den nassen Sachen raus, bevor sie sich etwas einfängt. Die anderen sind in dem großen Zimmer beschäftigt. Stumm schließt sie die Tür und holt frische Kleidung aus ihrem Rucksack. Zu ihrem Glück ist sie immer noch trocken. Mit ihren zitternden Händen entledigt sie sich des Pullovers, der vollgesogen mit Wasser fünfmal mehr Gewicht hat als im trockenen Zustand. Sie schiebt die Hose bis unter ihren Po und setzt sich auf den Badewannenrand. Diese verflixte Hose klebt an ihren Schenkeln, als wäre sie mit ihrer Haut verschmolzen. Gerade als sie fest daran ziehen möchte, öffnet sich überraschend die Tür. Erschrocken greift sie nach ihrem Pullover, der auf dem Boden liegt, verliert aber das Gleichgewicht, rutscht ungebremst in die Wanne und stößt sich hart den Kopf.

»Raus hier!«, brüllt sie Benjamin zu, der mit verschränkten Armen in der Tür steht.

»Es gibt extra so kleine Metalldinger, die nennt man Schlüssel. Damit kann man Türen abschließen«, sagt er.

»Toll, und nun verschwinde!«, erwidert Lara, während sie ihre Beine langsam in die Wanne hineinrutschen lässt. Anstatt zu verschwinden schnappt sich der Idiot ein staubiges Handtuch von einem Nagel neben der Tür, schüttelt es aus und reicht es ihr.

»Du hast dir den Kopf gestoßen, das war ja wohl kaum zu überhören. Komm raus, ich warte so lange. Nicht dass du aus den Latschen kippst, sobald du aufstehst«, gibt er gelangweilt von sich.

Schnell schnappt sie sich das Handtuch. »Und was juckt dich das?«

»Dein Freund. Ich bezweifle, dass er uns ohne dich

den Weg zeigt.«

»Mir geht es gut. Verschwinde!«

Benjamin bleibt unbeeindruckt stehen.

»Gut, na schön, dann dreh dich verdammt nochmal um.« Der wird den ganzen Tag da rumstehen, wenn sie nicht gleich aus diesem Ding klettert.

Belustigt dreht er sich mit dem Gesicht zur Wand. Lara kommt langsam aus der Wanne. Als sie endlich draußen ist, bedeckt sie ihre Vorderseite mit dem winzigen Handtuch. Ihre Hose hängt noch zwischen ihren Kniekehlen. »Gut, ich bin draußen, du kannst gehen!«, teilt sie Benjamin mit.

Er dreht sich um. »Hab dich bloß nicht so, du bist nicht die erste Frau, die ich so …« Er stoppt seine Ausführung und schaut plötzlich irritiert auf den Boden. Er bewegt seine Augen dort hin und her, als würde er etwas suchen. Ohne noch einmal aufzublicken, verlässt er den Raum.

Lara läuft schnell zur Tür, schließt sie und sperrt ab. Dann zieht sie kräftig daran, um sich zu vergewissern, dass das Schlüsselding auch wirklich macht, was es soll. Als sie sich umdreht, entdeckt sie einen Spiegel, der ihr vorher gar nicht aufgefallen war. Schließlich setzt sie sich auf den Boden und zerrt an ihrer Hose. Dann fällt es ihr wie Schuppen von den Augen.

Kapitel 32

Benjamin

Er hat schon Einiges gesehen, aber das ist eine Seltenheit. Üblicherweise überlebt keiner einen Angriff der Sammler. Der Rücken des Mädchens ist fast vollständig von drei breiten Streifen bedeckt. Der Spiegel ist zwar ziemlich verdreckt, aber es hat ausgereicht, um die Narben deutlich erkennen zu können. Die Kleine hat wirklich schon was mitgemacht. Doch nicht nur die Narben sind ihm aufgefallen, sondern auch ihr durchtrainierter Körper. Wäre sie nicht so zickig und abweisend, würde er sogar so weit gehen zu sagen, dass sie tatsächlich gut aussieht. Wie sie ihn bei den Feldern mit diesen aufgeweckten Augen angesehen hat …

»Alles in Ordnung?«, fragt Levi, als Benjamin aus dem Bad kommt. Benjamin nickt, greift nach seiner Tasche und holt trockene Kleidung heraus. Ohne auf die anderen zu achten, zieht er sich um.

Kaleb steht zitternd in einer Ecke. Levi spielt mal wieder den Heiligen und reicht dem Pisser einen trockenen Pullover und eine Hose. Sein Freund ist schon immer viel zu gut zu anderen gewesen. Dadurch hat er sich schon oft in die Scheiße geritten. Man könnte beinahe meinen, sein Freund wäre nicht in derselben Welt aufgewachsen wie er. Er sollte doch längst verstanden haben, wie die Menschen ticken. Jegliche Versuche, ihm zu erklären, dass er niemandem trauen soll, prallen stets an ihm ab. Als würde Benjamin mit einer verfluchten Wand reden. Dabei ist doch klar, sobald ein Mensch einen Vorteil aus irgendwas herausschlagen kann, wird er keine zwei Mal darüber nachdenken. Sofort bekommt man ein Messer in den Rücken gerammt.

Kopfschüttelnd beobachtet er den anderen Kerl. Während Kaleb die Sachen anzieht, scheint er mit seinen Gedanken ganz woanders zu sein. Sein Blick bleibt ungewöhnlich oft an der abgewetzten Couch hängen. Was hat es eigentlich mit diesen beiden auf sich? Zum Teufel, wenn er das nicht herausfindet.

»Warum hilfst du ihr?«, fragt er Kaleb und setzt sich auf die Couch, die er vorher mit ein paar kräftigen Schlägen vom Staub befreit hat.

»Sie hat mir das Leben gerettet. Zweimal«, erwidert Kaleb. Benjamin schaut zum Bad. Lara kommt gerade aus der Tür. Ihre langen, braunen Haare hat sie so drapiert, dass man die Narbe in ihrem Gesicht kaum erkennen kann. Sie holt einen Stuhl und breitet ihre nasse Kleidung darüber aus.

»Wie passt ihr beide eigentlich zusammen? Und erzähl mir nicht, ihr kommt aus derselben Siedlung, denn das ist Bullshit«, fragt Benjamin Lara. Er will so schnell wie möglich mehr über die beiden erfahren. Er braucht sie, um Lucas zu finden. Und dass diese Mission kein Spaziergang wird, ist ihm klar. Dazu muss er die beiden besser einschätzen können. Und dazu muss er so viel wie möglich von ihnen wissen, auch wie sie zueinander stehen.

»Das geht dich nichts an. Wie passt ihr beide denn zusammen?«, gibt sie bissig als Gegenfrage zurück.

»Wir sind zusammen aufgewachsen«, antwortet Levi. Für eine Weile ist es still.

»Wir sollten unsere Vorräte prüfen. Wäre keine schlechte Idee, sie zusammenzutun, immerhin werden wir noch eine ganze Weile zusammen unterwegs sein«, schlägt Levi irgendwann vor.

Für diese Aussage kassiert sein Kumpel ungläubige Blicke von allen Anwesenden. Sie sollen ihr Essen mit Fremden teilen? Was denkt sich sein Freund nur dabei?

Levi öffnet seinen Rucksack, dreht ihn auf den Kopf und leert den Inhalt auf den kleinen Couchtisch, der vor dem Sofa steht.

»Ist nicht besonders viel«, erklärt er den mageren Mundvorrat. Ein Stück Brot, das nicht mehr ganz so frisch aussieht, eine Hälfte getrockneter Fisch und zwei Birnen, die man sicherlich nicht mehr kauen muss, um sie hinunterzuschlucken. Tja, weder er noch Levi konnten ahnen, dass sie so lange unterwegs sein würden, als sie sich auf die Suche nach Lucas begeben haben. In seiner Tasche sieht es nicht viel besser aus. Mit halb offenem Mund sieht sich Lara den Proviant an. Sie schnauft laut aus und holt ihren Rucksack, den sie kurz zuvor neben der Tür zum Bad hat stehen lassen. Sie kramt einen Apfel, ein recht großes Stück getrocknetes Fleisch, ein Laib Brot und drei Gläser mit … Benjamin hat keine Ahnung, was sich darin befindet, heraus. Alle Blicke ruhen nun auf ihm, als ob er ihnen ein Menü servieren könnte. Bevor sie ihn mit seinen Blicken durchbohren, greift er in seinen Rucksack und zieht … nichts … heraus. Verdammt!

»Mein Proviant liegt auf dem Feld«, gibt er knurrend von sich. Er muss alles liegen gelassen haben, als sie von dem Sammler überrascht worden sind.

»Klasse«, murmelt Lara und lässt sich auf die Couch fallen.

»Wir könnten jagen«, schlägt Kaleb vor.

Benjamin glaubt, sich verhört zu haben. Der will jagen? Er hat nicht mal eine Waffe dabei.

Levi kniet sich vor den Couchtisch und beginnt, die Rationen aufzuteilen. »Gut, dann lasst uns erst einmal etwas essen und sobald es aufhört zu regnen, ziehen wir weiter.«

Nachdem sie gegessen haben, macht es sich jeder irgendwie in dem kleinen Raum bequem. Benjamin hört dem prasselnden Regen zu, der auf das Dach der Hütte plätschert. Immer wieder muss er an Lucas denken. Die Hoffnung, ihn lebend zu finden, schwindet von Stunde zu Stunde.

Kapitel 33

Kaleb

Nach wenigen Stunden hört der Regen auf. Wortlos machen sich alle bereit, um weiterzuziehen. Kalebs Auge scheint langsam abzuschwellen. Levi hat ihm die Salbe einfach noch einmal gegeben, während die anderen beiden geschlafen haben, und gesagt, er solle sie mehrmals täglich auf die Wunde schmieren. Warum er so nett zu ihm ist, kann sich Kaleb nicht erklären. Das wird jedenfalls nicht mehr so sein, wenn er weiß, was er getan hat.

Sie verlassen die Hütte und nehmen den Weg Richtung Osten wieder auf. Der Niederschlag hat sämtliche Spuren und Abdrücke weggespült. Kaleb braucht sie aber nicht, er kennt den Weg zur Festung, auch wenn es ihm lieber wäre, dass es nicht so wäre.

»Wenn wir bis in die Nacht durchmarschieren, müssten wir die Stadt morgen Früh erreichen«, klärt er die anderen auf. Natürlich hat er ihnen nicht gebeichtet, dass er sie nur bis zum Rand der Stadt führen wird und dann vorhat, zu verschwinden.

Lara, die bisher hinter ihm gelaufen ist, gesellt sich zu ihm. Eine Weile sagt sie nichts, sondern wirft ihm von Zeit zu Zeit eigenartige Blicke zu, als wolle sie etwas sagen, sei sich aber noch nicht sicher, ob sie es soll.

»Du willst doch was fragen, oder?«.

Lara zieht wieder an der Schnur ihrer Kapuzenjacke und schaut nach vorne, wo sich Benjamin und Levi leise unterhalten. »Ja, das stimmt. Ich wollte dich fragen, was du mit ›Schlauch‹ gemeint hast. Du weißt schon, als der Sammler kam, bist du quasi in Panik ausgebrochen und hast immer wieder dasselbe Wort gemurmelt.«

Egal was er jetzt sagt, er wird aufpassen müssen, wie er das macht. »Wenn ich es dir sage, versprichst du dann, mich nicht zu fragen, woher ich das weiß?«

Lara überlegt eine Weile und nickt dann schließlich.

»Die Sammler haben einen Schwachpunkt«, erklärt er. »Sie werden unter anderem mit Öl betrieben. An der Unterseite, direkt neben ihrem Bein, befindet sich ein Schlauch. Eigentlich ist er durch die Ummantelung geschützt, doch wenn sie einen Fuß nach vorne setzen, kann man den Schlauch für einige Sekunden sehen. Bevor man da rankommt, ist man zwar eigentlich schon tot, aber wenn man ihn durchschneidet, erlahmen sie theoretisch und können sich nicht mehr bewegen.«

An ihrer Mimik kann Kaleb erkennen, wie sie gegen den Drang, ihn doch zu fragen, woher er das weiß, ankämpft.

»Du hast zugestimmt, mich nicht zu fragen«, erinnert er sie. Beleidigt klappt sie den Mund, den sie schon geöffnet hat, wieder zu.

Schweigend laufen sie nebeneinander her. Manchmal wünscht er sich, er könne jemandem sein Geheimnis anvertrauen, doch die Angst hindert ihn daran, und das wird sich vermutlich so schnell auch nicht ändern.

Bevor es Nacht wird, machen sie sich auf die Suche nach einem sicheren Versteck. Als Nachtlager dient ein verlassener Jägerstand. Sie steigen die Leiter nach oben und legen sich leise hin. Keiner sagt mehr etwas, denn alle wissen, dass sie morgen Früh die Stadt erreichen werden. Kaleb kann nicht nur seine, sondern auch die Angst der anderen spüren.

Kapitel 34

Lara

Von der Anhöhe aus sieht Lara die einstige Metropole New York City, die komplett in Schutt und Asche liegt. Schon aus mehreren hundert Metern Entfernung ist auch die Festung der Squatters, eine schwarze Kugel, zu erkennen, die über der Stadt schwebt. Nur einige Hallen umgeben die Festung, als wären sie nachträglich gebaut worden, um die Squatters zu schützen. Hunderte Sammler bewegen sich um das Objekt herum. Die mechanischen Konstruktionen transportieren Gegenstände von einer Lagerhalle zur anderen. Aus dieser Entfernung ist nicht zu erkennen, was genau sie durch die Gegend tragen. Laras Herz klopft schneller, als sie das Schauspiel beobachtet.

»Ich hatte ja keine Ahnung, dass es so viele sind«, haucht Levi mutlos.

Kaleb wendet den Blick von der Stadt ab. »Es sind noch weitaus mehr.«

»Und was jetzt?«, fragt Lara und sieht Kaleb an. Sie ist immer noch fest entschlossen, Andrew aus den Fängen der Besetzer zu holen.

»Seht ihr die Lager, die um die Festung herum stehen?«

Alle nicken.

»Dort sind die Menschen, die von Sammlern mitgenommen wurden.«

»Sie sind dort drin? Leben sie noch?«, fragt Benjamin.

»Ja, sie leben noch … irgendwie.«

»Irgendwie? Wie sollen wir das denn verstehen? Leben sie oder nicht?«

Kaleb antwortet nicht.

»Woher zum Teufel weißt du das alles?«, fragt Benjamin.

Kaleb zuckt mit den Schultern. »Das ist doch völlig egal.«

Ohne Vorwarnung packt Benjamin Kaleb an der Jacke und zieht ihn hinter einen großen Felsen. Brutal drückt er ihn gegen den Stein. »Jetzt hör mir mal zu, du kleiner Pisser. Ich will wissen, woher du den ganzen Scheiß weißt. Ich traue dir nicht, und die anderen täten gut daran, dir auch nicht zu trauen. Ich habe keine Lust, in eine Falle zu laufen, und das …«, Benjamin zeigt in Richtung Stadt, »stinkt nur so nach Falle. Also, wenn du mir nicht sofort sagst, woher du deine Informationen hast, wirst du dir bald wünschen, es gleich getan zu haben.«

Levi und Lara stehen angespannt daneben. Eine Weile ist es still. Kaleb erwidert Benjamins Blick mindestens ebenso wütend. »Ich war schon mal hier, reicht dir das?«

»Was soll das bedeuten, du warst schon mal hier? In der Stadt? In der Festung?«, fragt Benjamin und drückt Kaleb bei jedem Satz fester gegen den Stein.

»Das reicht jetzt, lass ihn los!«, mischt sich Lara ein.

Benjamin antwortet, ohne den Blick von Kaleb abzuwenden. »Erst erzählt er uns, was er weiß, oder ich schwöre, ich sorge dafür, dass die Sammler ihn heute noch mitnehmen.«

Lara kann nicht sagen, was sie in Kalebs Augen zu

erkennen glaubt, aber nach dieser Drohung scheint er ein völlig anderer zu sein. Völlig unerwartet hebt Kaleb seine Arme und befreit sich von Benjamins Griff. Lara sieht zu spät, wie er schwungvoll ausholt und Benjamin die Faust direkt ins Gesicht donnert. Überrascht strauchelt der nach hinten. Kaleb stürzt sich auf den verwirrten Benjamin und wirft ihn brutal zu Boden. Es geht alles so furchtbar schnell, dass niemand so richtig begreifen kann, was gerade passiert. Kaleb setzt sich rittlings auf Benjamin und hämmert völlig außer sich mit den Fäusten auf ihn ein. Bis Benjamin reagiert und ihn mit einem gezielten Schlag in die Magengrube zwingt, von ihm abzulassen. Levi schnappt Kaleb von hinten an der Jacke und zerrt ihn ein Stück weit weg. Benjamins Nase und Lippe bluten. Sofort versucht er nach Kaleb zu greifen, doch Levi hält die beiden voneinander getrennt.

»Das reicht, hört auf mit dem Scheiß, alle beide. Oder wollt ihr, dass uns die Sammler entdecken? Was ist bloß in euch gefahren?«, schimpft Levi wütend.

Lara ist wie benommen. Sie hat schon viele Streitereien und Kämpfe gesehen, doch die Brutalität und der Hass, die sie gerade bei Kaleb beobachtet hat, sind mit nichts zu vergleichen. Es war, als wolle er Benjamin auf der Stelle töten. Seine Augen waren wie die eines Raubtieres. Hat sie sich wirklich so sehr in ihm getäuscht? Ist er ein kaltblütiger Killer?

Als Kaleb sie ansieht, sind all der Hass und Zorn wieder verflogen, als wären sie nie da gewesen. Beschämt richtet er seinen Blick auf den Boden. Seine Hände zittern, als er sich verzweifelt durch das Gesicht fährt.

Ganz egal was mit Kaleb los ist, sie ist so weit gekommen, da wird sie keinen Rückzieher machen. Sie muss in die Festung.

»Wenn sich alle wieder beruhigt haben, sollten wir anfangen, einen Plan zu entwickeln. Ich werde auf jeden Fall dort hineingehen, was ihr beide macht, ist mir egal. Kommt mit oder lasst es, eure Entscheidung«, sagt sie an Benjamin und Levi gewandt.

Benjamin wischt sich mit dem Arm das Blut vom Gesicht und stemmt dann die Hände in die Hüften.

»Ben?« Levi überlässt seinem Freund die Antwort.

Nach einer ganzen Weile nickt Benjamin, wirft Kaleb aber einen vielsagenden Blick zu.

»Dann sind wir uns ja einig. Also, wie geht es jetzt weiter?«, fragt sie Kaleb.

Unsicher schaut er alle Anwesenden an, bevor er antwortet. »Es gibt zwei Hallen. In einer befinden sich die Menschen, in der anderen die ruhenden Sammler.«

»Die ruhenden Sammler?«, unterbricht Levi ihn erstaunt.

»Ja. Sie müssen aufgeladen werden. In die Halle, in der sich die Menschen befinden, kommt man nur mit einem vierstelligen Code.«

Benjamin schüttelt abweisend den Kopf und prustet höhnisch die Luft aus der Lunge. »Und du kennst diesen Code, nehme ich an.«

»Ja, ich kenne den Code. Am besten schleicht ihr euch …«

»Ihr?«, redet Lara dazwischen. »Was meinst du damit?«

»Ich werde nicht mit euch gehen.«

»Das war ja sowas von klar«, zischt Benjamin, aber Lara ignoriert ihn einfach und wendet sich an Kaleb.

»Du hast gesagt, du bringst mich in die Festung!«

»Das war bevor wir ... so viele wurden«, antwortet er und wechselt den Blick von Benjamin zu Levi.

Nun ist es an Lara, kurz vor einem Wutausbruch zu stehen. Sie hatte keine Ahnung, dass sich so viele Sammler um die Festung tummeln, er muss sie begleiten, sonst hat sie keine Chance, Andrew zu retten.

»Du hast es mir versprochen«, versucht sie ihn umzustimmen. Doch Kaleb schüttelt bloß den Kopf. »Ich sagte, ich bringe dich zur Festung, nicht in die Festung. Davon war keine Rede. Wir sind zu viele, die Squatters werden uns entdecken.«

»Ich dachte, die Sammler haben am Tag ihre Wärmedings ausgeschaltet.«

»Das ist korrekt, aber die Festung selbst besitzt einen ähnlichen Scanner. Eine oder zwei Personen werden meist kaum beachtet, es könnten auch Tiere sein, doch vier ...«

Benjamin macht einen Schritt nach hinten. »Gut, dann werden wir eben ohne den Pisser gehen. Er wird uns sowieso nur wieder alle in Gefahr bringen, sobald er einen Sammler aus der Nähe sieht. Scheiß auf ihn.«

Lara gefällt das nicht. Wenn drinnen etwas schiefgeht, haben sie niemanden, der sich auskennt, und wären komplett auf sich allein gestellt. Aber was bleibt ihr anderes übrig? Sie wird so kurz vor ihrem Ziel sicher nicht den Schwanz einziehen. Sie muss Andrew finden und ihn wieder nach Hause bringen.

»Gib mir den Code«, bittet sie Kaleb. Irgendwie fühlt sie sich ziemlich im Stich gelassen. Kaleb sieht sie entschuldigend an, kommt nah an sie heran und flüstert ihr die vier Zahlen zu. »Der Code lautet 1503.«

Dann entfernt er sich wieder. »Geht nach Westen, von dort aus ist es am sichersten. Es gibt da einige Häuser, die noch stehen und in denen ihr euch verstecken könnt. Es gibt auch eine Kirche, ihr erkennt sie an dem roten Schindeldach. Direkt vor dem Eingang gibt es einen Einstiegsschacht zu einer Kanalisation. Nehmt diesen Weg, er wird euch direkt in die Nähe der Halle führen. Von dort aus ist es die graue Halle. In der weißen ruhen die Sammler, verwechselt sie nicht. Und noch was. Wenn ihr im Inneren seid, bleibt euch nicht viel Zeit«, erklärt er.

Lara versucht, die vielen Informationen in ihrem Kopf zu speichern. Sie kann nur hoffen, dass Levi und Benjamin das auch tun, aber darauf möchte sie sich lieber nicht verlassen.

»Du willst uns wirklich nicht begleiten?«, startet Lara einen letzten verzweifelten Versuch.

Kaleb sieht ihr lange in die Augen, schüttelt aber dann wortlos den Kopf. Schon wieder diese Angst in seinen Augen. Sie kann sich nicht erklären, weshalb er sich so vor den Sammlern fürchtet. Sie hat auch Angst, aber bei ihm ist es keine reine Angst, sondern ausgewachsene Panik. Lara erhebt sich und wendet sich zu den anderen beiden, die schon ungeduldig warten.

»Also dann, gehen wir.«

Kapitel 35

Benjamin

»Musste das denn unbedingt sein?«, quatscht ihn Levi von der Seite an, während sie den Hügel hinuntergehen, um in die Stadt zu kommen. Benjamin wirft seinem Freund einen ungläubigen Blick zu. »Kommt dir das denn nicht seltsam vor, dass der Kerl so viel weiß? Da stimmt doch etwas nicht.«

Levi zuckt mit den Schultern. »Ja schon, aber das ist kein Grund, ihn zu vermöbeln.«

Benjamin hätte die Antworten gerne aus dem Arschgesicht herausgeprügelt. Der kann sich glücklich schätzen, dass Levi ihn davon abgehalten hat.

Benjamin ist zwar schon in anderen Städten gewesen, aber noch nie in der, die einmal New York gewesen ist. Der Chief hat die Suche nach Brauchbarem schon vor etlichen Jahren aufgegeben, da war Benjamin noch ein Kind. Die eingestürzten Häuser und die leeren Straßen geben ein erschreckendes Bild ab. Er kann sich nicht annähernd vorstellen, wie es einmal hier ausgesehen haben muss. Bruchstücke von Gebäuden, die vor langer Zeit hier einmal standen, liegen rechts und links am Straßenrand, als hätte man sie absichtlich aus dem Weg geräumt.

Nachdem sie um die Ecke gebogen sind, sieht er schon das verblasste rote Dach der Kirche, dahinter die riesige schwarze Kugel der Squatters.

»Wie sieht so ein Kanalisationsschacht überhaupt aus?«, fragt Lara.

Stimmt, sie ist bestimmt das erste Mal in einer Stadt, daher wird sie keine Ahnung haben, wie so etwas aussieht.

»Es ist ein Deckel auf dem Boden, etwa mit einem Meter Durchmesser und aus Metall«, erklärt er ihr.

Nach weiteren hundert Metern bleibt Benjamin für einen Moment stehen. Ein eigenartiges Bild präsentiert sich ihm, als er das Gebäude ansieht. Es ist, als hätten es die Squatters absichtlich nicht beschädigt. Sogar zwei Bäume stehen noch vor dem Eingang. Levi und Lara halten unterdessen nach dem Kanalisationseinstieg Ausschau.

»Ich hab ihn gefunden«, ruft Levi leise.

Lara stupst Benjamin an und nickt in Richtung der Festung. »Hörst du das auch?«

Benjamin streckt den Kopf in die Luft. Sammler. Die Geräusche kommen näher. Schnell rennt er los, gefolgt von Lara. Sie legen sich bäuchlings auf den Boden hinter einen der Bäume, um nicht gleich entdeckt zu werden. Benjamin versucht den schweren Eisendeckel wegzuschieben, doch er findet einfach keinen passenden Halt.

Lara holt die Axt aus ihrem Rückenholster und schiebt die breite, flache Seite direkt zwischen Deckel und Außenseite. Mit einem kräftigen Schlag verschwindet die scharfe Kante darin. Dann drückt sie mit aller Kraft gegen die obere Seite der Axt, damit der Deckel angehoben wird. Die Sammler kommen währenddessen immer näher, nicht lange und sie werden um die Ecke kommen.

Benjamin hilft Lara und drückt ebenfalls dagegen. Der Deckel bewegt sich ein wenig. Levi steckt sofort seine Finger dazwischen und schafft es, den Deckel zur Seite zu schieben. Rasch verschwinden sie in das kleine Loch und ziehen den Deckel wieder in seine ursprüngliche Position. Nur wenige Sekunden später vibriert die Erde über ihnen. In dem Tunnel ist es stockdunkel, man kann die Hände nicht vor Augen sehen. Benjamin hört, wie die beiden anderen laut ein- und ausatmen. Ihm selbst schlägt das Herz bis zum Hals.

Der Deckel über ihren Köpfen knarrt und kurz darauf erschüttert ein grässliches Geräusch den Tunnel. Metall trifft auf Metall, als ein Sammler einen Fuß auf den Deckel setzt. Sie warten noch einige Augenblicke, bis die Erschütterungen aufhören.

Erleichtert lehnt sich Benjamin an die Wand. Auf seiner Stirn haben sich kleine Schweißperlen gebildet, die er mit dem Ärmel seiner Jacke wegwischt. Das war verdammt knapp.

»Hat einer von euch eine Ahnung, wie wir den Weg finden, so ganz im Dunkeln?«, flüstert Lara.

Benjamin öffnet seinen Rucksack und setzt das Nachtsichtgerät auf. »Also ich kann gut sehen.«

Lara sucht in ihrem Rucksack nach etwas. Zu spät bemerkt Benjamin, dass sie ein Streichholz entzündet. In seinen Augen wirkt der winzige Lichtschein wie eine Explosion und er zieht das Nachtsichtgerät ruckartig runter. »Verdammt!«

Levi lacht leise. »Selber schuld, du Großmaul.«

Als er wieder einigermaßen sehen kann, trifft er auf Laras neugieren Blick. »Was ist das?«, fragt sie.

Benjamin übergibt ihr das Teil. Sie löscht das Streichholz und tastet nach dem Nachtsichtgerät. Ohne dass es einer weiteren Erklärung bedarf, zieht sie es sich über den Kopf.

»Nicht erschrecken«, warnt er sie und betätigt den Knopf, um es einzuschalten.

Trotz Warnung zuckt Lara zusammen und drückt sich erschrocken an die Wand. Dann sieht sie sich langsam um. »Ich kann ... es ist ... Wahnsinn.« Sie zieht es mehrmals auf und ab. »Man kann damit alles sehen. Im Dunkeln.«

Benjamin muss schmunzeln, als er ihr aufgeregtes Lachen hört.

»Wo habt ihr das her? Wie heißt das?«, fragt sie interessiert.

»Gefunden«, lügt Benjamin nach einer Weile. Eigenartig, dass ihm das Lügen plötzlich schwerfällt. Das Nachtsichtgerät gehört zum Inventar des Bunkers. Doch das kann er Lara unmöglich erzählen.

»Wir sollten langsam aufbrechen«, sagt er und hält Lara die offene Hand hin. Er kann es zwar nicht sehen, aber er ist sich sicher, dass Lara das Nachtsichtgerät nur widerwillig aus der Hand gibt. Tatsächlich kann er ihr beleidigtes Schnaufen wahrnehmen, als sie ihm das Teil in die Hand drückt.

Benjamin führt die beiden durch die schmalen Tunnel der Kanalisation. Die Luft ist stickig und trocken. Ein wenig Licht fällt durch die kleinen Löcher, die in die Deckel gebohrt wurden, so dass man Schatten erkennen kann. Seit zwei Jahrzehnten wurde die Kanalisation nicht mehr benutzt. Die Stadt gibt es nicht mehr und Benjamin bezweifelt, dass Squatters auf die Toilette gehen.

Hin und wieder sind Geräusche von der Oberfläche zu hören. Benjamins Nackenhaare stellen sich bei jedem metallischen Geräusch, das von oben in die Tunnel dringt, auf.

Als sie an einer Gabelung ankommen, bleibt Benjamin stehen. Von einer Abzweigung hat der Pisser nichts gesagt.

»Was ist los?«, ertönt es leise von hinten. Lara kommt zu ihm nach vorne. Sie geht in die Hocke und sieht sich die Weggabelung an. »Schöne Scheiße«, sagt sie und schüttelt den Kopf.

»Vielleicht sollten wir den nächsten Deckel anheben und sehen, wo wir sind, danach könnten wir uns richten«, schlägt Levi flüsternd vor. Benjamin überlegt.

»Nein, wir sind zu nah an der Festung. Wenn wir Pech haben, bemerkt uns ein Sammler und wir sind im Arsch.«

Die Kanalisation ist dermaßen verwinkelt, dass Benjamin völlig die Orientierung verloren hat. Mindestens drei Mal sind sie abgebogen. Sie könnten überall sein.

»Und was tun wir jetzt? Sollen wir raten?«, gibt Levi fast schon verzweifelt von sich. »Hör mal, Ben, ich schlage vor, wir kehren um, gehen ...«, er wirft einen Blick zu Lara rüber, »gehen in unsere Siedlung und kommen mit mehr Leuten zurück. Und ... wir wissen auch nicht, ob Lucas wirklich mitgenommen wurde, vielleicht ist er längst wieder zuhause und wir riskieren unser Leben hier völlig umsonst.«

»Und was, wenn Lucas doch mitgenommen wurde? Wir haben doch keine Ahnung, was sie mit den Menschen machen, die sie mitnehmen. Wenn er noch lebt, wissen wir nicht, für wie lange noch. Gehen wir zurück und er ist hier ...« Er könnte sich das niemals verzeihen.

»Rechts«, hallt es leise durch die Tunnel. Komplett überrumpelt drehen sich alle drei gleichzeitig um, jeder von ihnen zieht seine Waffe hervor und hält sie in die Richtung, aus der die Stimme kam.

Nur langsam kommt die Person aus der Dunkelheit hervor. Benjamin steht angespannt und hochkonzentriert neben den anderen. Ich hätte das Nachtsichtgerät nicht abnehmen dürfen, denkt er verärgert. Doch schon nach wenigen Augenblicken erkennt er die Person. Kaleb, der kleine Pisser!

»Schon gut«, beruhigt er die anderen beiden. »Es ist nur der Arsch.«

»Kaleb?« Lara steckt ihr Messer wieder ein und geht auf den Kerl zu. »Was tust du hier?«

Unsicher kommt er näher. »Ich hatte vergessen, euch zu sagen, dass es eine Abzweigung gibt.«

Benjamin würde es niemals zugeben, aber er ist froh, den Typ hier zu sehen. Wenn sie die falsche Abzweigung genommen hätten, hätten sie ganz schön in der Scheiße gesessen.

Kaleb geht an ihm vorbei, die anderen folgen ihm dicht. Sie biegen rechts ab und kommen nach geschätzt dreihundert Metern an. Über ihren Köpfen führt ein Schacht nach draußen.

»Das ist der einzige Ein- und Ausgang, der nicht im

Sichtfeld der Sammler und der Squatters ist. Von hier aus bewegt ihr euch am besten sehr schnell rüber zur Halle, sie ist nur wenige Meter entfernt. Gebt den Code ein und geht rein.« Kaleb wartet einen Moment, bevor er weiterspricht. »Euch wird nicht gefallen, was ihr dort drin sehen werdet. Egal was passiert oder was ihr vorhabt, ihr habt maximal vier Minuten. Spätestens dann bekommt ihr Besuch.«

»Also dann, bereit?«, fragt Benjamin Levi und Lara. Er muss wissen, was mit den Menschen passiert, er muss wissen, ob Lucas hier ist.

Sie nicken unisono und folgen ihm. Kaleb bleibt im Tunnel zurück. Benjamin steigt die Leiter nach oben, hebt den Deckel ein Stück an und sieht sich um. Schnell fällt ihm die graue Halle auf, die Kaleb gemeint haben muss. Sie ist riesig! Es sind keine Sammler zu sehen, nur einige Autos stehen in der Nähe. Kräftig schiebt er den Deckel zur Seite.

Gebückt schleichen sie zu der Halle und bleiben vor einer großen Metalltür stehen. An der Wand befindet sich ein Gerät, das mit einer Zahlentastatur versehen ist und rot blinkt.

»Lara, den Code«, fordert er das Mädchen auf, das sofort die Zahlen eingibt. Das rote Licht wechselt zu grün. Die Türe öffnet sich mit einem leisen Knacken automatisch. Benjamin steckt den Kopf hinein und betritt das Gebäude erst, nachdem er sich vergewissert hat, dass drinnen niemand zu sehen ist.

Eine weitere, breite Tür befindet sich direkt vor ihnen, abgehend von dem Flur, in dem sie sich gerade befinden.

»Vier Minuten«, erinnert ihn Levi eindringlich.

»Okay, los geht's.«

Gemeinsam schieben sie die Türen auseinander, die lautlos in der Wand verschwinden.

Der Anblick, der sich Benjamin bietet, lässt ihm das Blut in den Adern gefrieren.

Kapitel 36

Lara

Sie hat mit allem gerechnet. Mit allem, nur nicht damit. Alles, nur das nicht. Lara steht wie erstarrt in der großen Halle. Fassungslos sieht sie nach einigen Sekunden zu ihren beiden Begleitern, die ebenfalls entsetzt über das Bild sind, das sich ihnen bietet.

Die mindestens hundert Meter hohe Halle ist gefüllt mit Menschen. Sie wurden in durchsichtigen Behältern gestapelt, liegen darin in einer milchigen Flüssigkeit. Es müssen Tausende sein. In der Mitte der Halle steht ein Tank, etwa fünfzig Meter hoch und mit einem Durchmesser, den Lara auf zwanzig Meter schätzt.

»Was zum Teufel ist das hier?«, flüstert Levi mit bebender Stimme. Benjamin steht entgeistert daneben. »Ich habe keine Ahnung.«

Lara wird aus ihrer Schockstarre gerissen, als sie die beiden sprechen hört. »Wir müssen uns ... beeilen«, stottert sie. »Ich muss ... muss Andrew finden.« Er muss hier irgendwo sein, zwischen diesen ganzen Menschen.

Benjamin packt sie am Arm, noch bevor sie losrennen kann. »Hey. Das sind zu viele, du wirst es nicht schaffen, ihn rechtzeitig zu finden. Sieh dich doch mal um.«

Lara blickt entsetzt zu den Behältern. Es sind so unglaublich viele.

»Wir sollten gehen und mit mehr Leuten wiederkommen«, schlägt er vor.

Laras Brust wird eng. Sie hat es so weit geschafft und

soll jetzt umkehren? Sie kann Andrew unmöglich hierlassen. »Ich kann doch nicht ...« Immer wieder wirft sie einen verzweifelten Blick zu den tausenden Behältern. »Er ist irgendwo da drin«, flüstert sie.

Benjamin stellt sich vor sie und beugt sich ein wenig zu ihr runter. »Hey, hey, hör mir zu.«

Lara sieht ihn an. Sie spürt, wie sich Tränen in ihren Augen bilden.

»Ich weiß, wie schwer das ist, für mich ist es das auch. Aber wenn wir jetzt nicht gehen, werden wir niemandem helfen können, am wenigsten diesen Menschen. Keiner wird jemals erfahren, was hier drin ist, und niemand hat den Code außer dir und diesem Pisser da draußen. Die Menschen hängen an Schläuchen, siehst du«, sagt er und zeigt auf einen Behälter, der neben ihnen steht. »Wir haben keine Ahnung, was mit ihnen geschieht, wenn wir sie jetzt da rausholen. Wir werden mit jemandem wiederkommen, der sich damit auskennt, versprochen. Doch jetzt müssen wir gehen, verstehst du das?«

Eine Weile bleibt sie stumm, versucht den Kloß in ihrem Hals hinunterzuschlucken und die Tränen zu ignorieren. Schließlich nickt sie. Gerade als sie verschwinden wollen, wird es draußen laut.

»Verflucht«, schimpft Benjamin und zieht Lara mit sich. Levi folgt ihnen. Hinter einem Behälter dicht an der Wand finden sie ein Versteck.

Die Türen werden aufgerissen. Lara kann die Geräusche der Sammler hören, die draußen vor der Halle in Position gegangen sind. Keiner von ihnen wagt es, den Kopf zu heben, um zu sehen, wer die Halle betreten hat, aus Angst man könne sie entdecken. In dem Behälter vor ihnen liegt eine Frau. Die Schläuche an ihren Armen und Beinen bewegen sich kaum merklich. Lara fragt sich, ob sie überhaupt noch lebt. Sie liegt einfach in dieser Flüssigkeit, als wäre sie tot. Aber was für einen Sinn sollte das haben? Was tun die Squatters nur mit den Menschen hier?

Zitternd drückt sich Lara dichter an die Wand, als könne sie darin verschwinden, doch es geht einfach nicht weiter. Sie weiß nicht, was mit ihr geschieht, auf einmal hat sie das Gefühl zu ersticken. Ihr wird gleichzeitig heiß und kalt, ihr Mund ist plötzlich furchtbar trocken. Das alles ist ein Albtraum, ein schrecklicher Albtraum. Düstere Gedanken schwirren in ihrem Kopf herum. Wozu stecken sie die Menschen in diese Dinger? Werden sie vielleicht als Nahrung aufbewahrt? Oder machen sie Experimente mit ihnen?

Benjamin legt seine Hand auf ihre, die Lara verkrampft auf dem Boden ausgebreitet hat, und drückt sie sanft.

Jemand oder etwas läuft in der Halle auf und ab. Es hört sich an wie die Schritte eines Menschen, aber Lara kann sich auch täuschen. Als die Schritte näherkommen, greift sie nach ihrem Messer, zieht es aber nicht aus der Scheide. Die bloße Berührung des Griffs beruhigt sie ein wenig. Langsam entfernen sich die Schritte wieder Richtung Ausgang. Kurz danach wird die Tür aufgeschoben und wieder verschlossen.

Alle atmen unhörbar aus. Benjamin nimmt die Hand von Laras Fingern und geht auf die Knie. Vorsichtig lugt er über den Behälter, dreht den Kopf in alle Richtungen und setzt sich wieder auf den Boden. »Keiner mehr da.«

»Wir sollten so schnell wie möglich von hier verschwinden«, sagt Levi und steht auf.

»Ich habe die Sammler gehört, die draußen in Stellung gegangen sind, aber nicht, dass sie wieder weg sind«, warnt Lara.

Levi stemmt die Hände in die Hüften. »Und nun?«

Benjamin steht auf und sieht sich um. »Es gibt noch zwei weitere Ausgänge. Ich vermute, der dort hinten ...«, er zeigt auf eine graue Stahltür, »ist der, der zu den Sammlern führt.«

»Und das weißt du woher?«

»Kaleb sagte, in der weißen Halle sind die Sammler, und das ist die weiße Halle. Sie grenzt direkt an diese hier.«

»Dann werden wir wohl die andere Tür nehmen müssen«, erwidert Levi und begibt sich hastig zum anderen Ausgang.

Sie schaffen es problemlos durch die nicht verschlossene Tür und kommen in einen weiteren leeren Raum. Schnell schlüpfen sie durch die nächste unverschlossene Tür.

»Noch weiter und wir essen mit den Squatters zu ...«, flüstert Benjamin und beendet den Satz nicht.

Wie gelähmt steht Lara mitten in einem Raum, umgeben von Körpern, die in einer merkwürdigen Vorrichtung stehend gelagert werden.

Etwa zwanzig Menschen scheinen hier ruhig zu schlafen. Sie sind mit Gurten an einer Trage festgeschnallt, sodass sie nicht herunterfallen können. Dünne Schläuche stecken in ihren Nasenöffnungen und versorgen sie mit einer gelben Flüssigkeit.

Lara geht um die Konstruktion herum. Aus den Hinterköpfen der Personen ragen dicke Schläuche, die dort anscheinend fest verankert sind.

Als sie sich die Menschen näher ansieht, schlägt sie erschrocken die Hand vor den Mund. Nur langsam lässt sie die Hand wieder sinken.

»Andrew.«

Kapitel 37

Kaleb

Sie sind schon viel zu lang im Gebäude. Etwas muss schiefgelaufen sein, vor allem, weil plötzlich Sammler angerückt sind, das ist in diesem Bereich sehr ungewöhnlich. Kaleb kratzt sich nervös am Hinterkopf und läuft in dem engen Tunnel hin und her. Was soll er bloß tun? Er ist so ein Feigling. Wie konnte er sie nur allein da reinschicken?

Er bleibt stehen, als er hört, wie die Sammler wieder abrücken. Die unverkennbaren Geräusche dringen in Kalebs Ohren und lassen jeden Zentimeter seines Körpers vibrieren. Der Deckel des Eingangsschachts poltert unermesslich laut und jagt den Ton durch die gesamte Kanalisation.

Immer wieder muss er an Laras Augen denken. Ihm möchte nicht einfallen, wo er diese Augen schon mal gesehen hat. Er hat sie so klar vor sich, als hätten sie sich in sein Gehirn gebrannt.

»Nein, du kannst da nicht rein«, flüstert er wirr und schlägt sich dabei aufgewühlt auf den Kopf. »Aber sie werden sterben, wenn du es nicht tust.« Er überlegt tatsächlich, ob er hineingehen soll, um die anderen zu suchen.

Er muss sie loswerden. Diese Gedanken, die Angst, die schleichende Panik, die seine Beine hochkriecht, als wolle sie ihn verschlingen. Kaleb atmet ein und wieder aus und versucht, dem Chaos in seinem Kopf zu entfliehen. Er muss sie retten, er darf sie doch nicht einfach so im Stich lassen.

»Kaleb, wenn mir etwas passieren sollte, kümmere dich um deine Schwester und deine Mutter«, hat sein Vater gesagt. Doch als die Sammler kamen, war nichts mehr übrig von seinem Mut. Er hat versagt. Konnte seine Familie weder beschützen noch retten. Stattdessen hat er sich verkrochen und zugelassen, dass man sie mitnimmt. Was hätte sein Vater gesagt, wenn er das miterlebt hätte?

Er nimmt seinen ganzen Mut zusammen und klettert die Leiter hinauf.

Kapitel 38

Benjamin

Lara rennt auf einen der Menschen zu. Der Mann scheint zu schlafen, wie alle anderen in diesem Raum. Wieso sie von den anderen Schlafenden draußen in den Behältern abgesondert sind, kann sich Benjamin nicht erklären.

»Andrew«, wispert Lara und berührt sanft den Arm des Mannes. Es besteht kein Zweifel, dass dies die Person ist, die sie gesucht hat. Schnell wendet sich Benjamin ab und fängt an, zu suchen. Vielleicht ist Lucas auch hier irgendwo. Er guckt sich aufmerksam die Gesichter aller zwanzig Menschen an, doch sein Bruder ist hier nirgendwo zu sehen. Die Hoffnung, die gerade eben in ihm aufgestiegen ist, verfliegt sofort wieder.

»Das wird ja immer besser. Was zum Geier ist das hier?«, gibt Levi verständnislos von sich.

»Wir müssen ihn von diesem Ding losmachen«, sagt Lara aufgeregt und umrundet die Trage, auf der der Mann stehend festgeschnallt ist. Sie versucht, ihn von dem Schlauch in seiner Nase zu befreien.

»Warte«, stoppt sie Levi. »Was, wenn ihn diese Flüssigkeit am Leben hält?«

Lara wechselt den Blick von Levi zu diesem Andrew. »Und was, wenn nicht?«

»Wir wissen nichts über diese Konstruktion.«

»Ich werde ihn nicht hierlassen. Dieses Risiko gehe ich ein«, erwidert Lara bestimmt und dreht Levi den Rücken zu. Benjamin geht zu ihr. Er kann Laras Motivation gut verstehen, er würde nicht anders handeln. Ehe er jemanden, den er kennt, den Squatters überlässt, wäre er vielmehr bereit, ihn zu opfern.

»Warte mal«, wendet er sich an Lara, die nervös neben ihm steht. Er begutachtet einen weiteren dünnen Schlauch, der von einem Behälter abgeht und direkt in die Vene des Mannes führt. Dann umrundet er die Trage und sieht sich das dicke Kabel an, das von der Wand in seinen Hinterkopf geschraubt wurde.

»So etwas habe ich noch nie gesehen«, erklärt er. »Die Entscheidung liegt bei dir, Kleine. Aber wenn Levi recht hat, wirst du ihn wenigstens von dem Schicksal erlösen, das sich die Squatters für ihn ausgedacht haben.«

Lara sieht ihn für einen kurzen Moment böse an, doch dann kehrt ihr Blick zu dem Mann zurück. In ihren Augen liegt so viel Trauer und etwas, das Benjamin lange nicht mehr gesehen hat. Liebe. Jeder ist so sehr mit sich selbst beschäftigt, dass dieses Gefühl fast in Vergessenheit geraten ist. Aber vielleicht hat er es einfach nicht wahrgenommen. Als seine Mutter vor sechs Jahren von den Sammlern mitgenommen wurde, verlor er nicht nur ein Elternteil, sondern alles andere, das so eine Bindung ausmacht.

Lara stellt sich hinter den Mann. Auf Zehenspitzen versucht sie, an das Kabel zu gelangen, das im Hinterkopf des Mannes steckt. Benjamin begibt sich zu ihr, legt seine Hand auf ihre, die zitternd auf dem Kabel liegt. Er sieht ihr nochmal in die Augen, möchte sichergehen, dass sie das auch wirklich tun will. Sie nickt nach kurzem Zögern. Gemeinsam drehen sie das Kabel. Ein leises Klicken entsteht, als sie es schließlich vorsichtig herausziehen. Lara stürmt sofort nach vorne, starrt ungeduldig auf den leblosen Körper. Der Mann bewegt sich nicht. Verzweifelt zieht sie den Schlauch aus seiner Vene.

»Helft mir, ihn von dort runterzuholen, bitte«, fleht sie. Benjamin kann den hoffnungslosen Unterton in ihrer Stimme hören, während sie sich an den Gurten zu schaffen macht. Sofort stehen er und Levi neben ihr und helfen, den bewusstlosen Mann zu befreien. Vorsichtig legen sie ihn auf den Boden. Lara streicht ihm die langen Haare aus dem Gesicht.

»Andrew«, haucht sie so leise, dass man sie kaum hören kann.

Etwas in Benjamin regt sich, als er das Mädchen beobachtet. Wie sie dem Mann sanft über die Wange streicht. Ob sie eine Beziehung führen, kommt es Benjamin in den Sinn. Seine Gedanken werden jäh unterbrochen, als die Tür, aus der sie gekommen sind, abrupt aufgestoßen wird.

Kapitel 39

Lara

Lara bleibt das Herz fast stehen, als die Tür überraschend geöffnet wird. Schützend setzt sie sich vor Andrew auf den kalten Boden, während Benjamin sein Kurzschwert aus der Halterung hervorzieht und drohend in die Richtung der Tür hält. Levi ist gerade dabei, einen Pfeil aus seinem Köcher zu holen, als er mitten in der Bewegung innehält.

»Verdammt nochmal, wird das jetzt zur Angewohnheit? Wenn du das nochmal tust, schwöre ich dir, reiße ich dir den Kopf ab«, flüstert Benjamin Kaleb wütend zu, der mit schreckgeweiteten Augen am Eingang steht. Lara zieht rasch die Luft ein, als sie Kaleb erkennt. Eilig kommt er auf sie zu.

»Was tut ihr da?«

»Nach was sieht das denn aus? Wir befreien Andrew«, erwidert Lara.

»Aber so funktioniert das nicht. Er ist ...«

Nervös sieht er sich um. »Wir müssen hier weg«, drängt er die Gruppe.

»Ja, aber ihn nehmen wir mit.« Lara zeigt auf Andrews leblosen Körper. Sie kann immer noch nicht fassen, dass sie Andrew gefunden hat, und dass er noch lebt, auch wenn sie es natürlich gehofft hat.

»Nein, du kannst ihn nicht mitnehmen.«

Lara glaubt, sich verhört zu haben. »Wie bitte? Du hast mich doch hergebracht, warum sollte ich ihn jetzt hierlassen?«

»Das war bevor ich wusste, was sie aus ihm gemacht haben. Ich dachte, er wäre bei den anderen im Lager, nicht hier!«

Wütend geht Lara auf Kaleb zu. »Das ist mir scheißegal. Ich werde ihn mitnehmen«, giftet sie ihn lauter an als gewollt.

»Hey, hört auf so rumzuschreien«, schimpft Benjamin und stampft gereizt auf die beiden zu.

»Wir nehmen den Mann mit«, unterstützt er Laras Forderung.

»Hey, hey, er wird wach«, ruft Levi leise.

Lara dreht sich schlagartig um, eilt zu ihm und lässt sich auf die Knie sinken. Es geht ihm gut. Er ist wach!

»Nein, nein! Er ist nicht mehr der Mann, den du gekannt hast, Lara.«

Sie hört zwar was Kaleb sagt, doch das ist ihr völlig egal.

»Er wird euch alle verraten, du kannst ihn nicht mitnehmen, bitte hör auf mich.«

»Andrew, kannst du mich hören? Ich bin es, Lara. Es wird alles gut. Ich werde dich hier wegbringen«, verspricht sie und zieht ihn ein Stück hoch.

Nur mühsam öffnet er die Augen. »Wer bist du?«

Verwirrt sieht sie in Andrews leere Augen.

»Andrew, ich ... ich bin es, Lara«, stammelt sie.

»Sein Gehirn wurde manipuliert. Du wirst dich und deine Siedlung in Schwierigkeiten bringen, wenn du ihn jetzt mitnimmst«, setzt Kaleb nochmal nach.

»Er wird sich gleich an mich erinnern. Ich rede mit

ihm, gib mir ein paar Minuten«, kontert Lara.

Mit Benjamins Hilfe schiebt sie Andrew an die Wand.

»Ich bin es, Lara.«

Andrew macht nicht den Eindruck, als würde er auch nur ein Wort von dem verstehen, was sie sagt.

Warum erinnert er sich nicht an sie? Was haben sie bloß mit ihm gemacht?

»Du hast mir mal gesagt, dass die Sterne am Himmel die Gedanken und Wünsche der Menschen sind.«

Sie kann kaum noch etwas erkennen. Ihre Augen sind mit Tränen gefüllt. »Erinnerst du dich daran?«

Andrew schaut sich wirr um, als würde er etwas suchen.

»Paps. Sieh mich an, bitte. Du hast gesagt, immer wenn ein Stern verglüht, wenn er sich auflöst, dann nur weil ... weil ...«

»Weil sich wieder ein Wunsch erfüllt hat«, beendet Andrew den Satz.

Laras Herz macht einen Sprung. Die Tränen fließen jetzt in Strömen über ihre Wangen. Ungestüm wirft sie sich in Andrews Arme. Eine Weile verharrt sie so, bis Levi die Wiedersehensfreude unterbricht.

»Wir sollten endlich von hier verschwinden.«

Auch wenn es ihr schwerfällt, sich von Andrew zu lösen, Levi hat recht. Schnell wischt sie die Tränen weg und bittet die anderen um Hilfe.

Gemeinsam ziehen sie Andrew hoch. Wie benommen schaukelt er hin und her.

»Sie kommen«, flüstert er und schiebt sie von sich. »Ihr müsst hier weg.«

»Nein, wir nehmen dich mit. Ich werde dich nicht hier zurücklassen«, erwidert Lara und zieht ihn mit sich Richtung Ausgang.

»Lara, hör zu.« Andrew packt sie an den Schultern und sieht sie ernst an. »Wenn ich jetzt verschwinde, werden sie mich suchen und uns finden. Versteckt euch in dem kleinen Lager neben der Halle, es grenzt direkt an diese hier. Wartet dort. Ich werde später zu euch stoßen.«

Entsetzt schlägt Lara seine Hände weg. »Nein! Du kannst nicht hierbleiben.«

»Das ist unsere einzige Chance. Sie sind fast da. Geht jetzt, sofort!«, wendet er sich an die anderen und schiebt Lara von sich weg. Sie wird von Levi und Benjamin weggezogen.

»Er hat recht, wir müssen hier weg«, versucht Benjamin sie zu beruhigen und zerrt sie mit sich. Lara wirft einen letzten Blick auf Andrew, bevor sie durch die Türe gehen und dann aus dem Gebäude rennen.

Kapitel 40

Kaleb

Kaum sind sie aus dem Gebäude gestürmt und in dem Lager angekommen, wird er von Benjamin angegriffen. Mit einem heftigen Stoß sorgt er dafür, dass Kaleb beinahe das Gleichgewicht verliert, doch Kaleb war bereits auf eine solche Aktion gefasst.

»Du erzählst uns jetzt sofort, was du weißt!«

Das war ihm klar. Dass er austicken würde. Und sie Fragen stellen würden, sobald sie die Menschen in der Halle gesehen haben.

Lara hat sich auf eine Kiste gesetzt und starrt auf den Betonboden vor ihren Füßen. Sie sieht so verloren aus. Es ist alles seine Schuld. Wie hätte er ahnen sollen, dass ihr Freund nicht im Aufbewahrungslager bei den anderen liegt. Hätte er gewusst, dass …

»Hey, ich rede mit dir«, bellt Benjamin leise genug, damit sie nicht entdeckt werden.

Levi macht einige Schritte auf ihn zu. »Kaleb, du musst uns erzählen, was du weißt.«

Sie haben ja keine Ahnung, was sie von ihm verlangen. Wenn vor allem dieser Benjamin hört, wer er wirklich ist, was er einmal war, wird er ihn hier auf der Stelle umbringen.

»Das ist nicht so einfach wie ihr denkt.«

»Was ist so schwierig daran, die Wahrheit zu erzählen?«, giftet Benjamin.

Kaleb sieht zu Lara rüber, die ihren Kopf hebt und

ihm direkt in die Augen blickt. Der Kummer darin ist so präsent wie die Luft, die sie umgibt. Er weiß jetzt, woher er diese Augen kennt, wo er sie schon mal gesehen hat. Die Wahrheit würde sie zerstören und ihn selbst in noch tiefere Verzweiflung stürzen. Aber so wie es jetzt ist, kann es auch nicht weitergehen. Sie müssen wissen, was die Squatters mit Andrew gemacht haben, sonst laufen sie Gefahr, in eine Falle zu tappen.

»Dein Freund Andrew ...«, wendet er sich an Lara, die sich prompt erhebt und auf ihn zugeht, »ist jetzt ein Sammler.«

Sie bleibt wie erstarrt stehen. Benjamin und Levi sehen ihn ungläubig an. Es vergeht eine ganze Weile, in der sich alle schweigend ansehen.

»Die Maschinen, die ihr Sammler nennt, werden von Menschen gesteuert.«

»Nein, das ist nicht wahr«, spricht Lara leise.

»Die Menschen werden in solche Hallen gebracht und konserviert, doch einige von ihnen werden von den Squatters eingesetzt, um die Sammler zu bedienen. Der Raum, den wir gerade verlassen haben, ist eine Aufbereitungsstation. Dort werden sie für die Maschinen gerüstet.«

»Gerüstet?«, fragt Levi.

»Man nimmt ihnen die Erinnerungen und macht sie willenlos.«

Lara schüttelt fassungslos den Kopf. »Das würde Andrew niemals tun. Er würde sich wehren, er würde niemanden einsammeln oder töten, du irrst dich.«

»Nein, das würde er sicher nicht, wenn er es beeinflussen könnte. Aber sie haben danach keine Ahnung von dem, was sie tun, und können sich dem auch nicht widersetzen.«

»Aber er wusste, wer ich bin.«

»Was wahrscheinlich daran liegt, dass er erst seit ein paar Tagen an das kollektive Netz angeschlossen ist.«

Zuversichtlich blitzen Laras Augen auf. »Dann besteht noch Hoffnung, dass er wieder ganz normal wird.«

Kaleb würde ihr gerne sagen, was sie hören möchte, doch nicht einmal er weiß, ob das funktioniert.

»Und was passiert mit den anderen Menschen? Wieso werden sie gelagert?«, fragt Levi neugierig.

Schulterzuckend begibt sich Kaleb zu einer der Kisten und setzt sich. Diese ganze Aktion hat ihn mehr mitgenommen, als er zugeben möchte. »Ich weiß nicht, was mit den Menschen in den Inkubatoren geschieht. Ich weiß nur, dass dieser Mann, Andrew, schon manipuliert wurde und wir ihm nicht trauen sollten. Es wäre besser für uns abzuhauen, bevor er mit den Sammlern hier auftaucht.«

Lara kommt aufgebracht auf ihn zu. »Du kannst doch gar nicht wissen, was du da behauptest.«

»Doch, das kann ich.« Kaleb steht auf, kratzt sich am Kopf und läuft nervös auf und ab. Er muss es ihr sagen, vielleicht nicht alles, aber wenigstens so viel, dass sie ihm Glauben schenkt, damit sie endlich von dieser verdammten Festung wegkommen.

»Ich war auch einer.«

Lara sieht ihn entsetzt an, sagt jedoch nichts.

»Du warst was?«, mischt sich Benjamin ein.

»Ich war auch ein Sammler.« Kaleb kann die Worte selbst kaum hören, so leise hat er sie ausgesprochen.

Geschockt stehen seine Begleiter um ihn herum, sehen ihn an, als würde er sich jeden Moment in ein Monster verwandeln und sie auffressen. Aber er ist kein Monster, er ist ein Mensch, der ebenso viel Angst hat wie sie auch.

»Warte mal ...« Benjamin läuft auf und ab. »Du warst ein Sammler und jetzt nicht mehr?«

Kaleb nickt.

»Warum sollten wir dir dann trauen? Du hast doch gerade gesagt, dass die Menschen manipuliert werden. Und wie zum Teufel konntest du entkommen? Oder hat man dich frei gelassen, um die restlichen Menschen aufzuspüren?«

Levi und Lara warten ungeduldig auf seine Antwort. Wenn Kaleb jemals ihr Vertrauen gewonnen hatte, wurde dies soeben zerstört.

»Nein, ich ... ich konnte entkommen, weil das System zusammengebrochen ist. Aus irgendeinem Grund wurde ich während der Ruhephase vom Kollektiv getrennt. Als ich zu mir kam, lag ich bereits irgendwo im Wald. Ich habe keine Ahnung, wie ich dort hingekommen bin. Das Einzige, an das ich mich vage erinnern kann, ist der Gedanke an Flucht und Bruchstücke an die Kanalisation, aus der ich geflüchtet bin.«

»Ja sicher, das hätte ich jetzt auch gesagt«, zweifelt Benjamin seine Geschichte an.

Lara kommt langsam auf ihn zu. »Kaleb. Wenn du es geschafft hast, dann könnte es Andrew doch ebenso schaffen, oder nicht?«

»Theoretisch ja, aber ...«

»Ich bleibe hier und warte auf Andrew. Er hat gesagt, dass er ...«

Die großen Tore des Lagers öffnen sich plötzlich. Licht fällt in den kleinen Raum, aus dem es keinen weiteren Ausgang gibt. Während die Rolltore nach oben gleiten, sehen sich alle für eine Sekunde fassungslos an. Kaleb erkennt sie sofort. Ein Sammler!

Levi versteckt sich hinter einem Stapel Kisten, Benjamin folgt ihm. Wie erstarrt steht Lara mitten im Raum. Kaleb zieht sie am Arm, zerrt sie weg und verschanzt sich mit ihr hinter einem Wasserbehälter. Als die Tore komplett geöffnet sind, kann man hören, wie die Maschine sich bewegt. Kaleb weiß, dass sie zu groß ist, um in das Lager zu gelangen, doch sollte der Sammler sein Wärmesignatursystem aktiviert haben, wird er sie schnell entdecken. Kaleb hat den Gedanken kaum zu Ende gedacht, da kommen Schritte auf sie zu. Eindeutig menschliche Schritte, die dann einfach aufhören. Für einen Moment ist es unglaublich leise, nicht einmal die mechanischen Geräusche des Sammlers sind zu hören.

»Ich weiß, dass ihr hier seid.«

Lara zuckt so stark zusammen, als hätte sie ein elektrischer Schlag getroffen.

»Kommt raus und keinem von euch wird etwas geschehen.«

Kaleb kann das Zittern, das von Lara ausgeht, spüren. Entsetzt hält sie sich die Hand vor den Mund.

Kaleb beobachtet, wie Levi einen Pfeil aus seinem Köcher holt. Auch Lara ist es nicht entgangen. Er zieht lautlos die Sehne nach hinten und legt dann den Pfeil in den Lauf der Armbrust. Lara schüttelt energisch den Kopf.

»Zwingt mich nicht, euch holen zu lassen«, sagt Andrew.

Levi legt an und zielt. Noch bevor Kaleb Lara aufhalten kann, stürmt sie nach vorne.

»Ich bin hier«, sagt sie und stellt sich direkt vor Levis Schusslinie.

»Wo sind deine Freunde?«

»Nicht hier! Sie wollten nicht warten und haben mich allein zurückgelassen. Andrew, was soll das?«

Kaleb schleicht an dem Kanister vorbei. Er bekommt nichts mehr von dem Gespräch mit, zu laut dröhnt sein Herzschlag in seinen Ohren. Er muss zu den anderen beiden.

Kapitel 41

Benjamin

Kaleb hatte recht mit seiner Behauptung. Benjamin ärgert sich, dass er nicht auf ihn gehört hat. Aber woher sollte er auch wissen, dass Kaleb plötzlich mal die Wahrheit sagt. Bis jetzt hat er sich sehr suspekt verhalten und ihm keinen Anlass gegeben, ihm vertrauen zu können. Was er von seiner Offenbarung halten soll, weiß Benjamin auch noch nicht.

Levi ist immer noch damit beschäftigt, einen sicheren Schuss abzufeuern, aber Lara hat sich verdammt nochmal direkt vor diesen Andrew gestellt. Aus den Augenwinkeln kann er Kaleb entdecken, der wie eine Schlange zu ihnen schleicht. Durch die vielen Kisten, die sich in dem Raum befinden, kann er sich am Boden entlang zu ihnen bewegen, ohne dass der Sammler oder der Mann ihn entdecken. Kaleb tippt Levi auf die Schulter, als er zu ihnen stößt, und flüstert ihm dann etwas ins Ohr.

»Du wirst jetzt mit mir kommen«, sagt Andrew an Lara gerichtet und geht auf sie zu.

»Andrew, tu das nicht.«

Levi ist hochkonzentriert. Benjamin verfolgt mit den Augen dessen Ziel, und es sieht ganz so aus, als wäre das nicht mehr der Mann. Sein Freund visiert etwas anderes an. Was hat er vor?

Levi schießt einen Pfeil ab. Benjamin hat nicht bemerkt, dass sein Freund den Aufsatz durch einen Bolzen ausgetauscht hat, der wiederum mit Schießpulver und anderem Zeug gespickt ist. Vor den Füßen des Sammlers explodiert es heftig. Benjamin ist sich nicht sicher, ob das so eine gute Idee von seinem Freund gewesen ist. Bald werden noch mehr von ihnen erscheinen und dann wird die Flucht in einem verfluchten Chaos enden.

»Du musst den Schlauch abtrennen«, sagt Kaleb, doch Benjamin hat keine Ahnung, wovon er da redet.

»Wenn der Sammler einen Fuß nach vorne setzt, kann man einen Schlauch erkennen, der durch die Bewegung sichtbar wird. Von unten, vom Boden aus, kann man ihn genau sehen. Du musst ihn durchtrennen.«

Der Sammler bewegt sich, ein pfeifender Ton entsteht, als er seinen riesigen Arm in die Luft schwenkt, die Waffe lädt und damit auf die Gruppe zielt.

Wie zum Teufel soll er an diesen Schlauch kommen? Hat der Idiot sie nicht mehr alle?

»Geh! Ich lenke ihn ab«, ruft Kaleb durch den Lärm hindurch und rennt auf Lara zu, die wie festgewachsen immer noch an der gleichen Stelle steht. Kaleb stürzt sich auf sie und schleudert sich mit ihr in eine Ecke. Levi schießt einen weiteren Pfeil ab, der den Sammler direkt trifft. Es verwirrt den Sammler zwar, richtet aber sonst keinerlei Schaden an. Die Maschine setzt zum Schuss an. Gezielt feuert sie in Levis Richtung, verfehlt ihn dabei nur knapp. Das Loch in der hinteren Wand zeugt von der Durchschlagskraft des Geschosses. Andrew kommt auf Benjamin zu. Sofort zieht der ein Messer.

»Tu ihm nichts, bitte!«, brüllt Lara Benjamin zu.

Einen Augenblick hadert er mit seinem Entschluss, den Mann einfach zu töten und damit die Chancen für ihre Flucht zu erhöhen. Und dann sieht er Laras flehenden Blick.

Benjamin dreht das Messer um, sodass die scharfe Klinge in die andere Richtung zeigt und bloß noch der Knauf vorne übersteht. Rasch läuft er Andrew entgegen. Mit voller Wucht rammt er dem Mann seine Faust ins Gesicht. Und nochmal. Und nochmal. Bis der nach hinten taumelt und anschließend rücklings auf den harten Betonboden aufschlägt. Benjamin ist außer sich vor Wut. Wie konnte er sich nur auf so eine Sache einlassen? Er sollte es doch besser wissen!

»Ben«, warnt Levi und blickt entsetzt hinter Benjamin. Er dreht sich um. Die Waffe des Sammlers, die bedrohlich rot leuchtet, ist direkt auf ihn gerichtet.

Doch plötzlich wird eine Kiste umgestoßen. »Hey, hier!« Kaleb rennt von einer Ecke zur nächsten. Sofort verfolgt die Maschine Kalebs Bewegungen. Benjamin rennt los.

Der Sammler kommt näher, verschafft sich gewaltsam Zugang zu der kleinen Halle, indem er die Rolltore auseinanderzieht und ein Teil vom Dach zerstört. Benjamin lässt sich auf den Boden fallen, liegt direkt unter der Maschine. Nur für einen kurzen Augenblick kann er den Schlauch erkennen, den Kaleb gemeint haben muss, und reagiert. Er hebt die Hand, zieht mit einem heftigen Ruck das Messer von hinten nach vorne, durchtrennt den durchsichtigen Schlauch und wird prompt von einer schwarz-gelben Flüssigkeit überschüttet. Das Zeug klebt in seinem Gesicht und rinnt ihm in die Augen, die er fest geschlossen hält. Der Sammler macht noch einen

Schritt, es knarrt und ächzt neben seinen Ohren.

Das war's, denkt er, der Sammler wird mich unter seinen schweren Füßen zerquetschen wie einen Wurm. Doch die Bewegungen werden langsamer und kommen dann zum Erliegen. Benjamin bleibt auf dem Boden, fährt sich nur mit dem Ärmel seiner Jacke über das Gesicht. Er kann kaum etwas sehen. Jemand packt ihn an den Schultern und zieht ihn nach oben.

»Na los, weg hier«, hört er Levi sagen.

Mit Lara und Kaleb im Schlepptau zieht ihn sein Freund den gesamten Weg zurück zur Kanalisation und bleibt dann stehen.

»Der Deckel, mach schon.«

Laute Geräusche ertönen. Die Erde unter seinen Füßen bebt. Jemand schiebt den Deckel zur Kanalisation zur Seite. Erneut wischt er sich über die Augen und dreht den Kopf zur Seite. Hinter ihnen wird es laut.

»Schneller«, warnt er die anderen, als er mit Entsetzen ein Dutzend Sammler durch den vernebelten Blick erkennt, die genau in diesem Moment um die Ecke biegen. Die pfeifenden Töne, die die Sammler beim Laden ihrer Waffen machen, dringen tief in Benjamins Bewusstsein.

»Lara, du als Erste.« Kaleb schiebt Lara näher zur Öffnung. Sie setzt einen Fuß auf die Sprosse der Leiter, die nach unten führt.

Die vorderen Sammler zielen. Nur eine Sekunde später durchbricht der erste Schuss die Luft. Und trifft. Lara schreit laut auf, wird gegen die Deckelöffnung geschmettert und fällt in den Schacht.

Kaleb springt hinterher, gefolgt von Levi. Benjamin

wird von einer Kugel getroffen, die seinen Arm streift. Die Wucht des Geschosses lässt ihn zur Seite taumeln. Schnell springt er durch die Kanalisationsöffnung und kommt hart unten auf. Levi und Kaleb stützen Lara, die nur mühsam vorankommt. Schwere Schritte über ihnen lassen die Decke erbeben. Kugeln, die die Sammler durch den offenen Deckelschacht abfeuern, prallen mit ohrenbetäubendem Lärm an den Wänden ab. Sie können von Glück reden, dass sie nicht alle sofort taub geworden sind. Was nicht bedeutet, dass ihnen die Ohren nicht dröhnen würden.

»Wir müssen den Ausgangsschacht finden und so schnell wie möglich hier raus. Mit Sicherheit werden sie denselben oberirdischen Weg nehmen«, brüllt Kaleb ihnen zu. Benjamin greift nach dem Nachtsichtgerät in seiner Tasche. Ohne anzuhalten, setzt er es auf und überholt die anderen. »Folgt mir.«

Sie biegen links ab. Benjamin kann Laras schmerzerfüllte Laute hören. Hoffentlich wurde sie nicht zu schwer verletzt. Er konnte sich noch kein Bild von der Verletzung machen, sie müssen erst aus der Kanalisation raus und einen sicheren Platz finden.

Nach mehreren hundert Metern kommen sie am Ausgang an. Dem Lärmpegel nach zu urteilen, haben sie die Sammler ein Stück hinter sich gelassen. Benjamin steigt die Leiter nach oben und schiebt den Deckel zur Seite. Dann springt er hinaus und sieht sich erst einmal um. Zwischen den Ruinen, die sich zwischen ihnen und der Festung befinden, kommen die Sammler nur bedingt voran. Levi und Kaleb schieben Lara zum Eingang und helfen ihr nach oben. So vorsichtig wie möglich zieht Benjamin sie dann oben heraus. Nur ein leises Wimmern ist von ihr zu hören.

Als alle draußen stehen, rennen sie auch sofort los. Lara stolpert. Ihre Jacke ist sowohl vorne als auch am Rücken mit Blut vollgesogen. Kaleb und Levi ziehen sie praktisch hinter sich her, doch sie kann sich kaum mehr auf den Beinen halten. Sie sind zu langsam! Ohne weiter darüber nachzudenken, greift Benjamin mit einer Hand unter ihre Beine, während die andere ihren Rücken stützt und zieht sie in die Luft. Verdammt, sein Arm schmerzt von dem Streifschuss vorhin. Trotzdem rennt er so schnell er kann mit ihr durch die Stadt. Noch dreihundert Meter und sie können im Wald verschwinden. Unter Benjamins linken Arm wird es feucht, er hat Mühe, Lara festzuhalten.

Nachdem sie endlich im Wald angekommen sind, führt Kaleb sie zu einem verlassenen Bunker. Benjamins Beine brennen und die Muskeln in seinen Armen drohen zu reißen. Nicht mehr weit, spornt er sich in Gedanken an. Benjamin hatte ja keine Ahnung, dass es noch mehr Bunker in der Gegend gibt.

Von außen ist er kaum zu erkennen. Der Eingang ist komplett von Moos und anderem Gestrüpp überwuchert.

Levi und Kaleb ziehen gemeinsam an der Türe, die sich offensichtlich nur schwer und unter lautem Quietschen öffnen lässt. Benjamin folgt den beiden.

»Schließt die Tür und wartet hier«, weist Kaleb sie an und verschwindet ins Innere des Bunkers. Benjamin spürt seine Arme fast nicht mehr. Vorsichtig setzt er Lara ab, die sofort an der Wand entlang auf den Boden sinkt. Es wird stockfinster, nachdem er und Levi den Ausgang schließen.

Bald darauf kehrt Kaleb mit einer Lampe zurück und beleuchtet den Gang ein wenig. Mit einem Kopfnicken bedeutet er ihnen, ihm zu folgen. Laras Kopf schwankt hin und her.

»Psst«, sagt Benjamin so leise wie möglich und hilft ihr auf. Sie biegen den Gang links ab und befinden sich in einem kleinen Raum, der anscheinend früher einmal als Waffenlager gedient hat. Überall sind leere Hülsen verstreut. An den Wänden sind Zeltbetten aufgebaut, die anscheinend seit Jahrzehnten nicht benutzt worden sind.

Er begleitet Lara zu einem dieser Betten. Bevor er sie hineinlegen kann, muss er die Decke ausschütteln. Eine riesige Staubwolke bildet sich, als er die Decke vom Schmutz befreit. Er muss sich die Wunde ansehen und zumindest versuchen, eine drohende Infektion so gut es geht zu verhindern. Das zu schaffen, wird bei diesen unhygienischen Zuständen allerdings ein hartes Stück Arbeit. Er weiß, dass die Menschen außerhalb des Bunkers oftmals schon zum Tode verurteilt sind, wenn sie sich nur einen kleinen Kratzer holen. Sie haben keine Möglichkeit, ihre Wunden sauber zu halten. Das wird ihm bei der Kleinen nicht passieren.

Lara zuckt zusammen, als sie sich hinlegt. Sie zittert am ganzen Körper.

»Sie hat eine Menge Blut verloren«, flüstert Levi, als er näher kommt.

»Ja, aber es scheint, als wäre es ein glatter Durchschuss. Gib mir dein Wasser.«

Lara scheint geistig gar nicht mehr richtig anwesend zu sein. Ihr Gesicht ist von Schweiß bedeckt und ihre Augen sind zugekniffen. Benjamin nimmt sein Messer und legt es auf seinen Schenkel. Dann greift er nach dem Reißverschluss ihrer Jacke, um sie auszuziehen.

»Was soll das werden?«, krächzt Lara halb im Delirium und schiebt schwach seine Hand weg. Überrascht, dass sie überhaupt noch Kraft zum Sprechen hat, schaut er in Laras glasige Augen.

»Die Wunde muss gesäubert werden und wir müssen einen Druckverband anlegen, sonst verblutest du.«

»Das ... weiß ich. Gib mir ... das Wasser, ich schaffe das schon selbst.«

Benjamin schüttelt ungläubig den Kopf.

»Wohl kaum. Die Kugel hat deine Schulter durchbohrt und ist hinten wieder raus. Also, ziehst du deine Jacke und deinen Pullover aus oder muss ich beides aufschneiden?«

Lara blickt ihn eine Weile ernst an, dreht dann den Kopf weg und starrt in Levis und Kalebs Richtung.

»Na schön. Ihr beide, raus hier«, befiehlt Benjamin den beiden. »Und lasst die Lampe hier«, fügt er noch hinzu. Die zwei jungen Männer verlassen ohne zu zögern den Raum.

Kapitel 42

Lara

Der Schmerz strahlt von ihrer Schulter in den gesamten Oberkörper aus. Ihr ist schwindelig und sie schafft es kaum, ihre Augen offen zu halten.

»Wollen wir?« Benjamin sitzt neben ihr auf der engen Pritsche und wartet ungeduldig auf ihr Einverständnis. Mühsam versucht sich Lara aufzurichten. Die Wunde schmerzt, als hätte jemand einen Dolch hineingerammt und darin herumgewühlt. Ihr wird schlecht.

Benjamin hilft ihr, sich wieder hinzulegen. »Hast du wirklich Lust zu verbluten?« Er öffnet den Reißverschluss ihrer Jacke. Wenn sie die Jacke auszieht, hat sie nichts mehr, mit dem sie ihr Gesicht verdecken kann. Intuitiv will sie Benjamin daran hindern und legt ihre Hand auf seine. Einen kurzen Moment sieht er sie fragend an, lässt den Reißverschluss aber nicht los, sondern zieht ihn langsam weiter nach unten.

So viele Jahre hat sie ihr Gesicht vor fremden Menschen versteckt. Immer wenn Leute aus anderen Gemeinden in ihre Siedlung kamen, verbrachte sie die gesamte Zeit in ihrer Höhle oder zog die Kapuze ihrer Jacke um ihr Gesicht, sodass nur noch ihre Augen herausstachen.

»Ich weiß, was du da bedeckst. Hast du unsere kleine Unterhaltung bei den Boulder vergessen, oder die im Bad in dieser Hütte?«

Natürlich hat sie das nicht. Sie lässt seine Hand los.

Behutsam zieht er sie ein Stück hoch und schält sie aus der Jacke. Bei jeder Bewegung hat sie das Gefühl, laut aufschreien zu müssen. Sie spürt, wie das Blut ihren Rücken hinabrinnt. Sie würde am liebsten losheulen, während sie sich wieder hinlegt und die Matratze auf die offene Wunde trifft.

»Du hast bestimmt noch einen anderen in deinem Rucksack«, sagt Benjamin und schlitzt den Pullover von unten nach oben auf. Lara fühlt sich so schwach, dass ihr mittlerweile alles egal ist.

Aus seinem Rucksack zieht Benjamin ein Tuch heraus und reinigt dann mit Wasser die Wunde, die sich etwa fünf Zentimeter über ihrer Brust befindet. Wenigstens trägt sie noch einen BH, denkt Lara, als sie so hilflos vor ihm liegt. Es ist nur Wasser, aber Lara hat das Gefühl, Säure würde sich durch ihr Fleisch brennen. Auf ihrer Stirn bilden sich dicke Schweißtropfen. Ihr wird heiß und dann wieder kalt. Fest beißt sie die Zähne zusammen, während er ihr mit dem Tuch das restliche Blut abwischt. Ganz vorsichtig zieht Benjamin sie dann ein Stück zu sich, damit er sich die Wunde am Rücken ansehen kann. Laras Kopf ist schwer, immerzu schwankt sie von links nach rechts. Während er das Wasser über die Wunde laufen lässt, krallt sie ihre Finger in die Matratze.

»Die Wunde am Rücken muss genäht werden. Ich kann das zwar machen, aber wenn sich Kugel- oder Knochenfragmente in der Wunde befinden, könnte es sich entzünden«, sagt er plötzlich.

Völlig erschöpft lehnt sie ihren Kopf an seine Brust.

Lara würde lachen, wäre die Situation nicht so beschissen und sie vom Blutverlust nicht so geschwächt.

»Kleb sie ... einfach zu«, nuschelt sie und hat das Gefühl, jeden Moment in einen tiefen Schlaf zu fallen. Die Geräusche, die Benjamin mit dem Aufreißen der Verbandmittel macht, dringen nur gedämpft zu ihr durch.

Was haben sie mit ihm gemacht? Wo ist Andrew? Warum ist er nicht hier bei ihr? Warum ist es plötzlich so kalt?

Angestrengt öffnet Lara ihre Augen. Leise Stimmen prallen an den kalten Betonwänden ab.

»Wir müssen sie sofort hier wegschaffen.« Kalebs besorgte Worte hört sie wie aus meilenweiter Entfernung. Immer wieder verstummen die Gespräche.

»Wir bringen sie in den Bunker«, schlägt Levi vor.

»Nein, unmöglich. Wir sollten sie in ihre Siedlung bringen«, erwidert Benjamin, bevor es wieder still um sie herum wird.

Kapitel 43

Kaleb

Aus alten Decken, die sie in dem verlassenen Bunker aufgetrieben haben, haben sie eine Transportmöglichkeit für Lara gefertigt. Vorsichtig legen sie sie auf die Decken, Benjamin packt die Decke am hinteren Ende an und Levi vorne.

Ob sie es bis zu ihrer Siedlung schafft, ist ungewiss, denn laut Levi stehen ihnen noch etwa sechzehn Stunden Fußmarsch bevor. Sechzehn Stunden, wenn sie keine Pause einlegen. Benjamin hat die Wunden zwar versorgt, aber Laras Zustand gefällt Kaleb nicht.

Von einem Bunker, in dem Menschen leben, hat Kaleb noch nie etwas gehört. Als er die beiden vor ein paar Stunden danach gefragt hat, sind ihre Antworten nur vage geblieben. Auch auf der Karte, die immer noch in seiner Brusttasche steckt, hat er keine Markierung erkennen können.

»Glaubst du, sie schafft es bis in ihre Siedlung?«, fragt er Benjamin. Der beißt die Zähne aufeinander. Kaleb sieht förmlich, wie er nach einer Antwort sucht. Erst nach einer ganzen Weile nickt er.

»Was hat das mit diesem Bunker auf sich? Ich habe das Gefühl, dass ihr ein Geheimnis daraus machen wollt, warum ...«

»Ich brauch ,ne Pause«, schneidet Levi ihm das Wort ab und bleibt ruckartig stehen.

Auf einem ebenen Untergrund mitten im Wald legen

sie Lara vorsichtig ab. Levi setzt sich auf den noch feuchten Boden und massiert seine Arme. Benjamin setzt sich auf einen Baumstamm und begutachtet die Wunde an seinem Arm. Die scheint aber nicht so schlimm zu sein.

Kaleb holt eine Wasserflasche aus Laras Rucksack. »Sie sollte dringend etwas trinken«, sagt er und kniet sich auf den Boden.

Benjamin steht auf und setzt sich neben Laras Kopf. Vorsichtig hebt er ihren Kopf ein Stück an, während Kaleb versucht, ihr etwas Wasser einzuflößen. Lara öffnet ihre Augen. Sie sind glasig und scheinen durch ihn hindurch zu sehen. Nachdem sie zwei Schlucke genommen hat, dreht sie ihren Kopf zur Seite.

Benjamin lässt Laras Kopf langsam wieder auf den Boden sinken, aber seine Handflächen verweilen noch eine kurze Zeit auf ihren Schläfen. Besorgt wirft er Kaleb einen Blick zu. »Sie hat Fieber.«

»Eine Infektion?«, fragt Kaleb.

Benjamin nickt. Levi wirft den Stock weg und seufzt laut auf. »Sie wird es nicht bis in ihre Siedlung schaffen. Wir sollten sie in den Bunker bringen.«

Benjamin sieht Lara eine ganze Weile schweigend an, steht dann auf und läuft gedankenverloren neben ihr auf und ab.

»Liegt dieser Bunker denn näher als ihre Siedlung?«, ergreift Kaleb das Wort.

Sofort bleibt Benjamin stehen, wirft Levi einen strengen Blick zu. »Vergiss nicht, was er war. Er hat selbst gesagt, dass man sein Gehirn manipuliert hat. Wer garantiert uns, dass er nicht bei der bestnächsten Gelegenheit zu den Squatters rennt und ihnen die Lage des Bunkers verrät?«

»Keiner! Aber wenn wir sie nicht in den Bunker bringen, stirbt sie.«

»Der Chief wird das nicht zulassen und das weißt du.«

Levi steht auf und kommt näher. »Wir haben einen Grund, Ben. Wenn wir ihm erzählen, was wir in der Festung gesehen haben, und was Kaleb weiß, wird er sich darauf einlassen.«

Benjamin überlegt. Kaleb kann deutlich sehen, wie er versucht, eine Lösung zu finden.

»Der Chief wird sie vermutlich beide töten lassen«, flüstert Benjamin. Die Besorgnis, die Kaleb seiner Stimme anhört, gilt mit Sicherheit nicht ihm.

»Dieses Risiko müssen wir dann wohl eingehen.«

Keiner fragt, was Kaleb davon hält. Sie sprechen über ihn, als wäre er gar nicht anwesend. Er könnte sich weigern, sie zu begleiten und das Risiko nicht eingehen, aber diesen Gedanken verwirft er schnell wieder, denn als er Lara in dem Unterschlupf angesehen hat, im Delirium und völlig hilflos, hat ihn die Erinnerung an sein Versprechen wie eine Dampfwalze überrollt.

Warum hat er sich nicht eher daran erinnert? Verdammt, er hat seine Mission doch eigentlich schon erfüllt! Wenn auch unbeabsichtigt und komplett zufällig. Er muss sie wieder in die Festung bringen, und zwar unversehrt.

»Gibt es einen Arzt in eurem Bunker?«

Benjamin und Levi wechseln die Blicke.

Levi grinst ihn an. »Wir haben mehr als nur einen

Arzt.«

»Ich komme mit. Egal, wie das Risiko aussehen mag. Meine Informationen werden eurem Chief nützlich sein«, erklärt er.

Kapitel 44

Benjamin

Weniger als eine Stunde und sie sollten am Osteingang des Bunkers eintreffen. Die Kleine wird es nicht mehr lange packen. Benjamin kann ihr Zittern und Frösteln durch die Decken spüren, die er in seinen Händen hält. Er kann nur hoffen, dass Mel Wache schiebt und sie ohne Verzögerung hineinlässt. Ihre Krankenstation ist so gut eingerichtet, dass er keinen Zweifel an Laras Überlebenschancen hat, aber dafür müssen sie am Chief vorbei. Die Frage, wie er Lara und diesen Kaleb vor ihm schützen soll, stellt ein Problem dar. Scheiß drauf, das kläre ich, wenn es soweit ist. Seit wann interessiere ich mich eigentlich so sehr für das Schicksal von diesem sturen Mädchen und diesem Pisser?, grübelt er.

Barry und Susan stehen bewaffnet unweit des Eingangs und halten Ausschau nach möglichen Eindringlingen. Sie haben die kleine Gruppe noch nicht entdeckt.
»Susan wird keinen Stress machen, bei Barry bin ich mir allerdings nicht so sicher«, zweifelt Levi.
Lara stöhnt in der Decke auf.
»Scheiß auf Barry, er schuldet mir was«, erwidert Benjamin und pfeift das Signal dreifach in die Richtung der Wachen. Sofort heben sie den Blick. Susan erwidert den Pfeifton und lässt die Waffe sinken. Benjamin klopft Levi auf die Schulter und sie setzen sich mit Lara in Bewegung.

Als die beiden Wachhabenden ihn und Levi erkennen, laufen sie ihnen direkt entgegen. Barry legt sein Gewehr an, als er Kaleb aus dem Dickicht kommen sieht. Der Blick des knapp zwei Meter großgewachsenen Hünen lässt Kaleb auf der Stelle innehalten.

»Er gehört zu uns«, beruhigt Levi den Wachmann. Noch nicht ganz überzeugt, senkt der das Gewehr und ist mit zwei Schritten bei ihnen. Susan folgt ihm misstrauisch. Vorsichtig setzen Benjamin und Levi Lara mit der Decke auf dem Boden ab. Barry und Susan werfen einen Blick auf das Mädchen.

»Und wer ist das?«, fragt Susan und rümpft die Nase.

Barry gibt einen knurrenden Laut von sich. »Die ist ja halb tot.«

»Wir müssen sie auf die Krankenstation bringen.« Blinzelnd sieht Benjamin zum Eingang des Bunkers. Barry stellt sich demonstrativ vor ihn. »Nicht bevor der Chief sein Okay gegeben hat. Wartet hier.«

»So viel Zeit haben wir nicht. Das Mädchen ist schwer verletzt.«

»Da magst du recht haben«, mischt sich Susan ein. »Sie sieht nicht mehr ganz so frisch aus.«

Benjamin bückt sich, schiebt seine Arme unter Laras Nacken und Beine, zieht sie hoch und trägt sie Richtung Eingang. Der Hüne dreht sich um und stellt sich vor ihn.

»Geh mir aus dem Weg«, befiehlt Benjamin.

»Du weißt, dass ich das nicht kann.«

Benjamins Muskeln brennen und sein Oberarm schmerzt noch von dem Streifschuss. Der sollte zwar in ein paar Tagen verheilt sein, aber der Transport hierher hat ihm Einiges abverlangt. Wie lange er das Mädchen noch tragen kann, kann er nicht einschätzen, aber allzu lange sicher nicht mehr.

»Ich erinnere dich nur ungern an den Vorfall am Fluss. Du schuldest mir was«, hilft Benjamin dem Mann auf die Sprünge.

Zähneknirschend blickt Barry zu ihm runter.

»Ich war nicht hier, falls der Chief fragt. Ich sage, ich war pissen«, erklärt Barry.

So schnell er kann, marschiert Benjamin durch die schmalen Gänge, gefolgt von Kaleb und Levi. Die Krankenstation befindet sich nicht weit vom Osteingang. Als er in einen Gang abbiegt, kommt ihm eine Gruppe junger Menschen entgegen. Neugierig starren sie auf die junge Frau in seinen Armen. Als ob der Tag nicht schon scheiße genug gewesen wäre, taucht plötzlich Nadia aus einer der Türen auf. Er hat verflucht nochmal vergessen, dass ihre Kabine in diesem Teil des Bunkers liegt. Die Truppenführerin sieht ihn überrascht an. Schon aus zehn Metern Entfernung kann er ihren stechenden Blick auf sich spüren. Aber das sollte nicht der Höhepunkt für heute sein, denn als ob die Welt sich gegen ihn verschworen hätte, kommt der Chief um die Ecke gelaufen.

»Verfluchte Scheiße«, murmelt er. Lara stöhnt leise auf, als er ruckartig stehen bleibt.

»Was soll das werden? Wer ist diese Person?« Die Stimme seines Vaters hallt durch die engen Gänge und dröhnt in Benjamins Ohren. Bevor er antworten kann, schaut der Chief zornig an Benjamin vorbei.

»Hast du vor, den Rest der Bevölkerung auch noch in unseren Bunker zu führen? Und wo zur Hölle warst du die letzten Tage?«

»Das sind nicht irgendwelche Leute«, versucht er zu erklären, aber sein Vater ignoriert ihn völlig und wendet sich an den Soldaten an seiner Seite. »Sorgt dafür, dass sie verschwinden.« Danach dreht er sich wieder Benjamin zu. »Und du folgst mir. Übergib das Mädchen an Cameron.«

Benjamin spürt, wie Wut in ihm aufsteigt. Er umklammert Lara noch fester, die droht, ihm aus den Armen zu gleiten. Wenn er sie nicht bald ablegt, werden seine Muskeln verkrampfen.

»Das werde ich nicht tun«, erwidert er wütend. »Die beiden könnten uns nützlich sein.«

Unbeeindruckt tritt der Chief nah an Benjamin heran. »Das entscheidest nicht du.«

»Das Mädchen kennt den Code, um in die Festung der Squatters zu gelangen, und der Junge kennt den Weg dorthin.«

Lange sieht der Chief ihm in die Augen.

»Sir, wenn das stimmt, wäre das enorm hilfreich.«

Überrascht dreht Benjamin den Kopf.

Nadia würdigt ihn keines Blickes, sondern wartet geduldig mit hinter dem Rücken verschränkten Armen auf eine Antwort. Dass gerade sie sich für ihn einsetzt, hätte Benjamin im Leben nicht geglaubt. Nach weiteren zwei Minuten nickt der Chief endlich. »Na los, bringt das Mädchen auf die Krankenstation. Sobald sie zu sich kommt, will ich mit ihr reden. Der da«, er nickt in Kalebs Richtung, »wird mich sofort begleiten.«

Ohne ein weiteres Wort entfernt sich der Chief, begleitet von zwei Soldaten, die Kaleb flankieren und eskortieren.

»Danke«, bedankt Benjamin sich bei Nadia. Die sieht ihn abschätzig an und verzieht die Mundwinkel.

»Das habe ich nicht für dich getan.«

In der Krankenstation gibt er Lara in die Hände der zwei Ärzte, die sich sofort an die Arbeit machen.

»Wird sie es schaffen?«, fragt er.

Der schon ergraute Mediziner zuckt mit den Schultern. »Das kann man jetzt noch nicht sagen, dazu muss ich mir erst ein Bild der Verletzungen machen. Geh jetzt, du wirst benachrichtigt, wenn es etwas Neues gibt.«

Ruhig, aber mit Nachdruck, schiebt er Benjamin durch die Tür und schließt sie hinter sich.

Levi legt seine Hand auf Benjamins Schulter. »Keine Sorge, sie wird überleben.«

Benjamin dreht sich um. »Ich mache mir keine Sorgen, ich kenne sie ja kaum.«

Sein Freund zwinkert ihm wissend zu. »Ja klar, wie du meinst.«

Kapitel 45

Kaleb

Das Erste, das ihm sofort aufgefallen ist, als sie den Bunker betreten haben, war, dass es hier Strom gibt. Die Neonröhren entlang des Flures flackern alle paar Sekunden auf. Menschen aller Altersgruppen bewegen sich durch die schmalen Gänge. Die Schritte der Soldaten vor und hinter ihm werden wie Echos von den grauen Betonwänden zurückgeworfen. Im Gegensatz zu anderen Siedlungen sehen die Menschen hier gut genährt und gesund aus. Die Frage, woher sie die Nahrung bekommen, stellt sich ihm unwillkürlich. Er bezweifelt, dass unter der Erde irgendetwas wächst.

Sie halten vor einer grauen Metalltür. Der Mann, der als Oberhaupt fungiert, schließt sie auf und Kaleb wird unsanft hineingeschoben. In dem geschätzt acht Quadratmeter großen Raum stehen ein Schreibtisch, ein Drehstuhl und ein Aktenschrank mit mehreren Schubladen. Der Stuhl für Besucher wird von einem der Soldaten quietschend über den Betonboden geschoben.

»Setz dich«, fordert der Anführer ihn auf und nimmt selbst in dem Drehstuhl hinter dem Schreibtisch Platz. Dann winkt er die Soldaten nach draußen, die wortlos den Raum verlassen und die Tür hinter sich schließen. Kaleb wird ein wenig mulmig zumute, als der Mann sich in den Sessel fallen lässt und ihn mit ausdrucksloser Miene mustert.

»Ich bin Chief Collins und der Leiter des Bunkers.«

»Mein Name ist Kaleb Green und ich ...« Kaleb kratzt sich am Kopf. Ist es schlau, ihm die Wahrheit zu erzählen? Er war schon immer gut darin, Menschen einzuschätzen, und dieser Mann ist nicht weniger gefährlich als Josko, der Anführer der Enter. Vielleicht zieht er den Menschen nicht die Haut vom Leib, aber er hat sicher kein Problem damit, jemanden aus dem Weg räumen zu lassen. Für immer. Bei dem kurzen Gespräch vorhin im Flur ist ihm aber bewusst geworden, dass dieser Chief auf Informationen aus ist, und das wird ihm möglicherweise das Leben retten. Er sollte ihm daher etwas anbieten, das sonst niemand bieten kann.

»Ich war ein Sammler.«

Die Augen des Chiefs weiten sich fast unmerklich, als er ihn anstarrt. Nach einer ganzen Weile lehnt er sich nach vorne und stützt die Ellbogen auf dem Schreibtisch ab. »Du willst mir weismachen, du wärest ein Sammler gewesen? Du behauptest also, dass in den Sammlern Menschen stecken?«

»Ja. Die Maschinen werden von Menschen gesteuert.«
»Von Menschen also.«
»Genau.«
»Und du warst so ein Mensch in einem Sammler?«

Kaleb nickt. »Vor etwa sieben Monaten konnte ich fliehen und ...«

Die Mundwinkel des Chiefs ziehen sich nach oben, als würde er lächeln, aber für Kaleb sieht es eher danach aus, als würde er jeden Moment über den Tisch springen und ihn an der Gurgel packen wollen.

»Hören Sie, Chief Collins, ich weiß wie sich das anhören muss, aber es ist die Wahrheit. Die Menschen werden von den Squatters manipuliert, einer Gehirnwäsche unterzogen, könnte man sagen, und dann als Sammler eingesetzt.«

»Dann wurdest du auch manipuliert?«

Kritisch beäugt der Mann ihn. Kaleb weiß, dass sein Leben gerade auf dem Spiel steht, und die einzige Möglichkeit, sich und Lara zu retten, besteht darin, den Chief in diesem Gespräch zu überzeugen, dass die beiden wertvolle Verbündete sein können.

»Ich kenne mich in der Festung aus«, gibt er zurück, ohne auf die letzte Frage weiter einzugehen. »Ich weiß, wo sich die Menschen befinden, die sie mitnehmen, und wo ihre Zentrale ist.«

Der Chief erhebt sich ruckartig von seinem Stuhl. »Sie leben?«

»Ja. Die Menschen werden in Behältern gelagert und schlafen, aber sie leben.«

Chief Collins kommt hinter seinem Schreibtisch hervor. Er verschränkt seine Arme hinter dem Rücken und beginnt in dem kleinen Raum schweigend auf und ab zu laufen.

Kaleb bleibt ruhig auf seinem Stuhl sitzen. Seine Gedanken schweifen zu jenem Tag ab, als er befreit wurde. Sein Gehirn regeneriert sich langsam und immer mehr Erinnerungen formen eine logische Abfolge. Bis vor ein paar Tagen dachte er, er hätte sich selbst befreit, jetzt weiß er, dass dem nicht so war.

»Was haben die Squatters mit den Menschen vor?«

Kaleb wird aus seinen Erinnerungen geholt. Als er

den Chief ansieht, liest er darin nicht nur die Abscheu, die er für die fremden Wesen empfindet, sondern auch etwas, das er nur zu gut von sich selber kennt. Schuldgefühle.

»Ich weiß nicht, was sie mit den Menschen machen, Chief, nur dass die Besetzer einen Plan haben.«

Collins' Augenbrauen heben sich. »Was für einen Plan?«

»Das weiß ich nicht. Ich weiß nur, dass die Zeit drängt und sie sich für irgendetwas rüsten.«

Stumm auf den Boden starrend überlegt der Mann. Nach mehreren Minuten hebt er seinen Kopf. »Was ist mit dem Mädchen, wie passt sie zu dem Ganzen? War sie auch eine von euch?«

»Nein. Lara habe ich zufällig getroffen. Sie kennt den Code, um in die Festung zu gelangen«, erklärt Kaleb und wischt sich die feuchten Hände an seiner Hose ab. Er muss sie beschützen, ihr darf nichts zustoßen.

»Und woher kennt sie den Code?«

»Das weiß ich nicht.«

Chief Collins schnaubt laut und öffnet die Tür.

»Du wirst unter Arrest gestellt, bis ich entschieden habe, was mit dir und diesem Mädchen geschieht.« Er nickt den Männern zu, die draußen Wache gestanden haben.

Dann wird Kaleb weggebracht.

Kapitel 46

Lara

Es riecht merkwürdig. Und da ist etwas, das sie schon einmal gerochen hat, aber nicht wirklich zuordnen kann.

Mühsam öffnet Lara ihre Augen. Gleißendes Licht strahlt von oben auf sie herab, sodass sie mehrere Male blinzeln muss, um sich an die fremdartige Helligkeit zu gewöhnen. Sie kann kaum etwas erkennen. Als sie den Arm heben will, schreit sie unwillkürlich vor Schmerz auf.

»Ganz ruhig«, hört sie eine weibliche Stimme sagen. Die verschwommene Silhouette vor ihrem Gesicht wird immer klarer, kommt so nah an sie heran, dass Lara das Gesicht einer älteren Frau erkennen kann, das sie sanft anlächelt. Laras Blick wandert von der Frau zu der Vorrichtung neben ihrem Bett. Daran ist eine Flasche befestigt, aus der ein schmaler Schlauch baumelt und hinunter zu ihrem Arm führt. Es steckt in ihrem Arm! Was machen sie mit ihr? Wo ist sie? Sie ist bei den Squatters! Man hat sie gefangen genommen und Schläuche in ihren Körper gesteckt. Panisch versucht sie aufzustehen. Mit der linken Hand greift sie nach der Nadel, möchte sie aus ihrem Arm reißen, doch die Frau reagiert blitzschnell und hält sie fest umklammert. Laras linke Schulter tut höllisch weh, aber sie muss hier raus, sie muss verschwinden.

»Ich brauche hier Hilfe«, ruft die Frau und drückt Lara fest in die Matratze zurück.

Sie muss hier weg. Weg!

Jemand stößt die Türe gewaltsam auf, die gegen die Wand knallt. Lara sieht hin. Benjamin! Er wurde auch gefangen.

»Benjamin, hilf mir ... wir müssen hier weg!«

Mit schnellen Schritten kommt Benjamin auf sie zu. »Lara, beruhige dich. Du bist hier sicher, niemand wird dir etwas tun.«

Was sagt er denn da? Lara kann nicht begreifen, warum er ihr nicht hilft. Natürlich, er wurde manipuliert, wie Andrew.

Panisch windet sie sich in dem Griff der Frau.

»Lara, hör auf damit, deine Wunde wird wieder aufreißen.«

Sie spürt zwar das warme Blut, das ihre Schulter hinabläuft, aber das ist nicht wichtig.

Plötzlich packt Benjamin ihr Gesicht, hält ihren Kopf wie in einem Schraubstock mit beiden Händen fest und sieht sie ernst an. »Hey, das reicht jetzt«, brüllt er sie so laut an, dass Lara für einen Augenblick aufhört, sich zu wehren.

»Sieh mich an, sieh mich an, okay. Du bist in einem Bunker, in meiner Kommune. Wir haben dich hergebracht, Levi, Kaleb und ich. Du bist fast gestorben unterwegs hierher. Du wurdest operiert und an diesen Tropf gehängt, damit du wieder gesund wirst. Niemand tut dir etwas. Hast du das verstanden?« Seine Stimme wird ruhiger, sanfter.

Lange sieht Lara in Benjamins Augen. Sie sind ... real. Die dunklen Umrandungen seiner hellen Iris fallen ihr heute das erste Mal auf.

Paps.

Benjamin nimmt die Hände aus ihrem Gesicht. »Hey, ist schon gut. Es wird alles wieder gut«, versucht er sie zu trösten, als er bemerkt, dass sie kurz davor steht loszuheulen.

»Ich habe ihn zurückgelassen«, flüstert sie. »Nichts ist gut.«

Benjamin nickt der Frau zu, die daraufhin misstrauisch das Zimmer verlässt.

»Und was, wenn er nie wieder so wird, wie er einmal war?«

»Kaleb scheint ja auch ganz normal zu sein. Mach dir keine Sorgen. Ich werde mit dem Chief sprechen. Wir werden versuchen, Andrew zu retten, versprochen.«

»Der Chief? Ist das euer Anführer?«

»Ja, er ist der Anführer unserer Gemeinde und ...«, er macht eine kurze Pause. »Ach, nicht so wichtig.«

Lara sieht sich in dem Raum um, nachdem sie sich die Tränen aus dem Gesicht gewischt hat. An den Wänden stehen hohe Schränke aus Glas, in denen sich kleine Flaschen und andere Dinge befinden.

Sie werden unterbrochen, als die Türe aufschwingt und ein älterer Mann den Raum betritt.

»Wenn man vom Teufel spricht«, flüstert Benjamin. Der großgewachsene Mann kommt näher.

»Ich habe mit deinem Freund gesprochen«, überfällt er sie, ohne sich vorher vorzustellen. »Ich möchte, dass du mir alles erzählst, was du weißt. Wie kommt man in die Festung? Wie viele Sammler gibt es dort? Wie lautet der Code, um in die Halle zu gelangen? Wie ...«

»Das reicht!«, bringt ihn Benjamin zum Schweigen. Lara zuckt überrascht zusammen. »Sie ist verletzt und gerade erst zu sich gekommen. Das hat doch sicher bis später Zeit.«

»Ich weiß nicht, wie viele Sammler es dort gibt«, antwortet Lara trotz Benjamins Protest.

Sie ist zwar noch nicht ganz bei sich, aber auch so weiß sie, dass sie keinen Ärger mit dem Anführer bekommen sollte. Wer weiß, was er mit ihr und Kaleb macht, sollte sie nicht kooperieren. Doch sie wird ihm sicher nicht den Code verraten und hofft gleichzeitig, dass Kaleb es auch nicht tut. Solange sie ihn für sich behält, ist die Wahrscheinlichkeit größer, dass sie hier wieder lebend rauskommen.

Der Chief mustert sie, verschränkt dann die Arme vor der Brust und wendet sich schließlich an Benjamin. »Es wäre besser für alle, wenn du jetzt gehst.«

»Das denke ich nicht. Du kannst sie ebenso gut in meiner Gegenwart verhören.«

»Ich muss dich nicht um Erlaubnis fragen, Ben. Du scheinst zu vergessen, wer hier der Anführer ist.«

»Sicher nicht, dafür lässt du keine Gelegenheit aus.«

Der Mann kneift die Augen zusammen, ehe sich die Falten in seinem Gesicht nach einigen Sekunden etwas entspannen, er einen Stuhl näher an das Bett rückt und sich schließlich setzt.

»Wie heißt du?«, fragt der Chief.

»Lara, und Sie?«

Er wirkt fast ein wenig amüsiert, als er antwortet. »Ich

bin Commander-in-Chief Harry Collins.«

Nach einigen Augenblicken der gegenseitigen Musterung lehnt sich Collins in seinen Stuhl zurück. »Du hast schon eine Menge durchgemacht«, sagt er und blickt unverhohlen auf die Narben in ihrem Gesicht. »Das war ein Sammler. Solche Narben entstehen, wenn man von einem Dreier-Schuss ihrer Waffen getroffen wird. Allerdings kannte ich bis jetzt niemanden, der das überlebt hat.«

Das hört sie immer wieder. »Ich Glückspilz. Was genau wollen Sie wissen?«, wechselt Lara das Thema.

»Ich möchte wissen, was du über die Festung weißt.«

»Nicht besonders viel, fürchte ich.«

Der Chief schaut kurz zu Benjamin. »Mein Sohn sagt, du kennst den Code.«

Mein Sohn? Lara fällt die Kinnlade herunter.

Benjamin schweigt.

»Ja, ich kenne den Code. Aber ich habe nicht vor, ihn Ihnen zu geben.«

Er zieht die Augenbrauen überrascht nach oben. »Und darf ich den Grund dafür erfahren?«

»Das ist meine Fahrkarte aus diesem Bunker. Meine und Kalebs, und zwar lebend.«

»Ich verstehe. Taktisch sehr geschickt.«

Sie kann sich täuschen, aber sie meint, in seiner Stimme so etwas wie Anerkennung erkannt zu haben.

Sie traut diesem Chief Collins nicht. Natürlich könnte er eine Hilfe sein, wenn sie Andrew befreien will, aber sie schätzt, dass er nicht eine Sekunde zögern und alle Menschen in den Sammlern auf der Stelle töten lassen würde. Andererseits, allein sind ihre Chancen auch bestenfalls nur gering.

»Was wolltest du in der Festung?«, fragt der Chief.

Lara richtet sich so gut es geht etwas auf. »Ich habe jemanden gesucht.«

Chief Collins macht eine Pause. »Ich nehme an, er oder sie wurde mitgenommen. Deine momentane Situation lässt mich vermuten, dass du diese Person nicht finden oder befreien konntest, also ist er oder sie noch dort. Ich würde also an deiner Stelle nicht allzu lange überlegen, ob du mir den Code geben willst. Wer weiß, was die Squatters planen. Wir könnten uns gegenseitig nützlich sein.«

Damit hat er recht. Ihre Verletzung wird sicher noch eine Weile brauchen, um zu heilen. Möchte sie wirklich so lange warten?

»Sie wissen, dass sich Menschen in der Halle befinden?«, fragt sie.

Der Chief nickt.

»Und auch, dass die Sammler von Menschen gesteuert werden?«

»Das ist mir bekannt.«

»Was passiert mit den Menschen in den Sammlern?«

Der Chief steht auf und rückt den Stuhl wieder an seinen ursprünglichen Platz.

»Lara, in jedem Krieg gibt es Kollateralschäden, das lässt sich nicht vermeiden, egal wie sehr wir es uns wünschen würden. Wir werden versuchen, die Verluste so gering wie möglich zu halten, aber schlussendlich müssen wir einsehen, dass ein Kampf auch Opfer bedeutet.

Ich wäre dir sehr verbunden, wenn du dich so schnell wie möglich entscheidest.«

Lara hat keine Möglichkeit mehr zu antworten, denn der Chief öffnet die Tür und verschwindet.

Kapitel 47

Benjamin

Die Frage, ob seine Mutter auch in einem dieser Behälter liegt, schwirrt ihm im Kopf herum, seit er die Lagerhalle verlassen hat. Doch er wird Lara nicht zwingen, ihm den Code zu verraten. Sie hat recht mit dem, was sie über die Fahrkarte nach draußen gesagt hat. Sobald Lara wieder fit genug ist, wird er sie in ihre Siedlung bringen. Er wird nicht abwarten, bis der Chief eine Entscheidung getroffen hat.

»Ruh dich aus. Ich werde später nach dir sehen«, sagt er und verlässt den Raum.

Benjamin biegt um die Ecke in den Flur zu seinem Schlafraum. Der Chief steht mit dem Rücken zu ihm vor seiner Tür. Bevor er sich umdreht, wischt er mit der Hand über sein Gesicht. Benjamin bereitet sich innerlich schon einmal auf die bevorstehende Auseinandersetzung vor. »Kann ich helfen, Sir?«, fragt er beiläufig und schließt die Tür auf, ohne den Chief dabei anzusehen.

»Du weißt doch, das ›Sir‹ kannst du dir sparen, wenn wir unter uns sind.«

»Also, was kann ich für dich tun?«, fragt Benjamin erneut und geht hinein. Chief Collins bleibt vor der Tür stehen.

»Zunächst wollte ich mit dir über die Festung sprechen, du hast mir Einiges zu erzählen. Seit gestern bin ich auf der Suche nach dir. In deinem Schlafraum warst du nicht.«

Benjamin zieht seine Jacke aus. Seit er gestern zurückgekommen ist, hat er jede Gelegenheit genutzt, dem Chief aus dem Weg zu gehen. Er hat wirklich keine Lust, sich mit ihm zu unterhalten, wozu auch? Er weiß ja ohnehin immer alles besser. Verdammte Scheiße, alles ist besser, sogar der kalte Steinboden in Levis Zimmer, wo er die Nacht verbracht hat, als sich das dumme Geschwätz dieses alten Mannes anzuhören.

»Darf ich duschen, bevor du mich verhörst?«

Sein Vater nickt und steckt die Hände in seine Hosentaschen. Benjamin zieht die Schuhe aus und kickt sie in die Ecke. Er ist gerade dabei das Shirt auszuziehen, als er einen Blick zur Tür wirft. Der Chief steht immer noch da.

»War es das?«, fragt Benjamin gereizt. Er möchte endlich unter die Dusche springen und sich den Schweiß vom Körper waschen.

»Es gibt da noch etwas, das ich dir sagen muss.« Sein Vater kneift die Augen zusammen, bevor er Benjamin ernst ansieht. »Wir haben Lucas gefunden.«

Etwas an der Art, wie sein Vater ihm das mitgeteilt hat, behagt Benjamin ganz und gar nicht.

»Wo ist er? Und wo zum Teufel ist er gewesen?«

Es scheint eine Ewigkeit zu vergehen, bevor der Chief endlich antwortet. »Lucas ist tot. Er wurde gestern früh von zwei Spähern gefunden. Jemand hat ihn von hinten erstochen und dann ... dann hat man ihm zusätzlich ein Messer ...« Er bricht mitten im Satz ab, seufzt laut, dreht sich um und geht. »Ich erwarte dich in dreißig Minuten in meinem Büro.«

Benjamin nimmt die sich entfernenden Schritte des Chiefs wahr, sie hallen durch den Flur, werden immer leiser und leiser, bis Stille ihn umgibt und nur noch die gedämpften Geräusche der Wasserleitungen in der Wand zu hören sind. Bestürzt setzt er sich auf sein Bett, stützt die Ellbogen auf den Knien ab und umfasst seinen Kopf mit beiden Händen. Tausend Fragen schießen ihm durch den Kopf.

Wo ist sein Bruder gewesen? Hat er noch gelebt, während er selbst mit den anderen zur Festung unterwegs war? Hätte er ihn retten können? Musste er leiden? Wer hat seinen Bruder getötet?

Auf dem Weg zum Büro seines Vaters fährt sich Benjamin über die feuchten Augen. Der gewaltsame Tod seines Bruders zehrt an ihm, aber er versucht, sich nichts anmerken zu lassen, während ihm Bewohner des Bunkers entgegenlaufen. Jetzt gibt es nichts mehr, an das er sich klammern kann, es bleibt nur ein Loch in seinem Inneren zurück.

Ohne anzuklopfen betritt er das kleine Büro. Der Chief sitzt in seinem Stuhl, die gefalteten Hände auf dem Schreibtisch abgelegt, während er die graue Wand anstarrt. Er wirft nur einen flüchtigen Blick auf Benjamin, bevor er Haltung annimmt und sich aufrecht in seinen Stuhl setzt.

»Setz dich. Bitte.«

Benjamin zieht den Besucherstuhl zurück und lässt sich darauf fallen.

»Wo hat man Lucas gefunden?«, will er wissen.

»Man hat deinen Bruder im Rock City State Forest gefunden.«

»Das ist mehr als dreißig Kilometer vom Bunker entfernt«, murmelt Benjamin.

Was zum Teufel wollte er dort? Das Lager der Boulder ist weitere zwanzig Kilometer nördlich. Kam er vielleicht von seinem Rendezvous mit dem Mädchen zurück? Es ist untypisch für Lucas, Geheimnisse vor ihm zu haben, warum hat er ihm nichts von seiner Exkursion erzählt? Haben er und die Frau sich in der Mitte getroffen, oder wurde er von jemand auf eine Mission geschickt? Aber was für eine Mission sollte das gewesen sein? Benjamin muss wissen, was sein Bruder dort gesucht hat.

»Hast du ihn rausgeschickt?«, klagt Benjamin seinen Vater an.

Empört beugt sich der Chief vor. »Nein. Ich hatte ihn beauftragt, Doktor Gilmore bei der Entwicklung einer biochemischen Waffe zur Hand zu gehen. Ich habe keine Ahnung, was er da draußen wollte. Und selbst wenn ich ihn rausgeschickt hätte, dann sicher nicht allein und ohne Schutz.«

»Das hat dich doch noch nie gejuckt. Tu nicht so, als würden wir dir etwas bedeuten.«

Sein Vater schlägt mit der Faust auf den Schreibtisch. »Wie kannst du es wagen? Lucas und du, ihr seid meine Söhne, ich würde nie etwas tun, um euch zu schaden.«

»Mag sein, nur leider galt dies nicht für unsere Mutter, oder?«

Als hätte Benjamin ihn geschlagen, neigt der Chief seinen Kopf. Eine ganze Weile ist es still.

Das erste Mal seit seine Mutter verschwunden ist, hat Benjamin die Worte ausgesprochen, die ihm seit Jahren auf der Seele liegen. Er hat immer gedacht, wenn er sie seinem Vater endlich an den Kopf werfen würde, würde er sich besser fühlen, aber wie es aussieht, hat er sich getäuscht.

»Wir müssen über die Festung und die Squatters sprechen«, wechselt der Chief das Thema.

Sein Bruder ist tot und es hat den Anschein, als wäre sein Vater bereits darüber hinweg. Die Squatters, na klar, wie sollte es auch anders sein.

»Ben, du musst mir erzählen, was du herausgefunden hast, und ob wir diesen beiden trauen können, die du in unseren Bunker geschleppt hast. Das Mädchen scheint vertrauenswürdig, aber der Junge … er behauptet, er sei ein Sammler gewesen und dass die Menschen, die entführt wurden, in einem Lager aufbewahrt werden. Stimmen diese Informationen?«

»Ja, alles, was Kaleb sagt, ist wahr. Ich habe die Behälter und die Menschen darin mit eigenen Augen gesehen. Es müssen Tausende gewesen sein.«

Der Chief lehnt sich in seinem Stuhl zurück, die Finger ineinander verschränkt, während er gedankenverloren den Blick auf die Tischplatte richtet. »Sie könnte noch leben«, sagt er nach einer langen Pause offensichtlich zu sich selbst.

Benjamin beobachtet ihn. Er glaubt, einen Glanz in den Augen seines Vaters zu erkennen. Schließlich hebt der den Kopf. »Deine Mutter, sie könnte auch in diesem Lager sein.«

»Der Gedanke kam mir auch schon«, erwidert er bloß.

»Ich habe dir und deinem Bruder nie erzählt, was damals wirklich geschehen ist.«

Solch eine Qual liegt in seiner Stimme, dass Benjamin fast geneigt ist, Mitleid mit seinem Vater zu empfinden, aber die Tatsache, dass er seine Frau einfach den Sammlern überlassen hat, ist unverzeihlich. Er hebt die Hand, um den Chief zu stoppen, doch das hält diesen nicht ab.

»Wir waren unterwegs zu einer Siedlung am Rande des McCarty Hill State Forest, um mit dem Anführer der Gruppe über ein mögliches Abkommen zu verhandeln. Claris war eine gute Verhandlungspartnerin, also ließ sie es sich nicht nehmen, mich und die vier Männer, die ich mitgenommen hatte, zu begleiten. Deine Mutter war schon immer ein Sturkopf, das hast du wohl von ihr. Als wir dort ankamen, erwartete uns der Anführer. Allerdings nicht so, wie wir es erwartet hatten, sondern mit zwanzig bewaffneten Männern.« Der Chief steht auf und kommt hinter dem Schreibtisch hervor. »Anstatt zu verhandeln, töteten sie zwei unserer Begleiter und zwangen uns, sie zu unserem Bunker zu begleiten. Deine Mutter und ich wussten, wenn sie den Bunker erst einmal unter ihre Kontrolle gebracht hätten, wären unsere gesamten Pläne, gegen die Squatters zu kämpfen, mit einem Schlag zunichtegemacht. Immerhin rüsteten wir uns seit drei Jahren dafür. Abgesehen davon machten wir uns Sorgen darüber, was die Leute mit unseren Kindern und den Bewohnern tun würden, sobald sie im Bunker einmarschiert wären.« Der Chief macht eine lange Pause.

»Sie trieben uns in Richtung des Bunkers. Das Gebiet, das wir durchqueren mussten, war offen und bot keinen Schutz. Kurz bevor wir in den Wald einrückten, vernahmen wir Geräusche. Deine Mutter hörte die Maschinen als Erste. Sie lief gefesselt neben mir her. Ich kann ihre Stimme immer noch hören, die Worte die sie mir zuflüsterte, bevor sie losrannte.« Aufgewühlt wischt sich der Chief über das Gesicht. »Sie sagte: ›Kümmere dich um die Jungs und sorge dafür, dass der Bunker sicher bleibt, Harry, sie dürfen nicht in unsere Siedlung gelangen. Du musst unser Vorhaben durchführen, koste es was es wolle. Ich möchte, dass unsere Jungs in Frieden und Freiheit leben können. Versprich es mir, Harry.‹ Ich brauchte ein paar Sekunden, um zu verstehen, was sie vorhatte. Durch die gefesselten Hände konnte ich sie nicht ... ich konnte sie nicht aufhalten. Sie rannte den Sammlern direkt in die Arme. Einer unserer Begleiter und ich schafften es, uns von der Gruppe zu lösen, die anderen waren mit den Sammlern beschäftigt, sodass wir fliehen konnten.«

Benjamin kann nicht fassen, was er da hört.

»Als wir wieder im Bunker waren, machten wir die Schotten dicht und ließen weder jemanden hinein, noch handelten wir danach offen mit anderen Siedlungen.«

»Was geschah mit der Siedlung?«

Sein Vater dreht sich zur Wand, kehrt Benjamin den Rücken zu und steckt seine Hände in die Hosentaschen.

»Ein paar Wochen später besuchte ich sie mit dreißig bewaffneten und kampfbereiten Männern und Frauen.« Der Chief wendet sich wieder Benjamin zu. »Die Siedlung gibt es nicht mehr.«

Benjamin schluckt hart. Die ganzen Jahre dachte er, sein Vater hätte seine Mutter im Stich gelassen, niemals wäre er auf die Idee gekommen, sie hätte sich freiwillig opfern können. Und egal wie sehr er diese Leute dafür hasst, dass seine Mutter eingesammelt wurde, der Gedanke, dass der Chief auch Frauen und Kinder hat töten lassen, hinterlässt einen bitteren Beigeschmack.

Sie werden durch ein Klopfen an der Tür unterbrochen. Kurz danach öffnet sie sich und eine Frau streckt ihren Kopf hindurch. »Sir, Doktor Gilmore möchte Sie sprechen«, teilt sie seinem Vater mit.

»Wir führen unser Gespräch später fort. Wenn du möchtest, kannst du uns begleiten«, sagt er und verlässt sein Büro.

»Ich komme gleich nach«, erklärt Benjamin dem Chief und folgt ihm nach draußen.

Kapitel 48

Kaleb
10 Jahre zuvor

Sie kommen in einer gigantischen Lagerhalle an. Von überall dringen Stimmen weinender und verzweifelter Menschen in seine Ohren. Mehrere dutzend Gefangene sind eingesperrt in Käfigen, die von den Rücken der Sammler gehoben und auf den Boden gesetzt werden. Mit in dem Käfig, in dem Kaleb eingesperrt ist, sitzen panische Frauen, Kinder und Männer. Einer der Männer rüttelt an den Eisenstäben, aber die massiven Rohre bewegen sich nicht. Nachdem alle Käfige auf dem Boden abgesetzt wurden, entfernen sich die Sammler. Leises Wimmern und Schluchzen erfüllt die Halle.

Kaleb schaut sich um, aber weder seine Schwester noch seine Mutter kann er unter den vielen Menschen entdecken.

Plötzlich wird es laut unter den Gefangenen. Dann fallen die Menschen nach nur wenigen Sekunden einfach um.

Bevor Kaleb realisieren kann, was geschieht, wird es dunkel um ihn und er fällt in einen tiefen, traumlosen Schlaf.

»Bringt den da in die Kammer, die anderen sollen in den Schlafmodus versetzt werden.«

Gegenwart

Kaleb versucht mit seinen Augen der Stimme zu folgen, doch der verschwommene Blick hindert ihn daran. Die Erinnerungen an seine Entführung sind nichts weiter als abgehackte Bilder und kurze Szenen, die durch sein Gehirn wirbeln. Die Sammler ... der Transport in dem Käfig.

Erschrocken wacht Kaleb auf. Erst nach einer ganzen Weile bemerkt er, dass er die ganze Zeit über mit seinen Fingern an der winzigen Öffnung an seinem Hinterkopf entlanggefahren ist.

Seit man ihn in diesen Raum gebracht hat, der mit nichts weiter als einer engen Pritsche und einem Metalleimer ausgestattet ist, denkt er über eine Flucht nach. Aber egal, was er sich einfallen lässt, es scheint unmöglich, unbemerkt aus diesem Bunker zu entkommen. Abgesehen von dem Wachmann, der ihm vor ein paar Stunden wortlos eine Mahlzeit in den Raum geschoben hat, hat er keine Menschenseele mehr gesehen. Seine Frage nach Lara wurde mit Schweigen quittiert.

Kaleb steht auf und stolpert zur Tür. Die Kopfschmerzen, die ihn seit dem Aufwachen begleiten, werden immer unerträglicher. Er lehnt seine Stirn an die kalte Metalltür und hofft, die Abkühlung würde helfen, den Druck aus dem Kopf zu bekommen.

»Finde sie und bringe sie zu mir.«

Erschrocken dreht sich Kaleb um. Wer hat da gesprochen? Sein Blick gleitet schnell in jede Ecke des Raumes, doch hier ist niemand.

»Du musst sie finden.«

»Wer ist da?«, fragt er verwirrt, dreht sich im Kreis. Wird er jetzt verrückt? Die Verriegelung wird von außen zur Seite geschoben. Kaleb weicht ein paar Schritte zurück, als die Tür quietschend geöffnet wird. Holen sie ihn nun ab, um ihn zu töten? Nervös setzt er sich auf die Pritsche. Als er den Besucher erkennt, springt er wieder auf und geht auf ihn zu.

»Wie geht es Lara?«, überfällt er Benjamin, bevor der einen Fuß in den Raum setzen kann.

Benjamin hebt beruhigend die Hände in die Luft und kommt rein. »Es geht ihr gut. Ich war vor wenigen Stunden bei ihr. Ich bin hier, weil ich mit dir reden muss.«

Benjamin schließt die Tür hinter sich. Er wirkt ein wenig angespannt, zumindest kommt es Kaleb so vor. Schnell versucht er, sich in den Griff zu bekommen. Sein Herz rast noch, als wäre er stundenlang gerannt.

»Geht es dir gut?«, fragt Benjamin.

Kaleb nickt und verschränkt die Arme vor der Brust, um seine Nervosität zu verbergen.

»Wie lange warst du ein Sammler?«, beginnt Benjamin.

Darüber hat sich Kaleb bisher irgendwie keine Gedanken gemacht, er ist sich nicht sicher. Warum Benjamin das wissen möchte, ist ihm auch nicht ganz klar.

»Welches Jahr haben wir?«, erwidert er mit einer Gegenfrage. Benjamin sieht ihn verwundert an. »Wenn die Leute richtig gezählt haben, sollten wir das Jahr 2056 haben.«

Für einen kurzen Moment glaubt Kaleb, Benjamin

würde ihn auf den Arm nehmen, aber schnell wird ihm klar, dass der das völlig ernst meint. Verwirrt geht er wieder zurück und setzt sich wie benommen auf die Pritsche.

Wie kann das sein? Was haben die Squatters mit ihm gemacht? Hört er deshalb Stimmen? Haben sie sein Gehirn so lange gesteuert und darin herumgewühlt, bis er verrückt geworden ist?

»Kaleb.« Benjamin holt ihn aus seinen zerstreuten Gedanken.

Er hebt den Kopf, der sich nach dieser Information bleischwer anfühlt.

»Zehn Jahre. Ich ... ich war zehn Jahre lang ein Sammler«, antwortet er.

Benjamin gibt ein freudloses Lachen von sich. »Willst du mich verarschen? Du bist doch kaum älter als zwanzig.«

»Siebzehn«, korrigiert er ihn.

Benjamins Lachen verstummt abrupt.

»Ich war siebzehn, als sie mich mitnahmen. Wie ist das möglich?«

Eine Weile ist es still. Kaleb bemerkt, wie Benjamin ihn mustert. Glaubt er ihm etwa nicht?

»Warum wolltest du das wissen?«, fragt Kaleb und steht auf.

»Ich dachte ... ich hatte gehofft, du hättest vielleicht dort jemanden gesehen der ... ach, vergiss es.« Benjamin dreht sich um und öffnet die Tür.

»Lässt uns der Chief gehen?«, stoppt er ihn.

Benjamin hält in der Bewegung inne, ohne sich umzudrehen. »Ich weiß es nicht«, antwortet er nach einer ganzen Weile und zieht dann die Tür hinter sich zu.

Kaleb läuft in dem kleinen Raum von einer Wand zur anderen. Seine Gedanken lassen ihn nicht in Ruhe. Die Squatters hatten zehn Jahre Zeit, sein Gehirn zu manipulieren, könnte es sein, dass er doch eine Gefahr für diese Menschen ist, ohne es auch nur zu ahnen? Warum ist er nicht älter geworden? Die Kammer, in der er und die anderen gesteckt und nach jedem Einsatz aufgeladen wurden ... Womöglich war die Flüssigkeit, die ihnen verabreicht wurde ... Nein! Das ist absurd. Man kann nicht verhindern, dass ein Mensch altert, das geht nicht. Er wird verrückt. Das ist alles nur ein böser Albtraum.

Kapitel 49

Benjamin

Die Tür zum Labor steht offen. Die Diskussion, die in vollem Gange ist, dringt bis in den Flur. Benjamin geht hinein und zieht die Tür hinter sich zu.

»Was soll das heißen, wir können sie nicht einsetzen?«, brüllt der Chief Doktor Gilmore an, der unbeeindruckt vor ihm steht und etwas in der Hand hält. Die Waffe, auf der zwei ovale Kammern befestigt sind, sollte die Geheimwaffe schlechthin gegen die Sammler werden. Seit mehr als zwei Jahren arbeiten sie schon daran. Lucas hat ihm erzählt, dass die Flüssigkeit darin die Sammler lahmlegen würde, es sollte sich durch das Metall fressen und alles schmoren lassen. Ohne diese Waffe werden sie machtlos gegen die Sammler und die Squatters sein.

»Genauso wie ich es gesagt habe. Die Waffe ist mit der fehlenden Komponente nutzlos. Das wäre so, als würde man die Sammler mit Wasser übergießen.«

Der Chief stemmt wütend die Hände in die Hüften. »Und diese Komponente ist nicht aufzutreiben?«

»Sir, wir haben sie hier, nur weiß keiner wie man sie …« Doktor Gilmore macht eine kurze Pause bevor er weiterspricht. »Der Einzige, der sich damit auskannte, war Ihr Sohn Lucas, Sir.«

Benjamins Beine werden plötzlich schwer. Er kann immer noch nicht ganz begreifen, dass Lucas tot ist, egal wie oft er es hört, es will einfach nicht in seinen Kopf.

»Was ist mit dem Jungen?«, fragt der Chief an Benjamin gewandt, der den Gedanken an seinen Bruder wehmütig beiseiteschiebt.

»Er hat euch in die Festung geführt, vielleicht brauchen wir die Waffen nicht und schaffen es ohne sie dort hinein.«

Benjamin nickt. »Es scheint, als würde er nicht nur den Weg hinein kennen, sondern sich auch im Inneren der Festung zurechtfinden«, erklärt Benjamin.

Der Chief nimmt die umgebaute Pistole in die Hand und sieht sie sich eine Weile an. Dann presst er sie an Doktor Gilmores Brust. »Funktionieren Sie die Waffen wieder um und sorgen Sie dafür, dass genug Munition zur Verfügung steht. Jetzt wo wir wissen, dass die Menschen noch leben und gefangen gehalten werden, müssen wir unseren Angriff so schnell wie möglich planen. Etwas sagt mir, dass uns nicht mehr viel Zeit bleibt, und dieser Kaleb bestätigte meine Vermutung. Die Squatters planen etwas und ich will nicht warten, bis ich weiß, was es ist.«

Gilmore steckt die Waffe in die Kiste und macht sich damit schleunigst aus dem Staub.

»Sie planen etwas?«, fragt Benjamin. Sein Vater wirft ihm einen besorgten Blick zu. »Komm mit«, befiehlt er und marschiert geradewegs an ihm vorbei.

Benjamin schafft es kaum, mit dem Chief Schritt zu halten, während er ihm durch die Gänge folgt.

»Was hast du vor?«, fragt er, doch sein Vater eilt unbeirrt weiter, als hätte er ihn nicht gehört. Erst als sie an den Unterkünften der Soldaten vorbeigehen, weiß Benjamin wohin sein Vater möchte. Er mag den Pisser nicht sonderlich, aber sie brauchen ihn.

Der Chief entriegelt die Tür der Arrestzelle und stürmt hinein. Benjamin ist auf alles gefasst, sogar darauf, seinen Vater davon abzuhalten, Kaleb umzubringen, aber was sie beide in dem kleinen Raum vorfinden, lässt sie in der Bewegung erstarren.

Kapitel 50

Lara

Lange hat sie überlegt, Chief Collins' Vorschlag anzunehmen, aber je mehr sie darüber nachgedacht hat, desto mehr ist sie zu der Überzeugung gelangt, ohne ihn und seine sogenannte Hilfe besser dran zu sein. Sie wird vor ihnen die Festung erreichen. Bevor der Chief alle Sammler tötet, die sich dort befinden. Aber bevor sie hier verschwinden kann, muss sie Kaleb finden, das ist sie ihm schuldig. Außerdem muss er sie wieder in die Festung bringen. Den Code weiß sie noch und der Weg dorthin ist auch nicht sonderlich schwer zu finden, aber, um unbemerkt an den Sammlern vorbeizukommen, dafür braucht sie Kaleb dringend. Er kennt die Maschinen besser als jeder andere.

So leise wie möglich durchsucht sie die Schubladen nach Waffen, die sie bei ihrer Flucht gebrauchen könnte. Die Axt und das Messer hat man ihr abgenommen. Ihr ist schwindlig, aber dafür ist nun wirklich keine Zeit. Wenn sie Benjamins Reaktionen richtig gedeutet hat, schreckt dieser Chief nicht davor zurück zu töten, um seinen Bunker zu beschützen. Nach all dem Mist, den sie erlebt hat, wird sie sicher nicht abwarten, bis ein Verrückter sie einfach so um die Ecke bringt.

In den oberen beiden Schubladen befinden sich Mullbinden und Verbände. Als sie die nächste herausschiebt, entlockt es ihr ein zufriedenes Lächeln. Diverse Scheren und Skalpelle, die sie aus dem Krankenlager ihrer Siedlung kennt. Mit Bedacht steckt sie eines davon in ihre rechte Jackentasche. Dann schnappt sie sich die Medikamente und stopft sie schnell in die linke Jackentasche. Sie dreht sich zur Tür und ist gerade dabei sie zu öffnen, als jemand sie aufstößt und sie vom Rückstoß nach hinten gedrängt wird. Sie fällt auf den Boden, robbt nach hinten und greift in ihrer Jackentasche nach dem Skalpell.

»Lara, was tust du da?«

Überrascht hebt Lara den Kopf und sieht zur Tür. Levi.

»Solltest du nicht im Bett liegen?«, fragt er besorgt, blickt über seine Schulter und schließt sofort wieder die Tür. »Du blutest.«

Lara schaut zu ihrer Schulter, doch sie kann kein Blut erkennen.

Levi kommt auf sie zu. »Ich meine da«, bemerkt er und zeigt auf ihre Hand, die immer noch in ihrer Jacke steckt.

»Verdammt«, zischt Lara und realisiert den Schmerz in ihrem Finger erst jetzt. Verstört zieht sie die Hand heraus, die bereits vom Blut rot gefärbt ist.

Schnell reißt Levi die oberste Schublade auf und holt eine Verbandsrolle heraus. Er kniet sich neben sie, umfasst ihre Hand und wickelt den Finger zügig damit ein.

»Mal im Ernst, du hast nicht zufällig vor, zu verbluten, oder? Ob du es glaubst oder nicht, aber es gibt andere und vor allem schnellere Wege, sich selbst das Leben zu nehmen«, tadelt er sie mit einem Hauch Belustigung in der Stimme. »Was hattest du denn vor?«, fragt er.

Lara erkennt an seinem Gesichtsausdruck, dass er genau weiß, was sie vorhatte.

»Wo ist Kaleb? Was habt ihr mit ihm gemacht?«, gibt sie als Gegenfrage zurück.

Levi hilft ihr auf die noch zittrigen Beine. »Chief Collins hat ihn verhört und in eine sichere Zelle gesteckt, es geht ihm gut. Soweit ich weiß.«

Soweit er weiß? »Ich muss zu ihm«, erklärt sie knapp und drängt sich an Levi vorbei.

»Du hast doch keine Ahnung, wo er sich aufhält. Warte.«

Lara dreht sich um, als Levi sie an ihrem gesunden Arm packt und stoppt. Er wirkt besorgt.

»Ich muss ihn finden und zurück zur Festung. Levi, bitte. Ich muss zu Andrew und ihn dort rausholen, nur Kaleb kann mir dabei helfen. Weißt du, wo er ist?«

Levi seufzt laut. »Ja, ich weiß, wo man ihn hingebracht hat.«

»Dann bring mich zu ihm«, bittet sie ihn. Levi lässt ihren Arm los, überlegt länger als Lara lieb ist.

»Gut, ich bringe dich zu ihm, aber mehr kann ich nicht für dich tun. Wenn der Chief uns entdeckt, wird er ziemlich sauer werden«, prophezeit er angespannt. Lara bringt ein zaghaftes Lächeln zustande. »Danke, Levi.«

Kapitel 51

Kaleb

So viele Informationen, Bilder und Erinnerungen, die wie eine Flutwelle über ihn hereinbrechen. Es ist, als würde sein Kopf bersten.

»Finde sie. Bring sie zu mir«, flüstert die Stimme.

Aber da sind noch andere Stimmen, die er hört. Sie klingen weit entfernt und doch so nah.

»Wir können nicht mehr länger warten.«

»Schickt mehr Sammler aus. Sie sollen so viele wie möglich einsammeln.«

Er hat mit Gewalt eine Metallschraube aus der Pritsche gezogen, sich dabei an der Hand verletzt, aber das ist ihm völlig egal gewesen. Ihm ging es nur darum, seine Gedanken festzuhalten, alles, was ihm in den Sinn kommt, auf die glatten Wände zu kritzeln.

Er dachte, er würde sich dadurch davon befreien, die Informationen aus seinem schmerzenden Kopf verbannen können, doch es wird nur immer schlimmer. Der dumpfe Schmerz, der sich mittlerweile über seinen gesamten Körper ausgebreitet hat, hindert Kaleb daran, mehr Gedanken an die Wände zu kratzen. Seine Beine werden schwach und die Arme kraftlos. Klirrend fällt die Schraube auf den Boden. Erschöpft gleitet er mit dem Rücken die Wand entlang, bis er auf dem kalten Boden sitzen bleibt und sich das Werk einige Sekunden lang ansieht.

Die kleine Öffnung in seinem Hinterkopf jagt ihm einen stechenden Schmerz durch das Gehirn. Der Schmerz wandert auch durch seinen Hals und durch die Brust und lässt sein Herz so stark schlagen, dass er das Gefühl hat, es müsse vor Anstrengung jeden Moment explodieren. Die Stimmen hören nicht auf, wollen einfach keine Ruhe geben.

»Wir haben 27 Menschen verloren. Es wird Zeit aufzubrechen.«

»Wir sind noch nicht soweit.«

Verzweifelt schlägt Kaleb die Hände über den Kopf. Es soll aufhören, es soll aufhören! Wer spricht da? Jemand ist hier, in diesem Raum. Er kann zwei Gestalten erkennen, die plötzlich vor ihm stehen. Nur Schatten, keine Gesichter. Ihre Stimmen vermischen sich mit denen aus seinem Kopf. Jemand kommt näher, beugt sich zu ihm runter. Sein Fluchtinstinkt meldet sich, doch er kann sich nicht rühren.

Kaleb schließt die Augen, verliert sich in Erinnerungen längst vergangener Tage. Tage, an denen seine Welt noch aus Sandkästen und Animationsfilmen bestand. Eine Welt, in der sie Großmutter besuchten und ein warmer Pflaumenkuchen auf der Veranda stand, für ihn und seine Schwester gebacken. So sehr er sich auch anstrengt, das Leben vor den Squatters festzuhalten, es entflieht seiner Erinnerung.

Kapitel 52

Lara

Lara hat ihre Kapuze weit über die Stirn gezogen, während Levi sie durch die langen Gänge des Bunkers dirigiert. Die Menschen scheinen von überall herzukommen. Die Siedlung muss sich über mehrere Kilometer unter einem Berg erstrecken, oder sie wurde tief unter der Erde errichtet, denkt Lara beunruhigt. Ohne Hilfe wird sie hier niemals rauskommen.

Levi wird von einigen Menschen respektvoll begrüßt. Als sie in einen weiteren Gang abbiegen, hält er abrupt an und Lara stößt gegen seinen Rücken. Sofort spürt sie, wie die Wunde an ihrer Schulter wieder unangenehm pocht. Levi wendet und schubst Lara in die entgegengesetzte Richtung, als jemand seinen Namen ruft. Er bleibt stehen und schiebt Lara unbemerkt hinter sich.

»Nadia, was kann ich für dich tun?«, fragt er die Frau, die ihn um knapp einen Kopf überragt.

»Chief Collins hat eine Besprechung in der Mensa einberufen und möchte, dass alle dort erscheinen.«

Lara versucht, sich so unauffällig wie möglich zu verhalten, entfernt sich ein paar Schritte und begutachtet die kahle Wand, auf der es absolut nichts zu sehen gibt. Was Besseres fällt ihr nicht ein. Aber wenn sie sich wie eine Kriminelle hinter Levi versteckt, wirft das nur noch mehr Fragen auf.

»Wer ist das?«, fragt die Frau misstrauisch.

Lara kennt sie zwar nicht, aber es sieht ganz danach

aus, als hätte sie ein Gespür für Dinge, die sie nichts angehen.

»Das? Das ist Christians Schwester, ich begleite sie in ihre Unterkunft«, erklärt Levi.

Lara wirft einen kurzen Blick in ihre Richtung. Die Frau runzelt die Stirn. »Christian aus der Küche?«

»Nein, der andere Christian. Entschuldige, aber ich habe es ziemlich eilig«, erwidert Levi, legt Lara den Arm auf die Schulter und zieht sie vorsichtig mit sich. Lara kann die Blicke der Frau auf ihrem Körper spüren, als sie an ihr vorbeigehen.

»Wer war das?«, fragt Lara, während Levi sie zwischen mehreren Soldaten hindurch manövriert.

»Das willst du gar nicht wissen, glaub mir. Nur gut, dass sie dich nicht wiedererkannt hat.«

Als sie in einen weiteren Gang abbiegen, bleibt Levi plötzlich stehen und schaut alarmiert in die Richtung, die zum Ende des Ganges führt.

»Was ist?«, erkundigt sich Lara, die die Anspannung ihres Begleiters spüren kann.

»Die Tür steht offen. Komm.«

Haben sie Kaleb schon mitgenommen? Steht deswegen die Tür offen? Langsam nähern sie sich Kalebs Arrestzelle. Jemand muss dort drin sein, sie kann Stimmen hören. Levi bleibt vor der Tür neben der Wand stehen und riskiert einen schnellen Blick hinein. Als er reinschaut, ziehen sich seine Augenbrauen zusammen. Sie stupst ihn an, doch er reagiert nicht.

Lara nimmt ihren ganzen Mut zusammen und geht einfach hinein. Sie hat es satt, nicht zu wissen, was vor sich geht.

Benjamin und dieser Chief Collins stehen mitten im Raum, sehen sich neugierig die Formen und Zahlen an, die überall auf die Wände gezeichnet worden sind. Aus einer Ecke hört sie ein Geräusch, das sie erschrocken herumwirbeln lässt.

Kaleb! Wie ein verängstigtes Tier hockt er in der Ecke und murmelt leise etwas vor sich hin. Sie eilt zu ihm rüber und kniet sich neben ihn. Die Hände hat er auf die Ohren gepresst.

»Was tut dieses Mädchen hier?« Die unfreundliche Stimme des Chiefs durchdringt den Raum.

Lara achtet nicht darauf, sondern beobachtet Kaleb, dessen Körper wie verrückt zittert. »Kaleb, was ist los?«, fragt sie ihn.

Kaleb antwortet nicht, sondern wippt mit geschlossenen Augen vor und zurück. Sein Gesicht ist von Schweißtropfen bedeckt und er gibt nur unverständliches Gebrabbel von sich.

»Was zum Teufel haben Sie mit ihm gemacht?«, faucht sie den alten Mann an, der sie einfach ignoriert und sich stattdessen an Levi wendet.

»Was tut sie hier? Warum ist sie nicht auf der Krankenstation?«

Lara ignoriert alles andere und widmet sich wieder Kaleb. Vorsichtig möchte sie ihre Hand auf seine Stirn legen, um zu sehen, ob er Fieber hat. Warum bringt man ihn nicht auf die Krankenstation? Sehen sie denn nicht, dass es ihm schlecht geht? Bevor sie Kaleb berühren kann, packt er sie plötzlich am Handgelenk. Erschrocken schreit Lara auf, als sie in Kalebs leere Augen blickt.

»Bring sie zu mir. Bring sie zu mir«, flüstert er immer und immer wieder. Sein Griff wird fester, je stärker sich Lara aus seiner Umklammerung zu lösen versucht.

»Kaleb, lass mich los«, zischt sie, aber es scheint, als würde er sie gar nicht wahrnehmen.

»Kaleb! Du tust mir weh«, schreit sie.

Plötzlich ist es still. Benjamin, Levi und der Chief hören auf zu diskutieren. Aber zum Glück, wenn auch ohne ersichtlichen Grund, lässt Kaleb sie los, bevor sie einschreiten müssen. Lara rutscht schnell rückwärts von ihm weg. Eine Weile beobachten sie ihn verwirrt, bis Benjamin in die Hocke geht und mit den Fingern vor Kalebs Gesicht schnippt.

»Hör sofort auf damit!«, warnt ihn Kaleb und wirft Benjamin einen stechenden Blick zu. Der erwidert den Blick, schüttelt entnervt den Kopf und steht wieder auf.

»Der kleine Pisser weilt wieder unter den Lebenden«, gibt er herablassend von sich.

»Was ist das alles?«, möchte der Chief von Kaleb wissen und zeigt mit der Hand auf die bemalten Wände.

Lara steht auf. Sie sieht sich die Zeichnungen, die offensichtlich mit einem Nagel oder dergleichen in die Wände gekratzt worden sind, interessiert an. Sie kann nur die Zahlen darauf sinnvoll erschließen, die Buchstaben überfliegt sie bloß, da sie nicht lesen kann. Je mehr sie darüber nachdenkt, desto mehr ärgert sie sich darüber, Andrews Unterricht damals abgelehnt zu haben.

»Was steht da?«, flüstert sie Levi zu, damit die anderen es nicht mitbekommen. Levi sieht sie verwundert an, bevor er sich die Schrift genauer ansieht. Auch Benjamin und der Chief sehen sich die Zeichnungen schweigend an.

»Irgendwie ergeben sie keinen Sinn«, erklärt Levi nach einer Weile.

»Warum fragen wir nicht einfach den da?«, schlägt Benjamin vor. Alle Blicke sind auf Kaleb gerichtet, während er schwankend auf die Beine kommt. »Ich habe keine Ahnung, was ...«

»Verarsch uns nicht«, unterbricht Benjamin ihn schroff und geht drohend auf Kaleb zu.

»Ich verarsche euch nicht. Ich weiß wirklich nicht, was das bedeutet.«

»Sind das Koordinaten?«, setzt Benjamin nach.

Kaleb zuckt ahnungslos mit den Schultern.

»Nun gut, das bringt uns nicht weiter«, entscheidet Chief Collins. »Der Junge bleibt hier, bis ich weiß, ob er eine Bedrohung ist. Und das Mädchen ...«

»Ist keine!«, fällt ihm Benjamin ins Wort. Sie sehen sich stumm an.

Lara bemerkt, wie der Chief etwas erwidern möchte, es seinlässt und sich Benjamin nähert, bis er nur wenige Zentimeter neben ihm steht und ihm etwas ins Ohr flüstert. Benjamin nickt, nachdem sich Chief Collins wieder entfernt.

»Ich erwarte euch in zehn Minuten zur Besprechung in der Mensa. Sperrt die Tür wieder zu, wenn ihr geht«, teilt der Chief den Anwesenden mit und verlässt daraufhin die Zelle.

Gut. Lara muss mit Kaleb sprechen, und zwar alleine.

»Könnte ich mit Kaleb kurz alleine sprechen?«

Levi und Benjamin wechseln skeptische Blicke. Schließlich macht Levi Anstalten, den Raum zu verlassen, doch Benjamin bleibt stur auf der Stelle stehen. »Das halte ich für keine gute Idee.«

»Ich werde ihr nichts tun«, beruhigt ihn Kaleb.

Lara versucht, gelassen zu klingen, aber dass sich Benjamin offensichtlich um sie sorgt, verstört sie. »Ich kann selbst auf mich aufpassen«, sagt sie.

Benjamin wirft ihr einen verständnislosen Blick zu, bevor er sich umdreht und hinausgeht.

Seufzend wendet sie sich an Kaleb. »Du kannst dich wirklich an nichts erinnern?«

Kaleb setzt sich auf das schmale Bett. »Ich kann mich erinnern«, erwidert er knapp.

Sie setzt sich neben ihn. »An was genau? Weißt du, was das an den Wänden zu bedeuten hat?«

Kaleb entwischt ein schiefes Lächeln. Es ist nicht echt, sondern nur ein Versuch, die Situation zu entschärfen, zumindest sieht es ganz danach aus.

»Und an was kannst du dich erinnern?«

»An deine Narben.« Nervös fährt er sich über seine lockigen Haare.

Instinktiv berührt Lara ihr Gesicht. »Ich verstehe nicht.«

Kaleb schweigt, überlegt scheinbar, was er sagen soll. »Ich habe dir das angetan«, murmelt er irgendwann.

»Was redest du denn da? Ich war acht Jahre alt und du …«

»Ich war siebzehn«, beendet er ihren Satz.

»Als mich die Sammler mitnahmen, war ich siebzehn Jahre alt und ich vermute, dass ich seitdem nicht gealtert bin«, setzt er seine Erklärung fort.

Verwirrt steht sie auf. Vielleicht haben sie ihm etwas gegeben und er tickt nicht mehr richtig. Oder er ist wirklich krank und sein Gehirn spielt ihm einen Streich. »Aber ... so etwas gibt es nicht. Wie ... wie soll das gehen?«, fragt sie.

»Ich habe wirklich keine Ahnung, wie die Squatters das anstellen. Aber das ...«, er weist mit einem Kopfnicken und einer Berührung seines Gesichtes auf Laras Narben, »das war ich.«

Empört steht Lara auf. »Das glaube ich nicht!«

»So ist es aber.«

Kaleb steht auf. »Ich war dort an jenem Tag.«

Mit wenigen Schritten ist er bei ihr. »Ich war noch nicht lange ein Sammler, es fiel mir schwer, die Maschine zu bedienen. Ich sollte die Menschen bloß einsammeln, aber habe die Hälfte von ihnen getö...«

»Warum erzählst du mir das?«, zischt sie wütend.

»Weil es mich zerreißt, Lara. Ich habe schreckliche Dinge getan, die ich nie wiedergutmachen kann. Wenn du mir verzeihen könntest ...« Er macht eine lange Pause. »Vielleicht schaffe ich es dann, mir selbst zu verzeihen.«

Lange Zeit stehen sie sich gegenüber. »Was ist mit meinen Eltern? Hast du sie mitgenommen?«

Die Tür springt auf und Benjamin kommt herein.

»Wir sollten jetzt gehen«, unterbricht er die beiden.

Lara wartet ungeduldig auf eine Antwort. Sie muss wissen, ob ihre Eltern auch in diese Lagerhalle gebracht wurden.

Kaleb jedoch hüllt sich wieder in Schweigen, was Lara ein entnervtes Schnauben entlockt. »Hast du oder hast du nicht?«

»Lara, bitte. Ich werde dir sagen, was du wissen möchtest, aber jetzt ist nicht der richtige Zeitpunkt dafür.« Misstrauisch sieht er von ihr zu Benjamin.

Lara wendet sich an Benjamin. »Sperrt ihr mich wieder ein?«

»Nein. Du kommst mit uns.«

Widerwillig folgt Lara ihm. Als sie ein letztes Mal zu Kaleb schaut, steht er wie ein geprügelter Hund mitten im Raum, in seinen Augen eine Traurigkeit, die sie für einen Augenblick vergessen lässt, was er ihr angetan hat.

Kapitel 53

Benjamin

Während Levi und er draußen gewartet haben, hat es ihn in den Fingern gejuckt, einfach die Tür aufzustoßen und Lara von dort wegzuholen. Es ist zum Kotzen, was interessiert sie ihn denn? Ungeachtet der Tatsache, dass dieses Mädchen so gar nicht in sein Beuteschema passt, ist sie sehr viel jünger als die Frauen, mit denen er sich bisher abgegeben hat. Andererseits, vielleicht ist es gerade das, was seinen Beschützerinstinkt in Alarmbereitschaft versetzt. Anders kann er sich dieses eigenartige Gefühl nicht erklären, denn schließlich hat er sich in der Vergangenheit nie um andere geschert.

In den Gängen scheint überall etwas los zu sein. Der Chief hat wohl eine größere Besprechung geplant, als Benjamin gedacht hat. Bei einem kurzen Blick über die Schulter bemerkt er, wie Lara die Kapuze ihrer Jacke mit einer Hand weit über ihr Gesicht zieht. Hinter ihr geht Levi und passt auf, dass sie nicht von den anderen Bewohnern überrannt wird. So klein wie sie ist, könnte man sie beinahe übersehen.

Nach einigen Minuten kommen sie in der Mensa an. Tische und Stühle wurden an die Wand geschoben, um Platz für die anwesenden Bewohner zu schaffen. Trotzdem stehen viele von ihnen bereits bis in die Gänge. Die drei zwängen sich an den Menschen vorbei, bahnen sich ihren Weg zum Chief und Doktor Gilmore, die bereits hinter der Essensausgabe warten und Lara betrachten.

Warum sein Vater auf ihre Anwesenheit bestanden hat, ist Benjamin nicht klar. Manchmal hat er das Gefühl, ihn nie wirklich zu verstehen.

Als sie endlich bei den beiden älteren Männern ankommen, stellt sein Vater Lara Doktor Gilmore vor. Er dreht sich um und bemerkt Nadia, die an die Seite des Chiefs getreten ist, und ihn jetzt, vor allem aber Lara, neugierig beobachtet.

»Die Schwester von Christian, soso«, richtet sie ihre Worte an Lara, der ihr Unbehagen förmlich anzusehen ist.

»Das ist Lara. Lara, das ist Nadia«, stellt er die beiden Frauen vor. Nadia bückt sich ein Stück herunter, um Lara ins Gesicht sehen zu können.

»Ich weiß, wer sie ist. Der Chief hat mir vorhin von ihr erzählt. Außerdem war ich gestern bei deinem heldenhaften Auftritt dabei.«

Lara hält ihren Blick stur auf den Boden gerichtet.

»Warum versteckst du sie? Deine Narben?«, fragt Nadia.

Benjamin kann spüren, wie sich Laras Körper verkrampft, doch schon nach wenigen Augenblicken hebt sie den Kopf und sieht Nadia in die Augen.

»Narben, Lara, sind ein Geschenk. Sie erinnern uns immer daran, wer wir sind und was sie aus uns gemacht haben. Du wärst sicher nicht diejenige, die du heute bist, hätte man sie dir nicht zugefügt. Du solltest sie mit Stolz tragen und nicht verstecken.«

Unsicher wirft Lara einen Blick zu den Menschen, die ungeduldig auf die Ansprache des Chiefs warten.

»Zeige den Leuten, wer du bist, Schätzchen. Es wird Zeit, dich nicht mehr zu verstecken und den Finger aus dem Arsch zu ziehen. Du bist kein Kind mehr.«

Der Chief steigt auf einen Stuhl und stellt sich auf die Theke der Essensausgabe, um einen besseren Blick zu bekommen. Nachdem er die Bewohner mit einer Handbewegung zum Schweigen gebracht hat, beginnt er mit seinem Vortrag.

»Bewohner des Bunkers 36, danke, dass Sie alle so zahlreich erschienen sind.«

Benjamin hört die Stimme des Chiefs auch durch die Lautsprecher, die überall im Bunker montiert sind.

»Seit zwanzig Jahren verbergen wir uns nun in diesem Bunker. Für einige ist er ein Zuhause geworden, für andere bleibt er immer nur ein Rückzugsort. Diejenigen, die sich noch an das Leben vor den Squatters erinnern können, wissen, wie es ist, in Freiheit zu leben. Ein Leben ohne Angst und Terror. Wie Sie wissen, bereiten wir uns seit mehreren Jahren darauf vor, gegen die Eindringlinge zu kämpfen und sie endlich von unserem Planeten zu vertreiben. Die Zeit ist gekommen. Es ist soweit!«

In der Mensa erhebt sich Geflüster. Benjamin kann die Furcht sehen, die vielen Anwesenden ins Gesicht geschrieben steht. Ein hagerer Mann mit geschorenen Haaren ergreift das Wort. »Warum sollten wir unser sicheres Versteck verlassen, um einen aussichtslosen Kampf zu führen?«

Zustimmung einiger anderer Anwesenden erklingt laut im Raum. »Ja genau. Wir sollten einfach hierbleiben und sie nicht reizen.«

»Gegen die Squatters haben wir keine Chance.«

»Sie werden uns töten, noch bevor wir überhaupt in ihre Nähe kommen.«

Der Chief streckt die Hände in die Luft und bringt die Menschen damit zum Schweigen.

»Sie haben Angst, das verstehe ich und ich würde niemals von Zivilisten verlangen, sich uns anzuschließen, würde ich keine Chancen für einen Sieg sehen.«

»Sieg? Wir wissen nicht einmal, wie man in die Festung kommt. Soweit ich weiß, ist kein Späher, den Sie dorthin geschickt haben, je zurückgekehrt«, wirft eine Frau mittleren Alters ein.

»Genau«, stimmen andere zu.

»Mein Ehemann war einer dieser Späher. Er wurde mitgenommen und ...« Die Frau bricht mitten im Satz ab und wischt sich die Tränen vom Gesicht.

»Das ist wahr. Bis jetzt hatten wir keine Erfolgschancen, aber das hat sich geändert«, versucht Benjamins Vater die Menschen zu überzeugen. »Ich möchte euch jemanden vorstellen. Ein Mädchen, das in der Festung war und es wieder herausgeschafft hat. Gemeinsam mit meinem Sohn und Levi. Sie haben euch Einiges zu berichten.«

Er reicht Lara die Hand und wartet darauf, dass sie sie ergreift, um zu ihm auf die Theke zu steigen, doch sie sieht ihn bloß unsicher an.

Dass der Chief sie der Meute zum Fraß vorwerfen wollte, hat Benjamin nicht gewusst. Ein wenig ärgert es ihn, dass er nicht eingeweiht wurde, andererseits ist das ein strategisch schlauer Zug seines Vaters. Wenn die Leute sehen, dass es ein junges Mädchen dort hinein- und wieder hinausgeschafft hat, ist das sehr überzeugend.

»Du musst das nicht tun, wenn du nicht möchtest«, schlägt er Lara dennoch vor. Sie schaut von ihm zu den Leuten, die neugierig und teils mit hoffnungsvollen Gesichtern warten.

»Ich weiß«, antwortet sie und greift nach der Hand des Chiefs, der sie vorsichtig nach oben zieht, nachdem sie auf einen Stuhl gestiegen ist. Dann steigt sein Vater herunter.

Sie steht einfach nur da, die Kapuze ihrer Jacke immer noch fest um ihr Gesicht gebunden. Eine Hand hat sie fest in ihre Jacke gekrallt, während der andere Arm in einer Schlaufe steckt.

»Und die soll aus der Festung entkommen sein?«, spottet einer der Männer in der ersten Reihe. »Sie ist ja noch ein Kind.«

Die anderen Bewohner diskutieren heftig miteinander. Sollten die Menschen das Gefühl haben, der Chief hätte sie belogen, könnte das im besten Fall in einer Meuterei enden. Im schlimmsten Fall ... soweit möchte er gar nicht denken.

Benjamin entscheidet kurzerhand, ebenfalls mit einem Sprung auf die Theke zu steigen.

Überrascht dreht sich Lara zu ihm, als wäre sie gerade ganz woanders gewesen, ihre Augen unsicher auf ihre Füße gerichtet.

»Lara, sieh mich an«, fordert er sie auf. »Du kannst

jederzeit gehen, doch wenn du dich entschließt, diesen Leuten etwas mitzuteilen, dann solltest du es besser jetzt tun.«

Eine Weile sieht sie ihm in die Augen, wendet dann den Blick zu Nadia, die ihr mit erhobenem Haupt zunickt. Benjamin kann Laras tiefen Seufzer hören. Langsam dreht sie sich zu den Bewohnern um, zieht an der Kordel ihrer Kapuze und öffnet sie ein Stück. Mühsam versucht sie, die Kapuze mit nur einer Hand vom Kopf zu ziehen, aber die Schnur hat sich verheddert. Benjamin legt seine Hand auf ihre Schulter und spürt unter seinen Fingern, wie ihr Körper zittert. Als sie sich zu ihm umdreht, löst er den Knoten und schiebt ihr die Kapuze vom Kopf. Benjamin lächelt ihr zu und entfernt sich einen Schritt.

Als sie sich zu den Bewohnern dreht und ihren Kopf hebt, ist es plötzlich für einen Augenblick gespenstisch still. Alle Blicke sind fassungslos auf Lara gerichtet.

»Mein Name ist Lara«, stellt sie sich vor und räuspert sich, als sie bemerkt, dass ihre Stimme nur kratzend aus ihrem Hals kommt.

»Ich komme aus der Nordstamm-Siedlung und mein … mein Paps wurde vor einigen Tagen von den Sammlern mitgenommen.« Benjamin beobachtet die Menschen, deren Gesichter teilweise von Misstrauen zeugen. Andere halten sich schockiert die Hand vor den Mund oder sehen sie mitleidig an. Er will sich gar nicht ausmalen, was diese Zurschaustellung für Lara bedeutet.

»Ich … ich war in der Festung …«

Lautes Getuschel entsteht, das sogar von den Gängen

in den Raum getragen wird.

»Woher hast du die Narben?«, ruft ein Junge dazwischen. Sichtlich getroffen von der Frage, schweigt Lara, bevor sie ihre Fassung wiedererlangt.

»Das war ein Sammler.«

Ein älterer Mann mit grauem Haar, nähert sich der Theke.

»Niemand überlebt einen Angriff der Sammler.«

»Woher wissen wir, dass das die Wahrheit ist? Nur weil du ein paar Narben im Gesicht hast, bedeutet das nicht, dass wir dir vertrauen«, greift der Mann in der ersten Reihe erneut Lara an.

»Ja, genau«, kommt es von weiter hinten.

»Alle hier wissen, dass Chief Collins davon besessen ist, Krieg gegen die Squatters zu führen. Dafür hat er eine Armee! Wir sind nur normale Menschen, keine Soldaten.«

»Das bin ich auch«, erwidert Lara.

Eine Frau meldet sich zu Wort. »Ich habe einen Sohn, der keinen Vater mehr hat, soll er auch seine Mutter verlieren?«

»Vielleicht ist er nicht verloren«, flüstert Lara eigentlich leiser, als dass es jemand gehört haben könnte. Der Mann in der ersten Reihe kommt dennoch näher an sie heran. »Wie meinst du das?«

»Habt ihr euch nie gefragt, was mit den Menschen passiert, die die Sammler mitnehmen?«

Kollektives Schweigen entsteht. Die Menschen sehen sich ängstlich an.

»In der Festung gibt es eine Lagerhalle. Die Menschen, die entführt werden ... sie lagern dort, und leben.«

Plötzlich wird es unfassbar laut. Alle reden durcheinander, man versteht nichts mehr von dem, was sie sagen.

»Stimmt das? Ist das wirklich wahr?«, fragt die Frau mit zittriger Stimme.

»Ja«, erwidert Lara, »und das ist nicht alles.«

Sie wirft einen flüchtigen Blick zum Chief bevor sie weiterspricht.

»Die Sammler ...«

»Das reicht«, stoppt er sie und zieht ungehalten an ihrer Jacke. Lara jedoch scheint wenig davon beeindruckt zu sein. »Die Sammler ...«

Plötzlich zieht er so fest an ihrer Jacke, dass Lara das Gleichgewicht verliert und beinahe von der Theke stürzt. Benjamin greift nach ihrem Arm und zieht sie zu sich. Was ist bloß in ihn gefahren?

»Wir wollen wissen, was sie zu sagen hat!«, schreit der Mann von vorhin. Lara strafft die Schultern, sieht den Chief verärgert an und wendet sich schließlich wieder an die Bewohner.

»Die Sammler werden von Menschen bedient.«

Kaum hat sie den Satz zu Ende gesprochen, wird es wieder laut in der Mensa. Fassungslos blicken die Bunkerbewohner zu Lara auf.

»Es scheint, als würden die Squatters die meisten Menschen in Behältern lagern, doch einige von ihnen werden benutzt, um sie in die Maschinen zu stecken und Menschen zu jagen. Ihr Gehirn wird manipuliert und sie wissen nicht, was sie tun. Ich weiß, wie sich das anhören muss, aber es ist wahr. Wir müssen in die Festung und die Menschen befreien. Aber wir sollten nicht vergessen, dass in jedem Sammler ein Vater, ein Ehemann oder eine Tochter steckt.«

»Wenn das stimmt, sind die Menschen in den Maschinen verloren«, brüllt eine ältere Frau mit grauen Haaren von weit hinten.

»Nein! Nein, das sind sie nicht. Wir können auch sie befreien und dafür sorgen, dass sie wieder ganz normal werden.«

Der Mann, der sich bisher rege an der Diskussion beteiligt hat, ergreift wieder das Wort: »Selbst wenn das wahr ist, und wenn wir es in die Festung schaffen, wir sind einfach zu wenige, um etwas ausrichten zu können. Das ist ein Selbstmordkommando.«

Benjamin legt Lara die Hand auf den Arm und stellt sich direkt neben sie.

»Morris«, spricht er den Mann an, »in diesem Bunker leben knapp 300 Menschen, davon sind 120 ausgebildete Soldaten, das weißt du so gut wie ich. Wenn sich auch der Rest, der zum Kämpfen taugt, anschließt, könnten wir es schaffen.«

Morris verschränkt die Arme vor der Brust. »Das bezweifle ich stark. Hast du schon gegen einen Sammler gekämpft? Weißt du, wie man sie besiegt? Hat überhaupt jemand eine Ahnung, wie sie gebaut sind? Keiner hier weiß, wie man sie besiegt. Wie ich bereits sagte, es wäre reiner Selbstmord.«

»Es gibt jemanden, der es weiß«, mischt sich Lara ein.

Der Chief klettert auf die Theke und stellt sich zwischen sie und die Bewohner. »Tu das nicht. Du weißt selbst nicht, inwieweit wir dem Jungen vertrauen können.«

Lara hält dem penetranten Blick des Chiefs tapfer stand. »Wir müssen es riskieren«, erwidert sie.

Nur langsam und mit besorgtem Gesichtsausdruck macht sein Vater ihr Platz.

»Ich kam nicht allein hierher. Es gibt einen jungen Mann, der mich begleitet hat. Er war ein Sammler und er weiß, wie man die Maschinen lahmlegt.«

»Können wir ihm denn vertrauen, wenn er ein Sammler war?«, fragt Morris.

Lara wartet eine Weile, als ob sie sich diese Frage auch schon gestellt hat.

»Ich vertraue ihm. Er hat Benjamin, Levi und mir das Leben gerettet.«

Morris schüttelt den Kopf. »Wir sind immer noch zu wenige.«

Er hat recht, muss Benjamin sich eingestehen, egal was für große Töne er gerade gespuckt hat. Alles in ihm sträubt sich gegen die Idee, die ihm gerade gekommen ist, aber es gibt keine andere Möglichkeit.

»Wir werden andere Siedlungen und Kommunen um ihre Unterstützung bitten. Es gibt einige, die wir fragen können. Viele sind kämpferisch ausgebildet. Ich hatte da vor allem an die Enter gedacht.«

Es wird sofort wieder chaotisch laut im Raum.

»Wir sollen mit diesem Gesocks Seite an Seite kämpfen?«

»Die werden uns abschlachten, noch bevor wir ihr Lager verlassen haben.«

Der Chief hebt die Arme und brüllt nach Ruhe. Jedoch erst nach mehreren Minuten beruhigen sich die Bewohner wieder.

»Ich bin von dieser Vorstellung genauso wenig angetan wie Sie, glauben Sie mir. Unter normalen Umständen würde ich meinen Sohn allein für diesen Vorschlag aus dem Bunker verbannen. Aber je mehr ich über die Gesamtsituation nachdenke, desto klarer wird mir, dass er recht hat. Wir haben nur diese eine Chance! Wenn wir bei diesem Angriff versagen, bekommen wir keine zweite. Was kaum einer von Ihnen weiß, die Sammler rücken immer öfter aus. Ich kann nur raten, was genau das zu bedeuten hat, aber ich gehe inzwischen sehr stark davon aus, dass sie sich bereitmachen, unseren Planeten zu verlassen. Und zwar mit all den Menschen, die sie in ihren Lagern gefangen halten. Meine Frau befindet sich womöglich unter diesen Menschen und ich werde alles in meiner Macht stehende tun, um sie nicht mit diesen Monstern ins Ungewisse verschwinden zu lassen, wenn auch nur eine minimale Chance besteht, sie zu retten. Auch wenn das bedeutet, dass ich mit diesem Teufel, Josko, paktieren muss. Und ich bin nicht der Einzige. Jeder von Ihnen hat jemanden verloren. Die meisten wurden von den Sammlern entführt. Ich kann Ihnen die Entscheidung nicht abnehmen oder Sie als Zivilisten zu irgendetwas zwingen, aber ich werde keinesfalls tatenlos zusehen, wie die Squatters die Menschen mitnehmen!«

Die plötzliche Stille ist gespenstisch. Benjamins Haare stellen sich unweigerlich auf.

»Ich werde euch begleiten«, durchbricht Morris das unheimliche Schweigen nach einer Weile.

»Meine Tochter wurde letztes Jahr mitgenommen. Ich komme auch mit«, ruft ein anderer Mann, der in einer Ecke steht und durch seine geringe Größe kaum erkennbar ist. Immer mehr Menschen schließen sich der Truppe an. Sogar aus den Fluren sind zustimmende Rufe zu hören.

Benjamin sieht sich um. Wenn sie es jetzt noch schaffen würden, die anderen Siedlungen zu überzeugen, haben sie vielleicht eine reelle Chance.

Kapitel 54

Kaleb

Als vor zehn Minuten die Tür entriegelt wurde und ein Soldat seine Unterkunft betrat, hat Kaleb mit seinem Leben weitestgehend abgeschlossen, doch anstatt aus dem Bunker eskortiert und hingerichtet zu werden, ist er nun auf dem Weg zu einer Besprechung, wie der Soldat ihm knapp mitgeteilt hat.

Als er grob in das Büro des Chiefs geschoben wird, bleibt er für einige Sekunden überrascht stehen. Chief Collins und eine Frau mit langen, blonden Haaren scheinen ihn erwartet zu haben. Der Chief lehnt sich in einen Sessel zurück, während ihn die Frau aufmerksam mustert.

»Setz dich«, befiehlt Collins. »Das ist Nadia, Truppenführerin des Zugs 3. Du wirst sie und ihren Trupp durch die Tunnel führen und in die Festung schleusen. Deswegen schlage ich vor, ihr macht euch schon mal miteinander bekannt. Des Weiteren wirst du die Truppen in Bezug auf die Sammler aufklären und trainieren.«

»Wir können nicht durch die Tunnel«, kontert Kaleb.

Nadia macht einen Schritt auf ihn zu. »Warum nicht?«

»Weil sie uns bei unserer Flucht durch die Kanalisation entdeckt haben. Die Squatters werden diesen Zugang mit hoher Wahrscheinlichkeit jetzt erst recht bewachen lassen.«

Chief Collins steht von seinem Sessel auf und umrundet den Tisch. »Dann wirst du uns zumindest sagen, wie wir sie besiegen können.«

Kaleb kann ihm nicht ganz folgen. Was hat er vor?

»Wenn Sie mit dem Gedanken spielen, die Festung einfach zu stürmen, rate ich Ihnen dringend davon ab.«

Collins bückt sich tief zu ihm hinunter. »Wir werden die Squatters angreifen. Ich möchte, dass du uns zeigst, wie wir diese verdammten Maschinen unschädlich machen, alles Weitere überlässt du uns.«

»Sir, ist es denn taktisch von Vorteil für uns, wenn wir die Festung offensiv angreifen?«, möchte Nadia wissen.

Chief Collins richtet sich wieder auf. »Wir werden einen Überraschungsangriff starten. Mit Hilfe der anderen Kommunen und Siedlungen dürfte uns das mit Sicherheit gelingen.«

Kaleb kann die Begeisterung in seiner Stimme hören, als würde er sich auf den Kampf gegen die Squatters freuen. Allein bei dem Gedanken läuft es ihm eiskalt den Rücken hinunter. Dieser Mann ist wahnsinnig.

Collins klopft an die Tür. Der Soldat, der ihn vor wenigen Minuten hierhergebracht hat, steckt den Kopf durch die Tür. Kaleb muss sich etwas einfallen lassen. Er darf diese Menschen nicht in die Festung lassen, das würde ihren sicheren Tod bedeuten. Und nicht nur ihren eigenen, es würde auch den Tod all der Menschen, die in der Festung lagern, bedeuten.

»Ich habe eine bessere Idee«, versucht er den Chief zu überzeugen. »Wir müssen einen Sammler fangen.«

»Ähm, das sind keine kuscheligen Kaninchen, die du einfach mal so fangen kannst«, kontert Nadia.

»Aber so kommen wir in die Festung. Ich kann die Maschine bedienen.«

Kaleb sieht, wie der Chief den Kopf schüttelt. Anscheinend ist er auf seinen Plan völlig fixiert und will Kaleb gar nicht zuhören.

»Und wenn wir es doch durch den Tunnel versuchen? Vielleicht können wir ja doch unbemerkt hinein«, fragt Nadia noch einmal.

Kaleb schüttelt den Kopf. »Ich kenne ihre Strategie, und vor allem weiß ich, wie sie denken. Der Tunnel ist dicht.«

Collins denkt nach. »Wie würdest du die Maschine steuern? Wenn wir einen Sammler fangen, dann zeigst du uns besser, wie man das macht!«

»Das würde nichts bringen, nur ich kann den Sammler steuern. Dafür muss ich mich mit der Maschine verbinden.« Er dreht sich um und zeigt dem Chief das Loch an seinem Hinterkopf.

Der ist daraufhin eine ganze Weile still.

»Du müsstest dich mit der Maschine verbinden. Aha. Bist du dann überhaupt noch in der Lage, klar zu denken?«

»Ich hatte ein Back-up, als ich vom Kollektiv getrennt wurde. Das bedeutet, dass ich nicht mehr unter ihrem Einfluss stehe, selbst dann nicht, wenn ich mich mit einer ihrer Maschinen verbinde.«

Collins fasst sich mit einer Hand ans Kinn, und sieht dann Nadia an.

»Es ist gewagt, aber vermutlich besser, als planlos die Festung zu stürmen, Chief«, erwidert Nadia auf die unausgesprochene Frage des Chiefs. Er nickt und wendet sich dann an den Soldaten.

»Bring den Jungen zur Trainingshalle«, ordnet er an.

»Trainiere meine Leute, zeig ihnen, worauf sie achten müssen. Ich werde deinen Vorschlag überdenken.«

Kaleb steht auf. Anscheinend wird der Chief doch nicht aus Sturheit das Leben seiner Männer aufs Spiel setzen. Vielleicht ist er doch nicht ganz verrückt. Kaleb hofft es inständig.

Diese Nadia sieht ihn kühl an, doch Kaleb ist sich sicher, dass sie das Vorhaben ihres Chiefs, die Festung planlos zu stürmen, nicht gutheißt.

Als er Levi, Benjamin und Lara in der Halle stehen sieht, ist er wenig überrascht. Dass die drei bei einem Sturm auf die Festung ganz vorne mitmischen wollen, war ja klar.

Levi lächelt ihn an und gibt ihm einen kräftigen Schlag auf die Schulter. »Na, genug ausgeruht?«

Kaleb nickt und sieht Lara an. Ob sie immer noch auf ihn sauer auf ihn ist? Sie weiß nun von seinem Geheimnis und wenn sie ihm nicht verzeiht, wird er ihre Entscheidung zwar akzeptieren müssen, aber er weiß nicht, ob er damit leben könnte.

»Wir brauchen deine Hilfe«, teilt Benjamin ihm mit, der ihn anscheinend immer noch nicht wirklich leiden kann, aber immerhin gerade nicht den Anschein macht, als wolle er ihm das Fell über die Ohren ziehen. Benjamin pfeift zwei Mal durch die Zähne und keine Sekunde später marschieren Frauen und Männer in den riesigen

Raum. Kaleb hört bei der dreißigsten Person auf zu zählen. Sie reihen sich stramm nebeneinander auf, die Hände hinter den Rücken verkeilt, während sie starr geradeaus schauen.

Lara kommt auf ihn zu. »Du hast gesagt, du weißt, wie man die Sammler lahmlegt. Zeig uns wie«, sagt sie.

Er hat keine Ahnung, was genau sie von ihm wollen. Sicher kann er ihnen sagen, wo sich der wunde Punkt der Sammler befindet, um sie kampfunfähig zu machen, aber dafür hätte man ihn nicht extra herbringen müssen. Benjamin weiß mittlerweile ebenso wie er, wie man sie außer Gefecht setzt. Er sieht sich ratlos um und fährt sich über die dunklen Locken auf seinem Kopf. »Da gibt es eigentlich nicht viel zu sagen«, erklärt er.

»Das glaube ich schon.« Benjamin stellt sich vor die Menschen, die offensichtlich auf irgendwelche Anweisungen warten.

»Das ist Kaleb. Sollte es jemand von euch noch nicht mitbekommen haben, er war ein Sammler und zwar sehr lange, doch das ist nicht so wichtig. Wichtig ist, dass er uns genau sagen kann, wie die Sammler aufgebaut sind. Wo liegen ihre Schwächen? Welche Waffen benutzen sie, und vor allem, wie schalten wir sie aus?«

Kaleb spürt, wie ihm augenblicklich Blut ins Gesicht schießt. Noch vor einem Tag wusste niemand, wer oder was er war und jetzt ... das Geheimnis, das er monatelang mit sich herumgetragen hat, ist keines mehr. Was für eine unglaublich beschissene Situation, denkt er, als er die Blicke dieser Menschen bemerkt.

Ein junger Mann, kaum älter als sechzehn, tritt hervor.

»Sir, darf ich den ...«

»Er heißt Kaleb«, unterbricht ihn Levi. Der Typ räuspert sich, während er aufgeregt von einem Fuß auf den anderen tritt.

»Entschuldigung. Ich ... ich wollte von Kaleb wissen, wieso er uns hilft, ich meine, ist das nicht so, als würde er gegen seine eigenen Leute kämpfen?«

Levi dreht sich zu Kaleb um. »Möchtest du darauf antworten?«

Das würde er, wäre sein Mund nicht staubtrocken. Alle schauen ihn misstrauisch an.

»Ich kann mich noch genau an die Zeit erinnern«, setzt er an.

»Dann ist den Menschen bewusst, was sie tun, während sie in einem dieser Dinger stecken?«, unterbricht ihn einer der Anwesenden.

»Nein, den Menschen in den Sammlern ist nicht klar, was sie tun. Sie befinden sich in einer Art Trance. Sie werden von den Squatters manipuliert und während sie schlafen mit taktischen und technischen Details gefüttert. Ich ... ich konnte mich auch erst Monate später an die Zeit als Sammler erinnern. Und es sind nicht meine Leute, es sind unsere Leute. Das sollte man niemals vergessen, wenn man vor einem Sammler steht und ihn in die Luft sprengen will. Das heißt auch, dass man nicht gegen sie kämpft, sondern für sie. Sie können genauso gerettet werden wie die, die dort gelagert werden.«

Der Junge schaut betreten zu Boden. Dass Kaleb nicht gesagt hat, dass er selbst kämpfen wird, scheint niemandem aufgefallen zu sein. Gut.

»Hat sonst noch jemand Fragen oder können wir mit dem Training endlich anfangen?«, beendet Benjamin ungehalten die Fragestunde. Niemand meldet sich, woraufhin Benjamin zufrieden nickt.

»Also dann, legen wir los. Kaleb, erzähl uns, was du weißt.«

Kaleb fällt auf, dass die meisten Jungen und Mädchen kaum älter als er selbst sind. Nur ein paar einzelne scheinen einer anderen Generation anzugehören.

»Kann ich dich kurz sprechen?«, wendet er sich an Benjamin. »Unter vier Augen.«

Gemeinsam entfernen die beiden sich ein Stück. »Was habt ihr vor?«, fragt er ihn, als sie weit genug von den anderen weg sind.

Benjamin stützt sich mit einer Hand an der Wand ab.

»Ihr wollt diese Kinder in den Krieg gegen die Squatters schicken? Das ist verrückt«, spricht er weiter, nachdem Benjamin ihn nur schweigend ansieht.

»Sie sind gut ausgebildet und bereiten sich seit Jahren darauf vor, falls dich das beruhigt.«

»Nein! Das beruhigt mich überhaupt nicht. Es sind Kinder. Sie sollten nicht mit Waffen hantieren und schon gar nicht gegen Maschinen kämpfen.«

»Uns bleibt keine Wahl. Wir müssen die Leute dort rausholen.«

Kapitel 55

Lara

Da der Bunker nur über zwei Trainingshallen verfügt, wird im Wechsel und rund um die Uhr trainiert. Seit zwei Tagen bereiten sich Frauen und Männer auf den bevorstehenden Kampf vor. Lara verflucht die Verletzung an ihrer Schulter, die zwar bisher gut zu verheilen scheint, aber immer noch zu sehr schmerzt, als dass sie beim Nahkampftraining mitmachen könnte. Die andere Hand kann sie aber zum Glück gut benutzen und wenigstens hat sie gelernt, mit einer Pistole umzugehen, auch wenn sie das Ziel noch öfter verfehlt, als ihr lieb ist.

Wenn sie durch die Gänge spaziert, wird sie von den anderen Bewohnern immerzu angestarrt. Vielleicht liegt es daran, dass sie die Jacke mit der Kapuze nicht mehr trägt und ihre Narben offen zeigt. Trotzdem erwischt sie sich manchmal dabei, wie sie den Kopf senkt, wenn ihr jemand direkt ins Gesicht sieht.

Das künstliche Licht verursacht Lara Kopfschmerzen. Sie vermisst das Leben draußen in der Natur, die Sonne, den Geruch von Holz und nasser Erde. Seit sie vor drei Tagen hierhergebracht wurde, war sie nur ein einziges Mal an der frischen Luft. Klar gibt es einige Vorzüge, die sie so noch nicht kannte, wie fließendes Wasser, Strom und eine moderne ärztliche Versorgung, aber das alles würde sie sofort gegen einen klaren Nachthimmel und die Zeit mit Andrew eintauschen.

Als sie in der Trainingshalle eintrifft, ist Kaleb gerade

dabei, den Bewohnern zu zeigen, wie sie am besten an den Schlauch kommen, der die Sammler lahmlegt. Sie hat bisher kaum die Möglichkeit gehabt, allein mit Kaleb zu sprechen. Der Chief traut ihm noch immer nicht und hat dafür gesorgt, dass Kaleb nach den Trainingseinheiten in seine Unterkunft eskortiert wird. Eigenartig, dass sonst keiner hier ist. Üblicherweise sind Benjamin oder Levi anwesend, doch von den beiden ist heute nichts zu sehen. Aber dafür sieht sie etwas anderes Interessantes.

Jemand hat wohl eine Vorrichtung gebaut, die den unteren Teil eines Sammlers simuliert. Allerdings besteht die Konstruktion aus Holz und nicht aus Metall. Die obere Hälfte ist leer und mit einer Plattform versehen, auf der zwei Männer sitzen und die Arme des Sammlers nachahmen.

»Einer lenkt den Sammler ab, ein anderer rutscht unter ihm hindurch und durchtrennt den Schlauch. Ihr habt weniger als fünf Sekunden. Na los, nochmal.«

Seufzend stemmt Kaleb seine Hände in die Hüften. Er wirkt um Jahre älter, wie er so dasteht.

Der Mann, der den Sammler ablenken soll, schießt imaginär auf die zwei Menschen, die von der Vorrichtung aus mit festen Schlammkugeln auf ihn werfen und sofort treffen. Auch das Mädchen, das den Schlauch durchtrennen soll, wird schon nach wenigen Sekunden von den Schlammklumpen getroffen.

»Nein! Nein! Ihr müsst schneller sein. Ihr könnt seine Bewegungen voraussehen, wenn ...«

»Aber das sind zwei Menschen da oben, und ich habe keine echte Waffe, das ist doch Blödsinn«, verteidigt sich der Mann.

»Was glaubst du, tut der Sammler mit den zwei Greifarmen? Denkst du, er fährt dir damit sanft über den Kopf? Nein! Ein Sammler ist bestückt mit vier hochmodernen Waffen. Jede einzelne tödlicher, als du es dir vorstellen kannst. Das ...«, er zeigt auf die Männer auf dem Gerüst, »ist gar nichts im Vergleich zu einem Sammler, der dich ins Visier genommen hat. Er wird dich einsammeln, koste es was es wolle, und wenn er merkt, dass dies keine Option ist, wird er dich töten. Er wird dich jagen und dir in den Rücken schießen, als wärst du bloß ein Stück Vieh. Denn wir sind nur dafür programmiert, wir tun, was sie uns sagen, wir ...«

»Kaleb!«, bringt Lara ihn zum Schweigen. Er verhält sich fast genauso wie vor drei Tagen, als sie ihn in seiner Arrestzelle zusammengekauert auf dem Boden vorgefunden hat. Alle im Raum stellen ihr Training ein und starren ihn an.

Kaleb fasst sich entsetzt an die Stirn. »Tut mir leid«, bekommt er gerade noch so heraus und stürmt aus dem Raum.

Lara hastet ihm nach. Nur einige Meter weiter, in dem Gang wo es zu den Wasserfiltern geht und kaum jemand je vorbeikommt, sitzt Kaleb im Schatten und hält sich den Kopf.

»Kaleb, geht es dir gut?«, fragt Lara und nähert sich vorsichtig.

Kaleb reibt sich die Schläfen, antwortet aber nicht.

»Was ist los?«, startet sie einen neuen Versuch.

»Ich kann das nicht.« Langsam hebt er seinen Kopf

und sieht sie an.

»Was kannst du nicht?«

»Das hier. Es ist nicht richtig.«

»Ich kann dir nicht folgen. Du meinst das Training? Wenn es zu viel für dich ist, dann ...«

»Nein! Lara, das meinte ich nicht!«

»Dann erklär es mir!«, fordert sie.

»Das kann ich nicht.«

»Du hast WIR gesagt, als du von den Sammlern gesprochen hast, als wärst du noch einer von ihnen. Gibt es etwas, das du mir sagen möchtest?«

Er braucht eine ganze Weile, bis er endlich reagiert und ihr antwortet.

»Wir dürfen die Squatters nicht angreifen«, flüstert er, den Blick auf den Boden geheftet. Lara kniet sich vor ihn, denn sie glaubt, seine Worte nicht richtig verstanden zu haben.

»Wiederhole das.«

»Wir dürfen die Squatters nicht angreifen, das ist falsch«, wiederholt er. Lara kann nicht fassen, was er da sagt.

»Wovon, um alles in der Welt, sprichst du da?«

Kaleb holt tief Luft und blickt ihr direkt in die Augen. An die unterschiedlichen Farben seiner Augen hat sie sich längst gewöhnt, doch an die Trauer, die in diesen steckt, nicht.

»Wir werden alle sterben, Lara«, haucht er ihr zu. Die Überzeugung, mit der er das sagt, bereitet Lara eine Gänsehaut.

»Das werden wir nicht. Wir sind bereit und ich bin

zuversichtlich, dass wir eine wirkliche Chance haben, zu gewinnen.«

»Es sind nicht die Sammler oder die Squatters, vor denen wir Angst haben müssen. Nicht sie sind diejenigen, die uns zerstören werden.«

»Da seid ihr ja.«

Levi unterbricht ihre Unterhaltung und kommt auf sie zu. »In der Trainingshalle sagten sie, ihr wärt plötzlich verschwunden. Alles klar bei euch?«

Lara wirft Kaleb einen fragenden Blick zu.

»Ja, alles klar. Ich habe nur eine Pause gebraucht. Geht schon mal vor, ich komme sofort nach«, schlägt er vor, während er aufsteht und sich an die Wand lehnt.

Kapitel 56

Benjamin

In der Halle beobachtet Benjamin Lara aus den Augenwinkeln. Seit sie sich vor einer Woche getroffen haben, haben sie den Großteil ihrer Zeit miteinander verbracht, meistens beim Training. Schmunzelnd muss er an den Tag zurückdenken, an dem er ihr die Dusche gezeigt und das Wasser aufgedreht hat. Ehrfürchtig hat sie ihre Hand unter das fließende Wasser gehalten und sich anschließend vollständig bekleidet unter die Duschbrause gestellt. Das breite Grinsen in ihrem Gesicht wird er wohl nie wieder vergessen.

»Wo ist Kaleb?«, möchte er von Levi wissen, als ihm auffällt, dass der Pisser, wie er ihn in Gedanken immer noch nennt, nicht in der Halle ist. Auch wenn er vielleicht angefangen hat, ihm zu vertrauen, wird der Chief es nicht dulden, wenn er allein im Bunker durch die Gegend läuft.

»Er kommt gleich nach«, antwortet Levi knapp und geht zu den anderen. Lara scheint etwas besorgt. Er erkennt es an ihrer Mimik.

»Ist alles in Ordnung?«, fragt er sie. Lara nickt zwar, aber er kann spüren, dass sie etwas beschäftigt. Vielleicht ist es auch nur der Wunsch, endlich Andrew zu befreien. Das kann er durchaus verstehen. Er kann es auch kaum abwarten, nach seiner Mutter zu suchen. Vor allem jetzt, wo er seinen Bruder verloren hat.

»Hör mal, hast du Lust heute Abend mit mir zusammen zu essen?«

Als alle Anwesenden in ihre Richtung blicken, wird Benjamin plötzlich klar, wie laut er die Frage gestellt haben muss. Verdammt, das war so nicht geplant.

Lara schaut von ihm zu den neugierigen Wartenden. Einige lächeln, während andere einfach nur gaffen.

»Habt ihr nicht alle was zu tun?«, blafft er sie an. Schnell tun die meisten so, als würden sie weiter trainieren, doch einige starren in Richtung Ausgang. Benjamin folgt ihren Blicken.

»Wie ich sehe, hast du dein nächstes Opfer schon gefunden. Hat ja nicht sehr lange gedauert.« Nadia kommt mit erhobenem Kinn in die Halle spaziert. Ihre Hüften schwingen dabei in ihrem engen Kampfanzug von einer Seite zur anderen. Die Männer im Raum stellen ihre Arbeit ein und folgen ihr mit den Blicken. Sie weiß, wie man einem Mann den Kopf verdreht, weswegen er ja auch bei ihr im Bett gelandet ist. Aber wer denkt, dass diese Frau leicht zu haben wäre, täuscht sich gewaltig. Nadia sucht sich ihre Männer aus, nicht anders herum. Wer ihr dumm kommt, riskiert den ein oder anderen gebrochenen Knochen, das wissen alle hier im Bunker.

»Kann ich dir irgendwie helfen?«, fragt er sie.

»Ich dachte, ich bringe euch eure verlorene Fracht zurück …« Nadia nickt zum Ausgang. »Und schaue wie es bei euch läuft«, beendet sie ihren Satz. Kaleb kommt durch den Eingang.

»Von mir aus kann es weitergehen«, erklärt Kaleb wenig begeistert.

Nadia verabschiedet sich mit einem Winken, dreht

sich dann aber nochmal um. »Der Chief will dich später sehen.« Benjamin nickt und ist froh, als sie wieder verschwindet, und kann sich ein erleichtertes Lächeln nicht ganz verkneifen. Aber als er sich umdreht und Kalebs leicht verärgerten Blick wahrnimmt, verschwindet das kleine Lächeln sofort.

»Was ist?«, fragt er barsch. Anstatt zu antworten, schüttelt Kaleb aber nur den Kopf und dreht ihm den Rücken zu.

»Na los, stellt euch auf. Nahkampftraining«, ruft Benjamin den Leuten zu. Immerhin sind Levi und er deswegen hier. Kalebs Sammler-Stunde ist vorbei.

Die Männer und Frauen reihen sich innerhalb weniger Sekunden nebeneinander auf. Lara zieht sich an die Wand zurück und schaut aus sicherer Entfernung zu. Benjamin staunt nicht schlecht, als er Kaleb zwischen den Soldaten bemerkt. Bislang hat er sich immer im Hintergrund gehalten und keine Anstalten gemacht, an diesem speziellen Training teilzunehmen.

»Sir«, kommt es aus der zweiten Reihe. Benjamin erkennt Morris, der bei der Versammlung die anderen mehr oder weniger dazu gebracht hat, sich dem Trupp anzuschließen.

»Was gibt es, Morris?«

»Warum tun wir das? Ich meine, wir werden doch gegen die Sammler kämpfen, wozu also dieses Training?«

»Die Sammler sind nicht unsere einzigen Feinde da draußen. Wir sollten die Gefahr, die von den Menschen außerhalb des Bunkers ausgeht, nicht unterschätzen. Ist deine Frage damit beantwortet?«

Morris nickt und keiner der anderen meldet sich sonst noch zu Wort, sodass Benjamin endlich mit dem Training beginnen kann.

»Jeder sucht sich einen Partner«, befiehlt er. Schnell stehen sich die meisten gegenüber. Kaleb kommt auf ihn zu und stellt sich in Kampfstellung vor ihn.

»Was soll das?«, fragt er. Üblicherweise verzieht der Typ sich, wenn das Nahkampftraining anfängt. Hat er was verpasst?

»Ich habe mir meinen Partner ausgesucht«, erwidert Kaleb. »Wenn du dich beteiligen willst, solltest du dir jemanden in deiner Liga suchen.«

»Ich möchte gegen dich kämpfen.«

Benjamin muss sich ein Lachen verkneifen. Hat er gerade richtig gehört? »Das ist keine Kampfarena, Kaleb, sondern eine Trainingshalle«, gibt er ihm zu verstehen und kehrt ihm den Rücken zu. Es ist nicht so, dass er sich seit ihrer letzten körperlichen Auseinandersetzung nicht noch einige Male gewünscht hätte, dem kleinen Pisser die Fresse zu polieren, aber mittlerweile ist er über diesen Punkt hinaus. Von einer Freundschaft sind sie zwar weiter entfernt als die Erde zum Mond, aber Benjamin hat sich vorgenommen, sich zusammenzureißen, auch wenn Kaleb es ihm nicht immer einfach macht.

»Dann trainieren wir eben«, Kaleb zuckt mit den Schultern. Benjamin dreht sich um. Er hat keine Ahnung, was dem Kerl über die Leber gelaufen ist, aber er sieht ziemlich angepisst aus. Benjamin zuckt mit den Achseln. »Wenn du unbedingt möchtest, bitte. Die anderen gehen in Kampfstellung«, ordnet er an. »Präventivschlag, Gegenschlag, Folgeattacken. Los geht's.«

Noch bevor Benjamin sich vorbereiten kann, wird er mit einem Mal von Kaleb gerammt. Ihm bleibt kurz die Luft weg, als er mit dem Rücken auf dem harten Boden aufkommt, fängt sich aber nach einigen Sekunden wieder und stößt Kaleb von sich, der auf ihm gelandet ist. Benjamin kommt ein wenig verwirrt und ziemlich sauer wieder auf die Beine. Kaleb rennt wie vom Teufel besessen erneut auf ihn zu. Benjamin weicht aus und versetzt ihm einen Tritt in den Rücken.

»Was ist nur in dich gefahren? Hast du sie nicht mehr alle?«, brüllt Benjamin.

Kaleb achtet gar nicht auf Benjamins Worte, sondern sprintet erneut in seine Richtung. Jetzt reicht es ihm aber. Der hat seinen Spaß gehabt.

Als Kaleb nah genug gekommen ist, holt Benjamin aus und versetzt ihm einen Fausthieb in die Magengrube. Der Pisser krümmt sich, hält sich den Bauch mit den Händen und sackt dann auf die Knie.

Lara kommt zu ihnen gerannt. »Aufhören«, schreit sie und kniet sich vor Kaleb.

»Was zum Teufel ist los mit dir?«, startet Benjamin einen neuen Versuch.

»Lass die Finger von ihr«, zischt Kaleb leise.

Benjamin braucht einen Augenblick, um zu verstehen, was er sagen will. »Du meinst Lara?«

»Sie ist nicht die Richtige für dich.«

Lara blickt verwirrt in Kalebs Gesicht und steht auf.

Benjamin stemmt die Hände in die Hüfte und schüttelt ungläubig den Kopf. »Bist du etwa …?«

»Du hast ja keine Ahnung. Du kannst sie nicht begleiten, du bist nicht gut genug.«

Was redet er da für einen Scheiß?

Lara steht mit offenem Mund da. »Kaleb, was soll das?«

Benjamin nickt zwei der Soldaten zu, die, wie die anderen, das Spektakel neugierig verfolgt hatten.

»Ich schlage vor, du gehst in deine Unterkunft und beruhigst dich erstmal.«

»Lass sie in Ruhe, Benjamin. Du bist schuld, wenn sie nicht wegkommt. Lass sie in Ruhe. Sie stirbt, wenn sie nicht weggeht«, schreit Kaleb wie von Sinnen, während er gewaltsam von den beiden Soldaten aus der Halle gezerrt wird.

»Was hat er damit gemeint?«, fragt Levi leise. Benjamin zuckt mit den Achseln. »Ich habe keine Ahnung.«

»Geht es dir gut?«, fragt er Lara, die Kaleb regungslos hinterherstarrt. Sie nickt nach einer Weile.

»Ich ... ich gehe in meine Unterkunft.«

Als er später in das Büro seines Vaters kommt, sind außer Nadia noch einige andere Truppenführer im Raum. Benjamin hat immer noch den Zwischenfall mit Kaleb im Kopf. Lara ist einfach abgehauen und hat nicht gerade glücklich ausgesehen.

»Gut, dass du da bist«, sagt sein Vater und legt den Stift zur Seite, mit dem er gerade etwas auf einer Karte markiert hat. Ohne Umschweife fährt er fort.

»Wir sind so weit. Morgen werden wir uns mit dem Anführer der Enter und einigen anderen an einem neutralen Sammelpunkt treffen. Dort wird sich entscheiden, welche Siedlungen sich uns anschließen. Ich habe schon vor drei Tagen Leute in die jeweiligen Siedlungen geschickt, um die Anführer dazu zu bringen, an den Verhandlungstisch zu kommen. Ich habe entschieden, Kalebs Angebot, einen Sammler zu fangen, anzunehmen. Ich werde zwei Männer mitschicken. Sollte er uns verraten, wissen sie, was zu tun ist. Aber ich habe lange darüber nachgedacht und bin zu dem Schluss gekommen, dass dies die beste Möglichkeit ist, die uns zur Verfügung steht.«

»Ich werde ihn begleiten.«

Der Chief schürzt die Lippen, nickt dann aber.

»Wissen wir schon, wer kommt?«, fragt Benjamin.

»Nein. Wir werden uns wohl überraschen lassen. Nachdem wir mit den Anführern gesprochen haben, macht ihr euch auf den Weg. Wir warten auf eure Nachricht. Sag Harold, er soll die Walkie-Talkies in Schuss bringen und aufladen.«

»Und wie gehen wir dann vor?«, mischt sich Nadia ein.

»Von dem Treffpunkt aus werden wir direkt zur Festung marschieren, ob sich uns andere anschließen oder nicht. Ich weiß, strategisch ist das nicht der optimalste Plan, aber ich habe noch immer das Gefühl, dass uns die Zeit davonläuft. Die Anführer und ich werden uns dort beraten, dort warten, bis wir die Nachricht des Infiltrationstrupps erhalten, und dann sofort aufbrechen. Noch Fragen?«

Die Truppenführer sehen sich an, doch es scheint, als

wäre alles geklärt.

»Weist eure Leute an. Morgen kurz nach Sonnenaufgang geht es los.«

Benjamin wartet, bis alle das Zimmer verlassen haben.

»Konntest du schon in Erfahrung bringen, wer Lucas ermordet hat?«

Der Chief erhebt sich seufzend aus seinem Stuhl.

»Nein. Wahrscheinlich werden wir es auch nie erfahren. «

Kapitel 57

Lara

Chief Collins vertraut ihr immer noch nicht, das zeigt der Soldat, der sie begleitet, als sie eine Weile raus an die frische Luft möchte. In ihrem Kopf dreht sich alles. Was da vor ein paar Stunden in der Trainingshalle vorgefallen ist, lässt sie einfach nicht los. Sie hat versucht, mit Kaleb zu sprechen, aber er wollte sie nicht sehen. Sie glaubt nicht, dass er mehr als Freundschaft für sie empfindet. Weshalb er plötzlich so auf Benjamin reagiert, ist ihr jedoch schleierhaft

Sie setzt sich auf den Boden. Es muss geregnet haben, denkt sie, als sie mit den Fingern in der noch feuchten Erde herumwühlt. Die Sonne scheint nur spärlich durch die riesigen Baumwipfel und wird bald hinter dem Berg verschwinden. Sie versucht, die wenigen verbleibenden Minuten in der Sonne zu genießen und legt sich auf den Rücken. Sie kann den Soldaten hinter sich schnauben hören. Vermutlich hat er Besseres zu tun, als den Aufpasser für sie zu spielen, aber das ist schließlich nicht ihre Schuld.

»Dachte ich mir doch, dass du hier bist.«

Benjamin blickt auf sie herunter, setzt sich dann neben sie und kommandiert den Soldaten ab, der sich höflich bedankt und schleunigst durch den Eingang verschwindet.

»Ist alles klar bei dir?«, fragt Benjamin. Er sitzt mit angewinkelten Beinen da und mustert sie, als hätte sie etwas ausgefressen.

»Sicher.«

»Was in der Halle pass…«

»Ich habe keine Ahnung, was das sollte«, unterbricht sie ihn. »Ich wollte mit ihm sprechen, aber er wollte mich nicht sehen.«

Mühsam setzt sie sich auf. Ihre Schulter schmerzt immer noch und allmählich nervt sie dieser Zustand.

»Der Chief hat angeordnet, dass wir morgen aufbrechen«, verkündet er ihr. »Wir werden uns mit anderen Anführern treffen und sehen, was dabei herauskommt. Danach werden wir und die, die sich uns anschließen, zur Festung marschieren.«

»Ist das denn schlau?«, fragt sie. Lara kann sich nicht vorstellen, dass die Squatters sie nicht entdecken, vor allem, wenn dort plötzlich eine ganze Armee auftaucht. Eine derart hoch entwickelte Rasse, die Menschen schon aus mehreren hundert Metern Entfernung pulverisiert, ist nicht dumm. Vermutlich haben sie den Schutz der Festung auch noch verstärkt.

»Schlau oder nicht, das ist der vorübergehende Befehl. Einzelheiten werden wohl mit den anderen Anführern vor Ort besprochen. Außerdem werden Kaleb, ein weiterer Soldat und ich von dort vorausgehen.«

»Vorausgehen?«

»Kaleb meinte, wir sollten einen Sammler fangen, den er dann bedient und uns so in die Festung schleust. Der Tunnel wird mit Sicherheit bewacht. Sobald wir drin sind, werden wir dem Chief Bescheid geben. Und der stürmt dann die Festung.«

»Klingt ja nach einem ausgereiften Plan«, spottet Lara.

»Ich weiß, was du meinst, aber Kaleb hat außerdem gesagt, dass er das Kontrollzentrum lahmlegen kann, sodass unsere Leute ungehindert hineinkönnen. Das ist unsere einzige Chance. Keine sehr gute, aber immerhin.«

»Ich werde euch begleiten«, sagt sie. Sie wird nicht draußen warten und riskieren, dass jemand Andrew tötet.

Benjamin sieht sie an. Er scheint nicht überrascht. »Findest du, dass das eine gute Idee ist? Du bist noch verletzt«, fragt er nur.

Lara zuckt mit den Achseln. »Gut oder nicht, das ist der Befehl«, erwidert sie und muss unweigerlich lächeln. Benjamin schüttelt den Kopf und legt sich hin.

»Warum nennst du deinen Vater eigentlich Chief?«, möchte sie wissen. Das wollte sie ihn schon längst fragen, aber irgendwie war nie der richtige Zeitpunkt.

Er seufzt, bevor er antwortet. »Unser Verhältnis war noch nie wirklich ... innig. Er war bei der U.S. Army und dann der Gouverneur von New York City, bevor die Squatters gelandet sind. Er ist Soldat durch und durch. Wie sich nach seinem Amtsantritt herausstellte, hat ihn die Politik noch nie begeistert. Keinen blassen Schimmer, wie meine Mutter ihn heiraten konnte.«

Benjamin steckt plötzlich eine Hand in seine Jacke, holt einen Apfel heraus und streckt ihn Lara hin.

»Ich wollte dich zum Essen begleiten«, erklärt er.

Lara muss lachen, als er sie mit großen Augen ansieht.

Tatsächlich knurrt ihr Magen schon seit einigen Stunden immer wieder, aber nach dem Vorfall in der Halle hat sie das Essen einfach vergessen. Dankbar greift sie nach dem Apfel und beißt herzhaft rein.

»Was, denkst du, hat Kaleb gemeint?«, fragt sie.

»Was genau meinst du? Dass ich die Finger von dir lassen soll oder dass ich dich nicht begleiten darf?«

Lara spürt wie ihr Röte ins Gesicht schießt. Als ob Benjamin Interesse an ihr hätte, ja sicher. Schnell beißt sie wieder in den Apfel.

»Es gibt zwei Möglichkeiten«, spricht er weiter. »Entweder er ist in dich verknallt oder er hat sie nicht mehr alle.«

Lara verschluckt sich beinahe an dem Apfel.

»Ich meinte das mit dem Sterben. Er sagte, ich würde sterben, wenn ich nicht wegkomme. Hat dein Vater etwa immer noch vor, Kaleb und mich aus dem Weg zu räumen?«

»Nein! Ich weiß zwar nicht immer, was in seinem Kopf vorgeht, aber das kann ich mit Sicherheit verneinen. Er braucht euch beide. Der Chief ist besessen davon, gegen die Squatters zu kämpfen. Er wird sich diese Chance nicht entgehen lassen, das kannst du mir glauben.«

Eine Weile schweigen sie.

»Lara, beantworte mir eine Frage«, durchbricht Benjamin die Stille und setzt sich auf.

»Mh«, gibt sie von sich und schluckt den Rest des Apfels hinunter.

»Soll ich mich von dir fernhalten?«

Sie wagt es kaum, ihn anzusehen. Hat er sie das gerade wirklich gefragt? Nach dem, was sie so über ihn gehört hat, wäre es allemal besser, wenn er das täte. Erst als er sie behutsam an den Knien packt und zu sich dreht, fällt Lara auf, dass sie die Luft angehalten hat.

Was soll das überhaupt? Sie kann sich noch bestens an ihr erstes Treffen erinnern. In der Hütte im Lager der Boulder. Als Benjamin die Narben in ihrem Gesicht gesehen hat, konnte sie den Ekel in seinen Augen erkennen.

»Wir sollten jetzt lieber wieder rein«, sagt sie knapp und steht abrupt auf. Ungeduldig wartet sie am Eingang, da sie die verdammte Zahlenkombination am Eingang nicht kennt.

»Habe ich was falsch gemacht?«, fragt er, als er bei ihr ist.

»Nein! Mach endlich auf.«

»Warum bist du so sauer?«

»Willst du mich auf den Arm nehmen? Was willst du von mir, Benjamin?«

»Ich möchte dich kennenlernen, Zeit mit dir verbringen. Ist das so abwegig?«

»Ja, das ist es, verdammt.«

»Warum?«

»Warum? Ich kann mich noch an deinen Gesichtsausdruck erinnern, Benjamin, als du meine Narben gesehen hast. Du warst angewidert, und …«

»Du hast da was verwechselt, ich war nicht angewidert.«

»Sondern?«

»Ich hatte Mitleid«, sagt er leise.

»Was? Und du denkst das macht es besser? Mach endlich den Eingang auf!«

»Lara, bitte ...«

Nachdem Benjamin merkt, dass es keinen Sinn hat, gibt er den Code ein und entriegelt den Eingang. Ohne ihn nochmal anzusehen, flüchtet sie durch den Gang, direkt in ihre Unterkunft.

Kapitel 58

Kaleb

Sie werden seinen Kopf auf eine Stange spießen, jawohl. Vielleicht töten sie ihn nicht sofort, aber irgendwann. Dann werden sie ihm die Kehle aufschlitzen und seinen Körper den wilden Tieren im Wald überlassen. Josko wird nach der Karte fragen und dann wird es erst so richtig lustig werden, denn keiner weiß von dieser verfluchten Karte, die er wie einen Schatz in der Brusttasche seiner Jacke versteckt hält. Diese Karte ist nicht nur eine Landkarte mit den Siedlungen in der Umgebung. Sie ist weitaus mehr als das. Woher der Mann, der sie angefertigt hatte, davon wusste, bleibt Kaleb nach wie vor ein Rätsel. Nachdem er vor ein paar Tagen mit heftigen Kopfschmerzen gekämpft hat, ist es ihm wie Schuppen von den Augen gefallen. Er wusste Bescheid. Dieser Mann wusste über die Squatters und ihre Absichten Bescheid. Aber woher?

Ich sollte überhaupt nicht hier sein, denkt er, während sie durch den Wald laufen. Er selbst läuft am Rande der riesigen Truppe von Soldaten und Freiwilligen, hinter ihm Benjamin, der, seit sie den Bunker verlassen haben, keinen Zentimeter von ihm weggerückt ist

Bereits aus mehreren hundert Metern Entfernung kann er die Masse an bewaffneten Männern und Frauen erblicken. Darunter Josko und sein Anhang. Was hat sich dieser Chief Collins nur dabei gedacht? Ihn zu den Enter mitzunehmen, ist die mit Abstand dümmste Idee. Als ob der Anführer dieser Horde von Mördern und Vergewaltigern auf ihn hören würde. Er hat ihm richtig ans Bein gepisst. Niemand verärgert Josko und bittet ihn dann um Hilfe! Das weiß doch jeder! Nur gut, dass der Chief eingewilligt hat, keinem der Anführer zu erzählen, was er war und wie sie vorhaben, in die Festung zu kommen.

Lara scheint auch nicht begeistert zu sein. Den ganzen Tag schon läuft sie neben Levi her, ohne Benjamin oder ihn auch nur eines Blickes zu würdigen. Hat er es gestern vielleicht doch übertrieben? Er konnte einfach nicht anders. Als er gesehen hat, wie Benjamin sich an sie rangemacht hat, sind alle Sicherungen bei ihm durchgebrannt. Lara ist für etwas anderes bestimmt und dieser Benjamin hat keinen Platz in ihrem zukünftigen Leben.

Je näher sie den Wartenden kommen, desto heftiger schlägt Kalebs Herz. Er sollte das nicht tun! Diese Menschen in die Festung zu bringen ist nicht sinnvoll. Vielleicht findet er eine Möglichkeit, seine Auftraggeber zu warnen, bevor sie dort eintreffen. Er wirft einen verstohlenen Blick zu Lara. Sie wird ihn dafür hassen, aber er hat keine andere Wahl.

Die Anführer und ihre engsten Vertrauten begrüßen sich mehr oder weniger freundlich. Kaleb ist zu weit weg, um zu verstehen, was da besprochen wird. Der Chief dreht sich jedenfalls plötzlich in seine Richtung und gibt Benjamin ein Zeichen. Kaleb und er setzen sich in Bewegung. Benjamin ruhig, Kaleb widerwillig.

Schon nach wenigen Metern kann er den ungläubigen Blick erkennen, den Otis ihm zuwirft. Mit offenem Mund stupst er Jim an und der wiederum Vincent. Nur

Josko ist damit beschäftigt, Nadia mit gierigen Blicken anzusehen. Die hat aber ganz offensichtlich kein Interesse an ihm und legt demonstrativ ihre Hand auf ihrer Pistole ab.

»Der Junge kennt einen Weg in die Festung«, erklärt Chief Collins dem Anführer der Enter.

Als Josko seinen Kopf dreht und ihn erkennt, geht plötzlich alles sehr schnell.

Die blinde Wut in Joskos Augen lässt Kaleb für einen Moment erstarren. Josko braucht nur vier oder fünf Schritte, um ihn am Kragen zu packen und in die Luft zu heben.

»Du dreckiger kleiner Wichser, ich werde dir die Haut vom Körper ziehen und dich dann in der Sonne brutzeln lassen!«, speit Josko wutentbrannt und holt mit seiner riesigen Faust aus.

Kaleb versucht, sein Gesicht mit den Armen zu schützen, doch zu spät. Die Faust trifft mit einer solchen Wucht auf sein Gesicht, dass Kaleb befürchtet, Josko hätte ihm sämtliche Knochen darin gebrochen. Nur schemenhaft kann er erkennen, wie Benjamin sich auf den Riesen stürzt, bevor er fallengelassen wird. Alle Bewohner des Bunkers laden ihre Waffen und richten sie auf die Enter und ihren wildgewordenen Anführer.

Kaleb schmeckt Blut.

Lara kommt zu ihm, nimmt dann die Bandage von ihrem Arm. »Hier«, sagt sie und presst ihm den Stofffetzen ins Gesicht.

Josko starrt hasserfüllt zu ihm herüber. Es müssen über vierhundert Menschen anwesend sein und trotzdem ist kein Mucks zu hören, sodass Kaleb sogar das Blut in seinen Ohren rauschen hört. Alle bedrohen sich gegenseitig mit ihren Waffen.

»Das reicht jetzt!« Chief Collins stellt sich zwischen ihn und Josko. »Ich bin nicht hier, um mir eure Streitigkeiten anzusehen. Klärt das hinterher, verflucht nochmal!« Wütend dreht er sich zu Josko um, der ihn mindestens um einen Kopf überragt, doch das scheint den Mann nicht sonderlich zu beeindrucken.

»Es gibt weitaus wichtigere Gegner, Josko! Wenn Sie uns anhören wollen, gut. Wenn nicht, sollten Sie Ihre Leute nehmen und von hier verschwinden.«

Der Anführer der Enter spuckt neben sich auf den Boden und wischt sich mit dem Ärmel seiner Jacke grob die Nase, aus der ebenfalls Blut fließt. Benjamin muss ihn wohl da erwischt haben. Kaleb kann nicht leugnen, dass er sich ein wenig darüber freut. Joskos Blick schweift dann auch direkt von ihm zu Benjamin, die Augenbrauen tief nach unten gezogen. Kaleb weiß, was dieser Blick zu bedeuten hat. Es sieht ganz danach aus, als wäre er nun nicht mehr der Einzige auf Joskos schwarzen Liste.

»Um dich kümmere ich mich später«, verspricht er Kaleb und wendet sich anschließend an seine Leute. »Na los, die Waffen runter.« Die befolgen seinen Befehl nur zögerlich.

Chief Collins gibt seinen Leuten mit einer Handbewegung denselben Befehl. Die Anführer der anderen Siedlungen tauschen unsichere Blicke.

»Also dann, ich schlage vor, die Anführer besprechen,

wie es weitergehen soll. Wenn ich bitten darf«, fordert er die Männer und eine Frau auf und geht Richtung Fluss. »Lara, Benjamin, Kaleb, ihr auch«, ruft er ihnen zu.

Kapitel 59

Benjamin

Dieser Kerl ist hart wie Stahl. Beinahe hätte er sich die Hand gebrochen, als er diesem Kerl seine Faust in die Visage gerammt hat. Unbemerkt reibt sich Benjamin die Handknöchel, während er seinem Vater zum Flussufer folgt.

Die Anführer der jeweiligen Siedlungen, insgesamt eine Frau und drei Männer, stehen sich nun gegenüber.

»Hallo Lara. Ich dachte nicht, dass ich dich jemals wiedersehen würde. Auch wenn es mir natürlich eine außerordentliche Freude ist, dich hier und heute anzutreffen.«

»Hallo Fletcher. Ja, wie du siehst, lebe ich noch«, erwidert Lara mit einem Hauch Missbilligung in der Stimme. Das muss der Anführer ihrer Siedlung sein. Lara hat ihm vor einigen Tagen von ihm erzählt.

»Ich bin Chief Collins. Meine Männer haben Ihnen von unseren Plänen erzählt, sonst wären Sie nicht hier, vermute ich.«

Die Frau ergreift das Wort. Ihre langen grauen Haare reichen ihr bis auf die Hüften. »Ich bin Dana, aus der Cillian-Siedlung.«

»Leonard, aus der West-Kommune«, stellt sich der dunkelhäutige Mann mittleren Alters vor.

»Mich dürften ja alle kennen«, wirft Josko in die Runde und lächelt dabei, als wäre er der König dieses Landes. Was für ein Vollidiot. Diese Dana sieht ihn an, als würde sie ihm jeden Augenblick auf die Schuhe kotzen wollen.

Als Letztes stellt sich Laras Anführer vor. »Mein Name ist Fletcher, Anführer der Nordstamm-Siedlung.«

Chief Collins nickt und setzt sich auf einen der unzähligen kleinen Felsen am Flussufer. Die anderen nehmen auch Platz, während Lara, Kaleb und er stehen bleiben.

»Für diejenigen, die sie noch nicht kennen: Das sind Kaleb, Lara und mein Sohn Benjamin. Sie sind die Einzigen, die es geschafft haben, in die Festung der Squatters zu gelangen und lebend wieder rauszukommen. Sie sind für unsere Mission deshalb verständlicherweise von unschätzbarem Wert.« Der Chief betont diese Worte besonders und wirft Josko einen vielsagenden Blick zu.

»Chief Collins, was sollen wir hier?«, wendet sich Fletcher an Benjamins Vater. »Als uns einer Ihrer Männer vor drei Tagen besuchte, sagte er, es gäbe wichtige Neuigkeiten in Bezug auf die Squatters. Wir sind eine kleine Siedlung. Kaum mehr als eine Handvoll Männer wären für einen Kampf geeignet, die ich unter keinen Umständen in den sicheren Tod schicken werde. Um ehrlich zu sein, ist mir egal, ob drei Leute es rein geschafft haben und wieder raus. Das Risiko ist einfach zu groß. Zumal Sie sich ja die letzten Jahre gut vor uns versteckt und in aller Gemütlichkeit in Ihrem Bunker verschanzt haben, während wir hier draußen um unser Leben kämpfen. Sie werden verstehen, dass ich dem Ganzen nicht traue. Ich bin nur hier, um Ihnen das persönlich zu sagen.«

»Mehrere Tausend«, sagt der Chief.

Fletcher und die anderen Anführer sehen ihn still an und warten auf eine Erklärung, was sein Vater damit meint.

»Ich sagte meinen Männern, sie sollten die Anführer nur dazu bringen, diesem Treffen zuzustimmen. Ich befürchtete, wenn Sie die Wahrheit wüssten, könnte einer von Ihnen auf eigene Faust losziehen und damit die ganze Mission gefährden.«

»Was meinen Sie damit?«, mischt sich Dana aus der Cillian-Siedlung ein.

Sein Vater dreht sich zu ihr. »Ben, bitte erzähl ihnen, was du dort gesehen hast.«

Benjamin räuspert sich. »Die Squatters haben ein Lager. In diesem Lager werden Tausende Menschen gefangen gehalten. Sie werden in mit irgendeiner Flüssigkeit gefüllten Behältern aufbewahrt. Diese Menschen leben, aber wir wissen nicht, was sie mit ihnen vorhaben. Wir können aber wohl davon ausgehen, dass es nichts Positives ist.«

Außer Josko, dem diese Information sichtlich am Arsch vorbeigeht, atmet der Rest der Anwesenden hörbar ein. Dana steht abrupt auf. »Sie werden gefangen gehalten?«

Benjamin nickt. Fletcher senkt den Kopf und wischt sich mit der Hand über das Gesicht. Es scheint, als würde ihm diese Neuigkeit ziemlich an die Nieren gehen.

Leonard steht ebenfalls auf. »Ich kann mich mit etwa vierzig Mann anschließen, der Rest meiner Kommune besteht aus Frauen und Kindern.«

Dana läuft fassungslos hin und her, stoppt irgendwann und meldet sich auch zu Wort.

»Unsere Gemeinde ist nicht besonders groß und Männer gibt es kaum bei uns. Aber wir verfügen über zwanzig kampfbereite Frauen. Aber ich kann sie nicht einfach so in den Kampf schicken. Sie sollen selbst entscheiden, ob sie dieses Risiko eingehen wollen.«

Josko gibt ein abschätziges Schnauben von sich. »Frauen!«

Die kleine rüstige Frau stellt sich unerschrocken vor den Anführer der Enter. »Bei uns herrscht Demokratie, Josko, der Schlächter. Was du in deinem Dreckstall tust und wie du die Dinge handhabst, ist mir gleich.«

Josko kommt langsam auf die Beine.

Die Frau weicht nicht zurück, als Josko sich drohend zu ihr hinunter beugt. »Wird wohl Zeit, deiner Sippe mal wieder einen Besuch abzustatten. Das letzte Mal hattet ihr Glück, soweit ich weiß.«

Benjamin entgeht nicht, wie Dana eine Hand auf ihr Messer legt. Auch Josko hat es bemerkt und lächelt die Frau unverhohlen an. Benjamin greift unbemerkt nach der Waffe in seinem Hüftholster.

»Wir sind nicht hier, um uns gegenseitig zu töten«, versucht der Chief die Situation zu deeskalieren.

Josko starrt die Frau noch eine Weile mit seinen dunklen Augen an, entfernt sich dann aber belustigt und streckt die Hände weit von sich. »Na schön«, sagt er. »Damit ich das hier richtig verstehe. Ihr erwartet, dass ich meine Männer in den Kampf gegen die Squatters schicke, nur um eure Leute dort rauszuholen? Was springt für mich dabei raus?«

»Es sind auch deine Leute!«, zischt Lara.

Josko kommt gelassen einen großen Schritt auf sie zu. »Sieh an, sieh an, das Mädchen kann sprechen. Ist das deine Freundin?«, wendet er sich an Kaleb. »Vincent hat mir schon erzählt, dass du Hilfe hattest bei deiner Flucht.«

»Sie hat recht, es sind bestimmt auch Leute von Ihrem Lager dort«, erklärt der Chief.

Josko lässt von Kaleb und Lara ab und wendet sich an den Chief. »Wer gefangen genommen wird, ist selbst schuld. Mir ist scheißegal, wer in diesen Dingern liegt. Wenn Sie mir nichts Anständiges bieten, werde ich meine zweihundert Männer nehmen und mich von hier verpissen.«

»Waren es nicht mehr?«, fragt Kaleb.

Josko straft ihn mit einem boshaften Blick, antwortet aber nicht. »Bieten Sie mir was.« Mit diesen Worten lässt der Anführer der Enter die restlichen Anwesenden am Flussufer zurück.

»Wir sollten auf diesen Mann verzichten«, spricht Leonard den Gedanken aller Anwesenden laut aus. »Er ist gefährlich und man kann ihm nicht trauen.«

Der Chief fasst sich gedankenverloren ans Kinn. »Damit könnten Sie recht haben, Leonard, doch ohne ihn und seine Leute stehen unsere Chancen schlecht.«

»Ich weiß nicht, ob es eine gute Idee ist, die Squatters überhaupt anzugreifen. Wir alle wissen, wie hochentwickelt ihre Waffentechnologie ist. Gegen diese Art von Waffen haben wir doch keine Chance«, redet sich der Anführer der Nordstamm-Siedlung heraus.

»Das ist doch nicht dein Ernst!«, schmettert Lara ihm fassungslos entgegen.

»Das ist mein voller Ernst, Lara. Wie du schon einmal sagtest: Wir wissen gar nichts über sie, weder wer sie sind, noch was sie mit den Menschen tun, die sie einsammeln. Was wir aber mit Sicherheit wissen, ist, dass sie uns töten können, wann immer wir in ihre Nähe kommen. Sieh dich doch um«, er zeigt in Richtung der riesigen Menschenmenge. »Glaubst du wirklich, sie würden Hunderte bewaffnete Menschen auch nur in ihre Nähe lassen? Sie werden uns entdecken, noch bevor wir Amen sagen können, und uns pulverisieren. Ich war dabei! Ich habe mit eigenen Augen gesehen, zu was die Squatters fähig sind.« Er wendet sich von Lara ab und dreht sich zu den anderen Anführern um. »Wie habt ihr euch das gedacht? Glaubt ihr, wir spazieren da einfach hinein und sie lassen zu, dass wir unsere Leute mir nichts, dir nichts, befreien? Für wie einfältig haltet ihr die Squatters?«

Schließlich sieht er Benjamin direkt an. »Hat denn überhaupt jemand von euch an diese Behälter gedacht? Ihr sagtet, die Menschen würden in einer Flüssigkeit lagern? Es ist wohl davon auszugehen, dass sie dadurch am Leben erhalten werden. Was, wenn wir sie durch unsere Unwissenheit umbringen, anstatt sie zu befreien? Kennt sich irgendjemand von euch mit dieser Technologie aus?«

Keiner der Anwesenden hat dem etwas entgegenzusetzen. Sogar Benjamin bekommt so langsam Zweifel an dieser Mission. Dieser Fletcher hat recht. Keiner hat an die Nachwirkungen oder Konsequenzen gedacht, die diese Aktion mit sich bringen könnte. Sein Vater ist so besessen davon, diese verfluchte Festung zu stürmen, dass er diese kleinen aber wichtigen Details nicht in Betracht gezogen hat.

»Das dachte ich mir«, gibt Fletcher von sich, als ihm niemand widerspricht. »Ihr wisst, wo ihr mich findet, wenn euch eine bessere Lösung einfällt.« Damit verlässt auch er die Versammlung.

Eine Weile ist es still, jeder hängt seinen eigenen Gedanken nach und versucht, die Worte des Anführers der Nordstamm-Siedlung zu verarbeiten.

»Ich sage es nicht gerne, aber der Mann hat nicht ganz unrecht mit seinen Äußerungen«, bricht Dana als Erste das Schweigen.

»Wir sollten uns einen guten Plan überlegen, bevor wir dort auftauchen«, stimmt Leonard Dana zu.

Benjamin beobachtet seinen Vater. Seine Mundwinkel zucken, ganz so, als stünde er kurz vor einem Wutausbruch. Ein Ausdruck, den Benjamin nur zu gut kennt. Natürlich hat sich der Chief dieses Treffen anders vorgestellt, und dass die Anführer der anderen Siedlungen gerade dabei sind, den Schwanz einzuziehen, passt dem Chief überhaupt nicht.

»Was ist mit ihnen?« Dana zeigt auf Kaleb, Lara und Benjamin. »Sie waren doch schon drin. Gibt es denn überhaupt eine Möglichkeit, so viele Menschen unbemerkt in die Festung zu schleusen?«

»Nein. Es gibt nur einen Weg dort hinein und es ist zum jetzigen Zeitpunkt nicht abschließend feststellbar, ob dieser nach der Flucht der drei versiegelt wurde.«

Leonard sieht den Chief ungläubig an.

»Und wann hatten Sie vor, uns das mitzuteilen?«

»Das ist irrelevant. Der Weg ist da und wir kennen den …«

»Irrelevant? Der Weg bringt uns herzlich wenig, wenn wir getötet werden, noch bevor wir dort eintreffen«, widerspricht Dana und verschränkt die Hände vor der Brust. »So wie ich das sehe, stehen wir nach wie vor bis zum Hals in Scheiße. Ich hatte gedacht, nein, gehofft, Sie hätten einen Plan. Aber das war ja offensichtlich eine Fehleinschätzung. Ihr einziger Vorschlag besteht darin, auf Teufel komm raus die Festung zu stürmen, ohne Rücksicht auf Verluste. Es tut mir leid, aber diesem Plan kann ich nicht zustimmen oder mich gar anschließen.«

Dieses Treffen läuft so gar nicht, wie er und der Chief sich das vorgestellt hatten. Vielleicht hätten sie den Anführern ihren wahren Plan doch verraten sollen.

Kapitel 60

Lara

Chief Collins verschränkt die Arme vor der Brust.

»Ich bitte Sie, die Information, die sie nun von mir erhalten werden, für sich zu behalten.«

Lara sieht zu Kaleb rüber. Es kann nicht leicht für ihn sein, dass er diesen Fremden gleich erzählen muss, was er war, doch er wirkt zumindest äußerlich ruhig und gefasst. Dana und Leonard sehen sich misstrauisch an und stimmen schließlich zu.

»Kaleb hier war ein Sammler. Das ist auch der Grund, weshalb er so gut über die Maschinen und die Squatters informiert ist.«

Dana und Leonard stehen mit offenen Mündern da, während Chief Collins ihnen den Rest erzählt.

»Das klingt doch verrückt. Und wir können ihm trauen?«, fragt Dana anschließend.

»Eine andere Option haben wir nicht.«

Collins winkt sie selbst und Kaleb zu sich. »Ich möchte euch alle drei sofort sprechen, allein.« Dann wendet er sich wieder an die beiden Anführer. »Überlegen Sie es sich. Schnell. Sobald die drei weg sind, werde ich den Anführern der Enter und der Nordstamm-Siedlung unseren Plan auch erklären.«

Er geht ein Stück am Ufer entlang, bis sie nicht mehr in Hörweite sind.

»Ihr solltet euch auf den Weg machen. Nadia und zwei ihrer Leute werden euch begleiten und euch mit dem Sammler helfen. Sobald ihr auf dem Weg zur Festung seid, funkt es durch, ich versuche in der Zwischenzeit die Anführer zu überzeugen. Hast du das Funkgerät dabei?«

Benjamin klopft zur Bestätigung auf seinen Rucksack.

»Gut. Ich brauche euch nicht zu sagen, dass eure Mission nicht scheitern darf. Das ist unsere einzige Chance.«

Alle nicken. Lara hat plötzlich das Gefühl, erdrückt zu werden. Ursprünglich wollte sie nur Andrew befreien und nun lastet das Leben so vieler Menschen auf ihren Schultern.

»Wartet mal, mir fällt gerade ein, wie soll das überhaupt funktionieren? Wenn ich das richtig verstanden habe, wollt ihr den Schlauch des Sammlers durchschneiden. Also, wenn der Schlauch durchtrennt ist, ist die Maschine außer Gefecht, richtig?« Alle nicken.

»Worauf willst du hinaus?«, fragt Benjamin.

»Wie will Kaleb ihn dann steuern?«

Alle starren Kaleb fragend an. Kaleb schaut vom Boden auf. »Jeder Sammler hat eine zweite Versorgung, die Notversorgung sozusagen. Sobald ein Teil funktionslos oder verbraucht ist, übernehmen andere Teile die Steuerung. Der Schlauch ist zwar kaputt und der Sammler bewegungsunfähig, aber das kann man umgehen. Das Öl ist für die Bewegung zuständig, vor allem, damit die Gelenke der Maschine nicht trocken aufeinander reiben und sich dadurch erhitzen.«

»Moment, wenn es nur dafür gedacht ist, wieso erstarren sie dann?«, fragt Levi.

»Weil bei einer Fehlfunktion erstmal alles zum Erliegen kommt. Die Basis schickt die notwendigen Informationen direkt an den Sammler. Der programmiert sich dann einfach neu. Für die Strecke bis zur Festung sollte die Zeit reichen, bevor der Sammler vollständig den Geist aufgibt.«

Keiner sagt etwas. Die Frage, warum er dieses wichtige Detail bis jetzt nicht erwähnt hat, beschäftigt sicherlich nicht nur Lara.

Collins knirscht verärgert mit den Zähnen, hält sich aber zurück. Auch Benjamin wirft Kaleb einen gereizten Blick zu. Der Chief wendet sich an Benjamin, ohne Kaleb weiter zu beachten.

»Ihr müsst nur dafür sorgen, dass die Barriere um die Festung ausgeschaltet wird. Ich möchte nicht pulverisiert werden. Um den Rest werden sich meine Leute kümmern. Wartet, bis wir da sind, keine Alleingänge«, sagt er und sieht dabei Benjamin an.

»Ist angekommen.«

Lara greift nach der Tasche mit Proviant und Wasser und legt sie sich quer über die Schulter.

»Und seid vorsichtig«, warnt der Chief sie zum Abschied.

Nadia ist eine der besten Kämpferinnen im Bunker, deshalb fiel dem Chief wohl die Wahl nicht besonders schwer. Lara hat sie kämpfen sehen. Ich sollte mich am besten nie mit ihr anlegen, denkt sie, als sie durch die Wälder laufen. Sie kann sich aber keine bessere Verbündete vorstellen.

»Und wo bekommen wir nun einen Sammler her?«, fragt Levi. »In der Nähe gibt es eine kleine Ortschaft. Die Sammler werden dorthin geschickt, um Steinkohle aus dem verlassenen Bergbau zu holen«, antwortet Kaleb.

Das wundert Lara ein wenig. Sie weiß zwar, dass es in der Gegend viele Ortschaften gibt, oder besser gesagt, gegeben hat, aber dass dort noch etwas zu holen wäre, ist ihr neu.

»Steinkohle?«, echot Levi. »Wozu brauchen die Squatters Steinkohle?«

Kaleb zuckt mit den Schultern. »Ich habe keine Ahnung. Ich weiß nur, dass wir dort Sammler finden werden.«

Benjamin, der bis jetzt vorausgelaufen ist, lässt sich zu ihnen zurückfallen. »Und kannst du abschätzen, wie viele von denen da rumlaufen?«, fragt er. Kaleb schüttelt den Kopf.

»Na, das wird auf jeden Fall interessant«, flötet Nadia und grinst.

Die zwei Soldaten, die sie begleiten, weichen Lara nicht von der Seite. Seit sie losgezogen sind, haben sie kein Wort gesagt oder auch nur eine Miene verzogen. Benjamin hat ihr erzählt, dass die Soldaten im Bunker von klein auf ausgebildet werden, um eines Tages gegen die Squatters zu kämpfen. Ein Leben lang bereiten sie sich darauf vor, leben für nichts anderes. Ein Kampf, den sie in der Hoffnung auf ein Leben in Freiheit führen. Wie diese Freiheit aussehen soll, kann sich Lara nicht vorstellen, denn selbst, wenn die Squatters weg sind, wird es niemals ein Leben ohne Angst geben. Dafür sorgen Menschen wie Josko und seine Horde.

»Hör mal«, wispert ihr Benjamin beinahe im Flüsterton zu. »Wegen gestern Abend ... ich wollte ... es war nicht so, wie du ...«, stottert er.

Plötzlich bleiben alle ruckartig stehen. Kaleb ist offenbar ohne Grund auf die Knie gefallen und presst jetzt beide Hände auf die Ohren.

Lara rennt zu ihm. Sein Mund ist geöffnet, als würde er schreien wollen, aber es erklingt kein Ton. Lara blickt in sein schmerzverzerrtes Gesicht, nachdem sie sich vor ihn gekniet hat.

»Kaleb, was ist los?«, fragt sie erschüttert, doch er antwortet nicht. Stattdessen krümmt er sich, als würde man ihn gerade foltern. Die anderen stehen um ihn herum, werfen sich hilflose Blicke zu. Keiner weiß, was los ist. Niemand weiß, was zu tun ist. Lara wiederholt Kalebs Namen, doch er scheint sie nicht zu hören. »Kaleb, hörst du mich?«

Tränen bilden sich in seinen schreckgeweiteten Augen, die starr in den Himmel schauen. In Laras Brustkorb wird es auf einmal furchtbar eng. »Was kann ich tun? Kaleb, sag mir was ich tun soll«, fleht sie.

»Hilf mir«, bricht es gequält aus ihm heraus. Dann fällt er seitlich auf den harten Erdboden. Kaleb schüttelt sich, er zittert, als würde er gleich erfrieren. Entsetzt versucht Lara, ihm irgendwie zu helfen, doch sie ist ratlos.

»Steht nicht so dumm herum, helft mir!«, schreit sie die anderen an.

»Sieht aus, als hätte er einen Anfall«, sagt Nadia.

Lara sieht sich um, auch wenn sie nicht weiß, wonach sie sucht.

»Ich werde dich nicht begleiten«, flüstert Kaleb plötzlich. Lara hält inne.

Kaleb liegt zusammengekauert auf der Seite, ganz still, schon fast teilnahmslos. Das Zittern hat aufgehört. Hilfesuchend sieht sie die anderen an, doch die zucken nur mit den Achseln.

»Kaleb«, versucht sie es erneut.

Er rührt sich nicht, schaut nur durch den Wald. Lara sieht in dieselbe Richtung, doch dort ist nichts. Sanft legt sie ihre Hand auf seine Schulter, beugt sich ein Stück zu ihm hinunter. Er hat schon so viel durchgemacht, mehr als jeder von ihnen. Ihr Hass auf die Squatters könnte nicht größer sein, als sie Kaleb so betrachtet.

Eine einzelne Träne läuft seinen Nasenrücken entlang. Ob Andrew dasselbe durchmachen wird wie er?

»Ich werde nicht mitkommen, doch das ist okay«, flüstert Kaleb erneut.

»Hey, natürlich kommst du mit. Dir geht es gleich wieder besser, du wirst sehen. Gib mir mal die Wasserflasche«, sagt sie an Levi gerichtet. Vorsichtig bettet sie Kalebs Kopf auf ihren Schoß und hilft ihm, ein wenig Wasser zu sich zu nehmen. Ein Teil davon läuft seine Mundwinkel hinunter. Es sieht aber dennoch so aus, als würde es ihm bessergehen. Er sieht sie mit seinen unterschiedlichen Augen an und lächelt gezwungen. »Ich werde dich nicht begleiten, Lara.«

»Was redest du denn da?«

Kaleb antwortet nicht, sondern sieht sie nur an. Die Traurigkeit und der Schmerz in seinem Blick sind beinahe greifbar.

»Ich glaube du hast ‚ne Vollmeise«, sagt sie, um die Stimmung zu lockern.

Mühsam richtet sich Kaleb auf, wischt sich das Wasser aus dem Gesicht und seufzt. »Wir sollten weiter.«

Kapitel 61

Kaleb

Dieses Mal waren die Erinnerungen und Visionen um ein Vielfaches stärker und schmerzhafter als zuvor.

Seine Begleiter sehen ihn an, als wäre er soeben von den Toten auferstanden.

»Geht es dir wirklich wieder besser?«, hakt Levi nach.

Kaleb nickt und setzt seinen Weg ohne weiteren Kommentar fort.

Hinter seinem Rücken tuscheln Nadia und die zwei Soldaten. Ein Blick über seine Schulter reicht, um zu erkennen, dass sie für alle Eventualitäten gerüstet sind. Er weiß, dass sie ihn auf der Stelle töten würden, sollten sie das Gefühl haben, er würde sie hintergehen.

Abgesehen von den Schmerzen ist der Plan, den er sich schon im Bunker ausgedacht hat, bis jetzt genauso verlaufen, wie er sich das vorgestellt hat. Ihm war klar, dass die anderen Anführer die Festung nicht einfach so stürmen würden. Schließlich wären sie ziemlich einfältig gewesen, wenn sie sich auf den Vorschlag des Chiefs eingelassen hätten. Dass der tatsächlich davon ausgegangen ist, dass er sie überzeugen kann, war ebenfalls reichlich naiv. Oder größenwahnsinnig. Kommt wohl auf die Sichtweise an.

Kaleb hat jedenfalls damit gerechnet, dass der Plan des Chiefs nicht aufgehen würde. Und dass Lara sich Kaleb anschließt, war auch abzusehen. Er liest in ihr wie in einem Buch. Was er liest, gefällt ihm allerdings so gar nicht. Die Gefühle, die sie für diesen Benjamin entwickelt, drohen, sein ganzes Vorhaben zum Scheitern zu bringen. Er sollte ihn loswerden. Benjamins Tage, wie die der anderen Menschen auf diesem Planeten, sind ohnehin gezählt. Niemand wird es verhindern können.

Lara zieht ihre Jacke aus und bindet sie sich um die Hüften. Nachdem sie den Wald verlassen haben und den Schutz der Bäume aufgeben mussten, ist die Temperatur um mehrere Grade gestiegen. Das Dorf liegt in einer Senke, und trotzdem kann man die Geräusche hören, die die Maschinen mit ihren Bewegungen verursachen, noch bevor sie auch nur einen Sammler sehen.

Nebeneinander legen sich Kaleb und die anderen auf den Boden, sodass sie sie von oben beobachten können. Nur wenige hundert Meter außerhalb des Ortes befindet sich die Mine, aus der sie die Steinkohle abbauen. Die Sammler sind zu groß, um in die Schächte zu gelangen, deswegen nutzen sie Menschen dafür. Die Maschinen transportieren dann die Kohle zu einem Container neben der Kirche des Dorfes, füllen ihn und bringen ihn anschließend zur Festung. Die Menschen dort unten sind wie Zombies.

»Was sind das für Leute?« Benjamin schaut durch ein Fernglas und schraubt an dem Rädchen herum.

»Die sollten uns nicht interessieren«, erwidert Kaleb. Lara sieht ihn überrascht an, sagt aber nichts.

»Also, was ist der Plan?« Nadia robbt ein Stück zurück und steht dann auf. Die anderen tun es ihr gleich.

Kaleb schüttelt sich den Staub und die Grashalme von der Hose, bevor er spricht.

»Die Sammler gehen immer einzeln zu diesem Container. Er ist weit genug entfernt, damit die anderen Maschinen nicht auf uns aufmerksam werden. Wir verschanzen uns hinter dem Behälter, warten, bis einer von ihnen kommt, und schlagen dann zu.«

»Hört sich irgendwie viel zu einfach an«, gibt Levi zu bedenken.

»Das ist unsere einzige Chance. Drei gehen runter, die anderen vier halten von hier aus die Stellung. Sollte es Probleme geben, schießt, was das Zeug hält, und verschwindet dann«, weist Kaleb die Gruppe an.

Benjamin prüft seine Pistole und steckt sie dann wieder in den Halfter. Danach zieht er sein Messer hervor. »Na dann, los geht's. Kaleb, Levi und ich gehen runter, der Rest bleibt hier.«

»Ich komme mit.«

Darauf hat Kaleb schon gewartet. Als ob Lara zurückbleiben würde. Dieser Kerl hat anscheinend überhaupt keine Ahnung, wie Lara tickt.

»Ich fände es besser, wenn du hier bei den anderen bleibst.« Benjamin sieht zu Lara.

Die löst die Jacke um ihre Hüfte und wirft sie schwungvoll auf den Boden. »Sicher nicht. Gehen wir«, sagt sie und marschiert geradewegs an Benjamin vorbei.

»Die hat es dir aber gezeigt«, kommentiert Nadia schmunzelnd. Levi klopft Benjamin auf die Schulter, als er augenzwinkernd an ihm vorbeigeht und Lara dann folgt. »Du hast es gehört, mein Freund.« Benjamin bleibt noch kurz wie angewurzelt stehen, bevor auch er den Hang hinabgeht.

Unauffällig schleichen sie durch das Dorf, bis sie am Container ankommen und sich dahinter verbergen.

»Noch etwas«, flüstert Kaleb. »Niemand außer mir holt die Person aus der Maschine.«

»Gibt es dafür einen Grund?«, fragt Benjamin.

»Ja, den gibt es tatsächlich. Die Menschen sind an den Sammler gekoppelt.«

Er dreht sich um, schiebt sein Deckhaar nach oben und zeigt ihnen die Öffnung an seinem Hinterkopf. Dann legt er die Haare wieder zurecht und dreht sich zu ihnen um. »Sobald die Person nicht mehr an die Maschine gekoppelt ist, sendet sie ein Störungssignal aus, das an die Zentrale der Squatters weitergeleitet wird. Die Leute draußen sollen nicht wissen, dass Menschen die Sammler bedienen. Wenn ein Sammler defekt ist, wird er sofort abtransportiert und in die Festung gebracht.«

»Verstehe«, murmelt Benjamin.

Ein Sammler kommt dem Container näher. Die Erde unter Kalebs Füßen vibriert.

»Also, sobald der Sammler seine Arme hebt, um die Kohle in den Container zu schütten, greifen wir an. In dieser Position hat er keine Sicht auf sein Umfeld. Ihr wisst ja, wir haben nur wenige Sekunden«, erinnert er.

»Ich werde den Schlauch durchtrennen, ich weiß ja jetzt wie es geht«, sagt Benjamin. Dumpfe, bleierne Schritte nähern sich. Sogar der Metallcontainer bebt und sorgt an Kalebs Rücken für einen eigenartigen Schauer. Gleich wird er sich wieder mit dem Kollektiv verbinden. Vor wenigen Tagen hätte ihm der Gedanke Todesangst eingejagt. Doch jetzt ist es wie eine Komposition aus unendlicher Traurigkeit und erhellender Vorfreude. In Kürze wird er seinen Auftrag erledigt haben. Auch wenn seine Zukunft nicht die ist, die er sich erhofft hatte, weiß er, dass er das Richtige tut.

Der Sammler steht bereits vor dem Metallbehälter. Kaleb hört, wie sich die mechanischen Arme in die Luft heben und der Inhalt des Minenwagens laut polternd hineingeschüttet wird.

Benjamin schleicht, mit dem Rücken an den Container gelehnt, bis vorne an die Spitze. Lara wirft einen Blick nach vorn. Benjamin stellt sich direkt unter den Sammler, sein Messer fest in der Hand. Doch bevor er auch nur in die Nähe des Schlauchs kommt, dreht sich der Sammler um und bemerkt ihn. Sofort lässt er den Minenwagen fallen, der unter Höllenlärm auf dem Boden aufkommt und Benjamin nur um Haaresbreite verfehlt. Innerhalb weniger Sekunden lädt die Maschine ihre Waffen. Der leise Ton, der immer lauter wird, hallt in Kalebs Ohren nach. Levi zieht einen Pfeil aus dem Köcher und legt ihn in den Lauf der Armbrust.

»Halt!«, stoppt ihn Kaleb, als er den Explosivaufsatz darauf erkennt. »Das wird die anderen anlocken. Er muss ruhiggestellt werden, bevor er seine Waffe abfeuern kann.« Levi verzieht das Gesicht und senkt seine Waffe wieder. Lara stürmt ohne Vorwarnung nach vorne, zieht währenddessen ihr Messer aus dem Beinholster und nutzt die Verwirrung des Sammlers, um sich unter seine Beine zu begeben. Ein kurzer Sprung genügt ihr, um sich an einer Einkerbung seines Beines festhalten zu können, damit sie an den Schlauch kommt. Es scheint, als hätte sie beim Training ganz genau aufgepasst. Und ihre Schusswunde scheint auch kein Hindernis mehr darzustellen. Interessant, nach so kurzer Zeit der Heilung. Die Ärzte in diesem Bunker müssen auch für diese Art von Verletzung eine ganz spezielle Salbe oder so gehabt haben.

Schnell durchtrennt sie den Schlauch des Sammlers, das dunkle Öl schießt heraus. Lara lässt sich fallen, rollt unter ihm hinweg und begibt sich wieder neben den Container. Benjamin sprintet ihr nach. Der Sammler bewegt sich nur noch schwerfällig. Als die Flüssigkeit bloß noch vereinzelt heraustropft, lässt er die Arme fallen und erstarrt in seiner Bewegung. Kalebs Begleiter sehen ihn gespannt an. »Der Nächste wird bald hier auftauchen, beeilen wir uns.«

Kaleb läuft eilig an den anderen vorbei, hangelt sich an die Konstruktion und klettert nach oben, bis er auf dem Rücken des Sammlers ankommt. Er betätigt die manuelle Schnittstelle am hinteren Teil des Kopfes des Sammlers und drückt auf die Taste für die Panzeröffnung. Mit einem leisen Zischen öffnet sich die Abdeckung. Die vordere Abdeckung wird wie eine Tür von der Mitte zu beiden Seiten geschoben, als würde man einen Hummer aus der Schale befreien. Gleichzeitig öffnet sich der opake Panzer am Kopf.

Levi, Benjamin und Lara schauen ihm vom Boden aus mit offenen Mündern zu. Lara senkt niedergeschlagen die Lider, als der Mann im Inneren zum Vorschein kommt. Dessen leerer Blick ist starr auf die Konsole gerichtet. Er kann nicht begreifen, was gerade passiert.

Kaleb zögert einen kurzen Moment. Wenn er den Mann jetzt aus dem Kollektiv nimmt, ist es vorbei. Innerhalb von zehn Minuten wird seine komplette Motorik zum Erliegen kommen. Nach weiteren zehn Minuten wird sein Gehirn vollständig versagen und er wird jämmerlich verrecken. Die Charge-Kammer ist seine einzige Überlebenschance, doch hier gibt es keine. Er weiß aus eigener Erfahrung, dass man nur mit einem Back-up vollständig von den Sammlern befreit werden kann. Das wird auch Andrew gewusst haben, als er sie fortgeschickt und behauptet hat, er könne sie nicht begleiten. Die Zeit jedenfalls würde übereinstimmen. Um das Back-up abzuspielen, braucht es weniger als fünf Minuten.

»Beeil dich«, ruft Benjamin.

Kaleb legt die Hand auf die kleine Versiegelung, die sich bei allen am Hinterkopf befindet, dreht das Gewinde im Uhrzeigersinn und stöpselt den Mann ab. Dann drückt er auf den Knopf für den Ein- und Ausstieg und begibt sich zusammen mit dem Mann, wie in einem Lift, nach unten. Als er auf dem Boden ankommt, helfen die anderen dem verwirrten Mann aus dem Panzer. Die kurzgeschorenen Haare und das eingefallene Gesicht zeigen, dass er schon länger ein Sammler ist.

Levi legt die Hände auf dessen Schultern. »Hey, alles okay, dir passiert nichts.«

»Er versteht nicht, was du sagst«, klärt Kaleb ihn auf.

»Was tun wir jetzt mit ihm?«, fragt Lara und zieht den Mann mit sich hinter den Container. »Wenn wir ihn einfach laufen lassen, wird er mit Sicherheit die anderen warnen.«

»Wir nehmen ihn mit zu Nadia, sie soll sich um ihn kümmern«, schlägt Benjamin vor.

»Na schön«, stimmt Kaleb zu, obwohl er natürlich weiß, dass von dem Mann keine Gefahr ausgeht. Natürlich wird Lara ihn aber nicht einfach so liegenlassen. Das kann sie gar nicht. Kaleb weiß das, deswegen versucht er gar nicht erst, sie umzustimmen. Außerdem sind die anderen dann wenigstens zu beschäftigt, als dass sie sich um seine Handlungen näher Gedanken machen könnten.

Er begibt sich in den Panzer. »Wenn der Sammler zu lange vom Kollektiv getrennt ist, haben wir ein Problem.« Er schnappt sich die Gurte und schließt sie, einmal über den Beinen und den anderen über die Brust. »Bringt ihn nach oben, aber beeilt euch. Die Sammler sind hier fertig, und wir werden gleich aufbrechen. Sobald ich verbunden bin, werde ich euch nicht mehr hören können, die Kommunikation mit der Basis verhindert das. Ich sammle euch auf und setze euch in den Transport-Käfig. Wenn wir in der Festung sind, werde ich mich wieder abkoppeln und euch da rauslassen.«

Lara sieht ihn unsicher an, obwohl er ihr und den anderen bereits im Bunker erklärt hat, dass sie sich über die Koppelung mit dem Kollektiv keine Sorgen zu machen brauchen. Zum Glück sind alle so scharf darauf, in die Festung zu gelangen, dass sie kaum Fragen gestellt haben. Oder näher über den Plan nachgedacht. Denn sonst hätte es Kaleb sicher nie so weit geschafft.

Kaleb fährt nach oben und drückt auf den Knopf, damit sich die Panzerung schließt. Dann greift er nach dem

Schlauch, mit dem er sich sowohl mit dem Sammler, als auch mit dem Kollektiv verbindet. »Also dann, bis später.«

Er befreit die Öffnung mit der anderen Hand von seinen Haaren, und steckt die Versiegelung in die dafür vorgesehene Verbindung an seinem Hinterkopf. Augenblicklich wird sein Gehirn mit Informationen überflutet. Die Kopfabdeckung schließt sich. Ein Interface öffnet sich direkt vor seinen Augen. Die Anzeige rattert in Sekundenschnelle alle notwendigen Berichte runter. Versorgung der Maschine, Anzahl der Waffen und Funktionstüchtigkeit, Menge der verbleibenden Stunden, bevor der Sammler wieder an die Stromversorgung muss, GPS-Daten und die Verbindung zum Kollektiv. Auf der Schnittstelle erscheint ein rot blinkender Text. ÖLVERSORGUNG DEFEKT, steht dort. DATEN WERDEN ÜBERMITTELT. PROGRAMMIERUNG LÄUFT. Kaleb wartet geduldig. Solche Fehlfunktionen hat er schon sehr oft erlebt. Nach wenigen Sekunden blinkt der angezeigte Text grün. NOTVERSORGUNG VON S587 WURDE GESTARTET. VORAUSSICHTLICHE DAUER BIS ZUM VOLLSTÄNDIGEN BETRIEBSAUSFALL: SECHS STUNDEN UND DREIZEHN MINUTEN. BEGEBEN SIE SICH UNVERZÜGLUCH IN DIE ZENTRALE.

Genau das hat er vor, denkt Kaleb, und wird vorübergehend durchgerüttelt, als die Maschine sich wieder zu ihrer vollen Größe aufrichtet. Er schaltet die Wärmesignatur ein und sucht nach Lara, Benjamin und Levi. Er hat Mühe, sich zu konzentrieren, als ob von überall

Stimmen in seinen Kopf dringen würden. Doch es sind keine Stimmen, sondern surrende Geräusche aktiver Datentransfers, die all die Informationen in sein neurales Netzwerk schleusen. Gerade als er die drei den Hang wieder hinunterkommen sieht, meldet sich eine ihm bekannte Stimme.

»Willkommen zurück, Kaleb S102.«

Kapitel 62

Benjamin

»Wir sollten uns beeilen«, warnt Lara und zeigt zum Dorf.

Benjamin dreht sich um. Die Sammler sind gerade dabei, die Menschen in ihre Käfige zu hieven. Keiner der Menschen wehrt sich, als würden sie bloß darauf warten, eingepackt und mitgenommen zu werden.

Lara wendet den Blick als Erste ab und stupst Benjamin mit dem Ellbogen an. »Komm schon, wir müssen los«, sagt sie leise.

»Ich traue ihm nicht. Irgendetwas stimmt hier nicht.«

Am liebsten würde sich Benjamin selbst in den Arsch treten, denn er kann förmlich riechen, dass hier etwas richtig faul ist. Wie konnten sie so unvorbereitet auf eine solche Mission gehen? Einzig und allein auf diesen Typ vertrauen? Sie hätten sich nicht von ihren Gefühlen beeinflussen lassen dürfen, sie sind Soldaten, verdammt! Aber sowohl er als auch der Chief wollten die Squatters ja unbedingt angreifen. Seine Mutter befreien. Sein Vater hat sich von dem Pisser einwickeln lassen wie ein getrockneter Fisch, selbst Benjamins Einwürfe hat er ignoriert. Trotzdem, jetzt haben sie die Scheiße.

Levi richtet seine Armbrust auf dem Rücken. »Dieses Mal muss ich dir recht geben, Kumpel, was geht dort nur vor sich? Und was ist mit Kaleb passiert? Noch vor nicht einmal einer Woche hatte er eine Panikattacke, als er einen Sammler gesehen hat, und jetzt steigt er auf einen drauf, als wären sie beste Freunde. Und was war das für ein komischer Anfall vorhin?«

»Was denkst du?«, wendet sich Benjamin an Lara, die stumm seinen Schritten folgt.

»Ich weiß nicht«, sagt sie nach einer Weile. »Er hat sich verändert, das ist nicht zu übersehen. Ob wir ihm trauen können oder nicht, spielt jetzt aber keine Rolle mehr. Dafür ist es zu spät.«

Benjamin greift ihren Arm und zwingt sie zum Stehenbleiben. »Wenn er uns in eine Falle lockt oder uns verrät, wird es für keinen von uns gut enden.«

Lara sieht zu ihm auf. »Daran hätten wir vorher denken sollen. Und ich muss Andrew befreien, Benjamin, zumindest muss ich es versuchen. Sollen wir einen Rückzieher machen, nur weil sich Kaleb verändert hat? Menschen verändern sich ständig. Ich kann nicht zurück. Kannst du das nicht verstehen?«

Wie gesagt, Benjamin könnte sich in den Arsch treten.

Unten angekommen, wartet der Sammler mit Kaleb schon auf sie. Es kostet Benjamin enorme Überwindung, sich wie die anderen seelenlosen Menschen ruhig hinzustellen und darauf zu warten, eingesammelt zu werden. Dass dieser Pisser drinsteckt, macht die Sache verdammt nochmal nicht besser.

Sie bleiben neben dem Container stehen, während Kaleb die Maschine in ihre Richtung lenkt und die Greifarme schwenkt. Die Abdeckung des zwei mal zwei großen Käfigs öffnet sich und verschwindet unsichtbar zu den Seiten.

Als er zu Lara blickt, bemerkt Benjamin, wie sie zittert. Natürlich behagt ihr der Gedanke auch nicht, jeden Moment eingesammelt zu werden. Er nimmt ihre Hand und drückt sie leicht. Erst überrascht, dann dankbar, sieht sie ihm in die Augen. Der Hauch eines Lächelns verschwindet jäh aus ihrem Gesicht, als die Greifarme in ihre Richtung schwenken und die zwei enormen Glieder sich dabei spreizen wie menschliche Finger. Lara ist wie erstarrt. Der Greifarm bleibt dicht neben ihr stehen. Levi steht nervös daneben. Noch einmal sieht Lara Benjamin unsicher an, begibt sich aber dann in den Greifarm und wartet. Benjamin ist gezwungen, sie loszulassen, als sich die Glieder schließen.

Vorsichtig wird Lara hochgezogen, während ihre Beine in der Luft schweben und sie sich krampfhaft festklammert. Dann wird sie behutsam in den Käfig gesetzt. Sofort greift sie nach den Gitterstäben und schaut zu ihm und Levi hinunter. Ermutigend hebt sie ihren Daumen in die Luft und lächelt dabei.

Auch Levi schmunzelt und befreit sich von seiner Armbrust. Wenn die Maschine ihn packt, soll sie möglichst nicht dabei zerstört werden.

Benjamin und Levi blicken schlagartig nach oben, als sich die Abdeckung des Käfigs ohne Vorwarnung schließt.

»Was ist los?«, fragt Levi verwirrt.

Benjamin hat keine Ahnung. Stattdessen dreht sich der Sammler um und ist im Begriff abzuhauen.

»Was zum Teufel soll das?«, schimpft Levi und blickt ungehalten von Benjamin zu der Maschine.

»Benjamin«, schreit Lara von oben herab. »Hol mich hier raus! Kaleb, halt sofort an. Kaleb!«

»Ich habe es gewusst«, knurrt Benjamin, zieht seine Waffe aus dem Holster und feuert die ersten Salven auf den Sammler ab, immer darauf bedacht, nicht den Käfig zu treffen.

»Scheiße nochmal!« Levi spannt den Bogen seiner Armbrust.

»Ziel auf die Beine, vielleicht schaffen wir es, ihn irgendwie aufzuhalten.« Benjamin lädt seine Waffe nach.

Levi zielt mit den gespickten Aufsätzen auf den unteren Teil der Maschine, doch Kaleb geht einfach weiter, als würde er mit Watte beschossen.

Lara rüttelt an den Gitterstäben. »Kaleb, halt an, hörst du? Lass mich hier raus! Sofort!«

Auch von Nadias Position kommen nun Schüsse. Die Geschosse schlagen auf das Metall ein, zischen an Levi und Benjamin vorbei. Eines trifft den Käfig, sodass Lara heftig nach hinten geworfen wird. Verdammte Idioten, wollen sie Lara etwa umbringen?

Er muss sie unbedingt dort herausholen. Vielleicht gelingt es ihm, auf den Sammler zu steigen und die Abdeckung auf irgendeine Weise zu öffnen. Dieser Pisser wird sie nicht einfach so mitnehmen. Benjamin möchte gerade lossprinten, als die anderen beiden Sammler plötzlich hinter der Kirche auftauchen. Ihre Waffen sind schussbereit und auf ihn und Levi gerichtet.

Kaleb stampft mit der Maschine zwischen sie hindurch und verschwindet aus Benjamins Blickfeld.

»Ben, wir müssen hier weg«, ächzt Levi und zieht ihn

an seiner Jacke mit sich.

Er kann Lara doch nicht einfach im Stich lassen, warum fällt ihm nichts ein?

Sein Freund zerrt an seiner Jacke. »Wir können jetzt nichts mehr tun, Benjamin, wir müssen abhauen.«

Notgedrungen muss er seinem Freund zustimmen, er kann jetzt nichts mehr tun. In seinen Adern kocht das Blut, steigt ihm bis in den Kopf. Benjamin steckt die Waffe in das Holster und rennt los. Warum ist er nicht als Erster eingestiegen? Wieso hat er seinem Bauchgefühl nicht vertraut und die Ratte getötet, als er noch die Möglichkeit dazu hatte? Er hat gewusst, dass etwas nicht stimmt und hat es einfach beiseitegeschoben, und nun ist Lara weg.

Nadia und ihre Begleiter schießen immer noch aus vollen Rohren. Ihre Rückendeckung gewährleistet Levi und ihm den freien Lauf zum Hang. Die Sammler sind völlig auf die drei anderen konzentriert, sodass Benjamin und Levi schwer atmend, aber unverletzt, oben ankommen.

»Was für eine Scheiße ist da unten abgelaufen?«, fragt Nadia und hebt die Faust als Zeichen, dass die zwei Soldaten das Feuer einstellen sollen. Dann robbt sie ein Stück nach hinten und steht auf.

»Ich wäre dafür, dass wir uns erstmal verdrücken«, wirft Levi ein.

Benjamin wirft noch einen letzten Blick auf die Sammler, die das Feuer ebenfalls eingestellt haben und in die andere Richtung marschieren. Benjamin erkennt vage Kalebs Sammler, der sich immer weiter entfernt.

Er sieht ihm so lange hinterher, bis seine Augen das Ziel nicht mehr erfassen können.

Kapitel 63

Benjamin

Als Benjamin und Levi auf dem Hügel ankommen, stellt er als Erstes fest, dass der Mann, der den Sammler bedient hat, regungslos auf dem Boden liegt. Fragend blickt er zu Nadia, die schulterzuckend antwortet. »Er hat gezuckt, ist zur Seite gekippt und hat dann einfach das Zeitliche gesegnet. Frag mich nicht, was mit ihm passiert ist.«

Benjamin läuft wie ein wildes Tier auf und ab, er kann sich jetzt nicht auch noch um dieses Problem kümmern. »Ich werde nicht warten, bis der Chief entscheidet, was zu tun ist. Ihr geht zu ihm, erzählt ihm was passiert ist, und kommt nach. Ich werde in der Zwischenzeit Lara und Kaleb folgen«, ordnet er seinen Begleitern an.

Levi stemmt die Hände in die Hüften. »Ich werde mit dir gehen.«

»Ihr beide habt sie ja nicht mehr alle. Ihr werdet es nicht mal vor die Tür schaffen, geschweige denn hinein«, meldet sich Nadia

»Das muss ich auch nicht. Ich schnappe mir diesen miesen Verräter, bevor er dort ankommt, und dann werde ich ...«

»Ist dir die Kleine so wichtig?«, unterbricht Nadia. »Dass du dein Leben für sie riskierst? Der Benjamin, den ich einmal kannte, hätte rational gehandelt und einen Trupp geholt, anstatt allein eine Festung der Squatters zu stürmen.«

Da hat sie völlig recht. Vor nicht einmal einer Woche wäre ihm das Mädchen, gelinde gesagt, am Arsch vorbei gegangen, aber aus irgendeinem Grund kann und will er sie nicht an diese Monster verlieren. Ihm wird ganz übel, sie in einem dieser Behälter zu wissen. Und sie haben ja wohl alle schon jegliche Rationalität über Bord geworfen, als sie sich auf diesen hirnverbrannten Plan eingelassen haben.

»Ja! Sie ist mir wichtig.« Ihm ist scheißegal, was die anderen davon halten. Er wendet sich an Levi. »Wenn du mich begleiten möchtest, sollten wir jetzt los.«

Sein Freund nickt und schultert seine Armbrust.

»Ihr werdet sterben, das ist dir klar, oder?«, flüstert sie.

»Diese Möglichkeit besteht, ja. Aber ich werde versuchen, es nicht soweit kommen zu lassen. Beeil dich und hol den Chief, er wird wissen, was zu tun ist.« Oder auch nicht, denn seinem Urteilsvermögen kann man ja wohl zurzeit auch nicht trauen.

Nadia sieht ihn an und nach einer Weile senkt sie den Blick und schüttelt belustigt den Kopf. »Du hast dich verknallt. Dass ich das noch erleben darf«, sagt sie. »Ihr werdet auf keinen Fall ohne mich gehen.«

Sie dreht sich zu den beiden anderen Soldaten um. »Ihr macht, dass ihr zum Chief kommt. Sagt ihm, ich erwarte ihn vor der Festung, und er soll mich bloß nicht enttäuschen.« Nadia greift nach ihrem Rucksack. »Na los! Oder muss ich euch Beine machen?«, droht sie, als die beiden immer noch nur herumstehen. Sofort drehen sie sich um und rennen los. Zufrieden geht sie an Benjamin vorbei, der ihr überrascht hinterherschaut.

Warum sie ihr Leben für jemanden riskiert, den sie kaum kennt, ist ihm ein Rätsel, aber er hakt nicht nach. Wahrscheinlich ist sie auch verrückt geworden, so wie sie alle. Aber er ist trotz allem froh, sie an seiner Seite zu wissen.

»Ich sollte mein Ausdauertraining nicht ständig versäumen.« Levi ringt nach Luft, nachdem sie an der Festung angekommen sind. Sie haben den Weg in einem Gewaltmarsch hinter sich gebracht, in der Hoffnung Lara und Kaleb zu finden, bevor die an der Festung ankommen. Aber trotzdem haben sie es noch nicht nahe genug an die beiden heran geschafft.

Nadia schnappt nach ihrem Fernglas und sieht hindurch. »Dort! Sie sind fast da«, erklärt sie und übergibt Benjamin das Teil. Sie sind nahe genug dran, damit Benjamin erkennen kann, wie Lara auf dem Käfigboden sitzt. Ihren Kopf hat sie auf die Beine gestützt, doch ansonsten scheint es ihr gut zu gehen.

»Was jetzt?«, fragt Levi. »Es liegen noch etwa drei Kilometer zwischen uns, da holen wir sie nie ein.«

Benjamin überlegt kurz. »Dann müssen wir eben rein.«

»Wir sollten vielleicht doch auf den Chief und unsere Leute warten«, mischt sich Levi ein.

»Nein. Wenn wir warten, landet sie in einem der Behälter oder sie stecken sie an dieses Gerät an und machen eine Sammlerin aus ihr. Ich warte nicht, auf keinen Fall.«

Levi und Nadia wechseln unsicher einen Blick.

»Gut«, sagt Nadia, »dann sollten wir jetzt los. Weiß einer von euch, wie wir ohne Kalebs Hilfe da reinkommen sollen?«

»Wir könnten es mit dem Tunnel versuchen«, schlägt Benjamin vor. Levi schüttelt den Kopf. »Kaleb sagte, der wird mit Sicherheit überwacht.«

»Kaleb hat Vieles gesagt«, antwortet Benjamin knapp und läuft los.

Kapitel 64

Kaleb

Es ist ein eigenartiges Gefühl, die Festung wieder durch die Vordertür zu betreten. Lange Zeit hat er diesen Ort, diese Stadt gemieden, doch jetzt kommt es ihm fast so vor, als würde er nach Hause zurückkehren. Sein Plan ist mit wenigen Abweichungen genauso erfolgreich gewesen, wie er sich das vorgestellt hat. Dass er Lara als Erste in den Käfig heben würde, war zwar nicht zu einhundert Prozent sicher gewesen, aber doch sehr wahrscheinlich. Und er hat ja dann zum Glück auch recht behalten mit der Annahme, dass Lara vorgehen würde. Auch wenn er Benjamin nicht sonderlich mag, wäre es nicht in Kalebs Sinne gewesen, ihn umzubringen. Er hat es satt zu töten, zu lange musste er das tun. Und Levi, ihn zu töten, hätte Kaleb womöglich in ein tiefes Loch gestürzt. Ihn hätte er gerne mitgenommen, denn er scheint einer der Menschen zu sein, der dem perfekten Bild der Squatters entspricht. Mit Sicherheit hätte er den Test bestanden, das zeigt seine Art und wie er mit den Menschen umgeht. Im Gegensatz zu Benjamin.

»Kaleb. Lass mich gehen!«, schreit Lara, als wäre er taub, dabei kann er sie sehr gut hören. Sie so hintergangen zu haben, gefällt ihm nicht, aber ihm ist natürlich keine andere Wahl geblieben. Sie wird das bald alles verstehen. Oder zumindest hofft Kaleb das.

»Kaleb, bitte. Wieso tust du das? Lass mich gehen.«

Den ganzen Weg über hat Lara getobt, geschrien und

nach einem Ausweg gesucht. Ihr Flehen bricht ihm jetzt beinahe das Herz, doch es ist nur zu ihrem Besten. Und er hat versprochen, ihr nichts zu sagen, sie nur in die Festung zu bringen und alles Weitere den Obrigkeiten zu überlassen.

Der Eingang ist nicht mehr weit.

»Du verfluchter Verräter! Ich werde dich umbringen, sobald ich die Gelegenheit habe. Hörst du! Ich werde dir die Kehle aufschlitzen und zusehen wie du verblutest. Lass mich sofort raus! Lass ... mich ... auf ... der ... Stelle ... hier ... raus!«, brüllt sie und schlägt bei jedem Satz heftig gegen die Panzerung.

»Chat-Com ausschalten«, befiehlt er kurzerhand. Es fällt ihm nicht leicht, ihren hasserfüllten Worten zuzuhören, und sich dabei nicht rechtfertigen zu dürfen. Besser er schaltet die Kommunikation zum Käfig aus, bis sie im Inneren der Festung sind. Kaleb kann nur noch die dumpfen Erschütterungen spüren, als sie wütend um sich schlägt.

»S102, Codenummer 9807«, gibt er den Zugangscode durch das Com-Netz durch. Nur wenige Augenblicke später wird der Schutzmechanismus, der sonst jeden pulverisieren würde, für den Eingang der Sammler aufgehoben. Mit bloßem Auge ist es nicht auszumachen, doch Kaleb kann durch die Infrarotkamera sehen, wie sich der Schleier langsam auflöst und der Zugang geöffnet wird.

Er und zwei weitere Sammler passieren den Zugang und begeben sich auf direktem Wege zu der Sammlerstelle, wo die Maschinen gewartet und die Führer in ihre

Aufladestationen gebracht werden. Die Arbeiter werden in die Halle geführt und in die Behälter gelegt, um mit ausreichend Nährstoffen versorgt zu werden.

Kaleb stoppt. In der Regel werden Neuankömmlinge in die Schlafphasen-Halle gebracht und betäubt, doch Lara soll, laut Befehl, nicht dorthin gebracht werden. Wie er sie aus dem Käfig holen soll, ohne dass sie ihm an die Kehle geht, wird er wohl spontan entscheiden müssen. Nervös schaltet er die Maschine ab. Seine Hände zittern, was zum einen daran liegt, dass er Lara gleich in die Augen blicken muss, und zum anderen daran, dass er gleich seine Befehlshaberin treffen wird. Die Abdeckung öffnet sich mit einem leisen Zischen. Dann drückt er auf den Schalter und der Lift fährt langsam nach unten. Kaleb schnallt sich anschließend ab.

»Hey, hey, du Verräter!«, hört er Laras Stimme, noch bevor er um die Ecke kommt.

»Bist du jetzt zufrieden? Hast du erreicht, was du wolltest? Du solltest beten, dass ich mich an nichts erinnern werde, wenn sie mich umgepolt haben«, droht sie.

Kaleb geht ganz vorsichtig um die Ecke, nicht dass sie noch mit ihrem Messer nach ihm wirft. Doch die Befürchtung bleibt aus. Lara sieht ihn hasserfüllt an, ihre Hände sind an den Metallstäben festgekrallt.

»Was ist? Hat es dir die Sprache verschlagen?«

Kaleb fährt sich durch die Haare und sieht sich unsicher um. Wo bleibt sie? Gerade als er denkt, er müsse Laras Vorwürfe noch länger ertragen, marschiert sie um die Ecke.

Katherine!

Kapitel 65

Benjamin

Levi, Nadia und er schleichen durch den Tunnel. Hier wurde nichts blockiert und Wachen gibt es auch keine. Noch eine verdammte Lüge von diesem Pisser. Nichtsdestotrotz bleiben sie wachsam, wer weiß, was sie am Ausgang erwartet.

»Was tun wir, wenn wir dort sind?«, flüstert Nadia.

»Das sehen wir, wenn wir dort sind.«

»Oh Mann, die Kleine hat es dir wirklich angetan.«

»Ich tue das nicht nur für sie.«

»Sicher«, erwidert Nadia und geht kopfschüttelnd den Gang entlang.

»Verdammt, überleg doch mal! Wenn Kaleb erstmal drin ist, wird er die Squatters warnen, und dann ist die Chance, sie anzugreifen, vertan. Wir müssen rein und den Durchgang für unsere Leute öffnen«, flüstert er ihr hinterher.

Nadia bleibt stehen, dreht sich abrupt zu ihm um. »Wir sind drei Leute. Ursprünglich sollten wir unbemerkt hineingelangen und hätten jemanden dabeihaben sollen, der sich im Inneren auskennt!«

Sehr lange sieht sie ihn an, neigt dann den Kopf und verstummt.

»Wir sind fast da«, unterbricht Levi ihre Diskussion.

Benjamin schaut durch den Tunnel. Der Ausgang ist wirklich nur noch zwanzig Meter von ihnen entfernt. Ohne ein weiteres Wort schleicht er hin, gefolgt von Nadia und Levi. Sie stoppen direkt unter dem Kanaldeckel und warten eine Weile. Von außen sind keine Geräusche zu hören, es ist ruhig. Zu ruhig für seinen Geschmack. Benjamin steigt die Leiter nach oben und stemmt unter größter Anstrengung den Deckel ein winziges Stück gerade so hoch, dass er einen Blick nach draußen werfen kann. Die Sonne blendet ihn. Mehrmals blinzelt er, um seine Augen an die Lichtverhältnisse zu gewöhnen. Keine Spur von Kaleb oder irgendwelchen anderen Sammlern. Mühsam schiebt er den schweren Eisendeckel zur Seite, immer darauf bedacht, nicht mehr Lärm als nötig zu verursachen. Er hebt den Daumen nach oben, um den anderen zu signalisieren, dass die Luft rein ist. Der Pisser hat doch von Anfang an gelogen, der Tunnel ist sicher niemals bewacht worden. Arsch. Er wird ihm das Herz rausreißen, sobald er ihn in den Fingern hat.

Levi und Nadia kommen aus dem Tunnel geklettert. Gemeinsam schließen sie den Durchgang und laufen dann zur Halle.

»Hast du den Code?«, fragt Levi und sieht Benjamin hoffnungsvoll an.

Nadia beobachtet aufmerksam die Umgebung, ihre Waffe im Anschlag.

»Lara hat ihn mir gestern noch verraten, als ob sie geahnt hätte, dass etwas schiefgehen würde.« Schnell tippt er den vierstelligen Code in das Tastenfeld und das rote Licht wechselt zu grün.

Überrascht sehen sich Benjamin und sein Freund an. Er hat natürlich gehofft, dass er funktioniert, aber eigentlich damit gerechnet, dass die Squatters den Code geändert hätten. Entweder sind sie dumm wie Brot, oder sie erwarten sie bereits. Benjamin tippt auf Letzteres. Doch für eine Umkehr ist es reichlich spät. Jetzt, wo sie schon mal hier sind, müssen sie versuchen, das Beste daraus zu machen.

Gerade als sie hineingehen wollen, hören sie ein Geräusch hinter ihnen. Blitzschnell drehen sie sich um.

Enter! Benjamin erkennt die drei Männer, die Kaleb und Lara im Wald verfolgt haben. Das hat ihnen gerade noch gefehlt. Tick, Trick und Track, denkt Benjamin, als er sie so dastehen sieht, und erinnert sich an die Comics, die er als Kind von seinem älteren Bruder zu lesen bekommen hat. Der größte der drei ist mit einer Machete bewaffnet, der Dürre mit einer Pistole und Mister Zahnlücke hält verkrampft mit beiden Händen ein gezacktes Jagdmesser fest.

»Was wollt ihr?«, fragt Benjamin.

»Jetzt hört euch mal den an«, antwortet Machete belustigt. »Ihr dachtet doch nicht, dass Josko sich verarschen lässt. Wer die Festung als Erstes einnimmt, hat das Sagen, Mann, ist doch klar. Eigentlich wollten wir nur den geheimen Weg herausfinden, aber ihr habt auch noch den Code für die Türe. Das ist ein Jackpot, oder Jungs?«, erklärt er stolz und sieht Trick und Track dabei an. Die anderen beiden Idioten nicken grinsend.

Wenn diese Arschgeigen in die Halle kommen und die Squatters sie entdecken, und das werden sie, so blöd wie die drei sind, wird das die ganze Mission versauen. Benjamin greift unbemerkt hinter sich und schließt die Türe wieder. Machete zieht die Augenbrauen nach oben.

»Gib mir den Code, dann werden alle lebend hier wieder wegkommen«, fordert er.

Das glaubt er ja wohl selbst nicht. Enter lassen niemanden am Leben. Der Dürre zielt mit seiner Waffe auf Benjamin.

»Tu dir keinen Zwang an. Spätestens zwei Sekunden, nachdem der Intelligenzbolzen geschossen hat, wird es hier von Sammlern nur so wimmeln«, warnt Nadia Machete. Der knirscht genervt mit den Zähnen, wendet sich dann an seinen Kumpel.

»Pack das Ding weg.«

»Aber ...«

Machete dreht sich um und sieht zu dem Dürren runter. »Ich sagte, pack das Ding weg, du Idiot. Sie hat recht«, befiehlt er.

Nadia und Benjamin sehen sich flüchtig an. Das ist die Gelegenheit. Benjamin kann Nadias Aktion kaum mit den Augen verfolgen, so schnell hat sie das Messer aus dem Holster gezogen, es noch in der Luft umgedreht und mit voller Wucht in Richtung der beiden Männer geworfen. Das scharfe Messer bleibt in der Hand des Dürren stecken, der sofort die Waffe fallen lässt und auf die Knie sinkt, während er sich erschrocken die verletzte Hand ansieht. Der Riese reagiert prompt, hebt seine Machete in die Luft und rast auf die Gruppe zu. Mister Zahnlücke stampft unterdessen wütend zu Levi.

Levi lässt die Armbrust fallen und zieht das Messer aus seinem Hüftholster. Der Dürre steht wieder, hat das Messer aus seiner Hand gezogen und blickt sich um. Schnell entdeckt er die Waffe, die er kurz zuvor hat fallen lassen. Doch Nadia ist bereits bei ihm. Mühelos tritt sie dem Mann gegen die Brust, so dass der nach hinten taumelt. Nadia ist schnell, zu schnell, als dass der eine Chance hätte. Sie packt ihn an den Haaren, dreht ihn mit dem Rücken zu sich und schlitzt ihm ohne zu zögern die Kehle auf.

Benjamin kümmert sich derweil um den Riesen. Er muss ihn von hinten erwischen, doch das ist leichter gesagt als getan.

Ein knacksendes Geräusch lässt Machete innehalten. Er dreht sich um und sieht den dritten Typen tot auf dem Boden liegen. Levi muss der Zahnlücke das Genick gebrochen haben, denn Benjamin kann kein Blut an dem Mann erkennen. Erklärt auch das Geräusch, das Machete von ihm abgelenkt hat.

Machete ist umzingelt, schnell dreht er sich im Kreis. Als er bemerkt, dass er keine Chance hat, lässt er die Machete fallen.

»Ich gebe auf«, sagt er und bepisst sich fast vor Angst.

Benjamin kann nicht fassen, was für eine Horde Feiglinge Josko ihnen hinterhergeschickt hat. Der hat Benjamin und seine Freunde komplett falsch eingeschätzt. Das war ein Fehler.

»Wir sollten ihn gleich kaltmachen«, schlägt Nadia vor. Sofort streckt der Typ die Hände in die Luft. »Ich bin unbewaffnet.«

Nadia gibt ein abschätziges Schnauben von sich. »Na und?«

»Ihr tötet doch keinen Unbewaffneten, oder?«

»Drei Mal darfst du raten«, erwidert Nadia und stürmt

mit einem Dolch bewaffnet auf ihn zu.

Levi stellt sich plötzlich zwischen die beiden. »Warte. Er hat recht, er ist unbewaffnet, das kannst du nicht machen.«

Nadia bleibt stehen und sieht Levi unbeeindruckt an. »Möchtest du ihn mit nach Hause nehmen? Wir können ihn nicht laufen lassen. Was denkst du, wie schnell er bei Josko ist und ihm den Weg hierher zeigt? Besser wir töten ihn gleich, das wird uns eine Menge Ärger ersparen.«

»Wir könnten ihn fesseln und ...«

»Niemand wird gefesselt, Levi. Hör auf mit dem Scheiß und geh aus dem Weg!«, herrscht Nadia ihn an.

Zu spät bemerkt Benjamin, wie der Arm des Mannes, der hinter Levi steht, sich bewegt und mit einem Ruck nach vorne schnellt. Levi macht einen Satz nach vorne, erstarrt dann in der Bewegung und sieht Benjamin mit schreckgeweiteten Augen an. Dann sackt Levi auf die Knie.

»Ihr dachtet doch nicht, dass ich wirklich um mein Leben bettle? Bevor ich einen Abgang mache, nehme ich mindestens einen von euch mit«, sagt Machete. Das Grinsen in seinem Gesicht wird immer breiter.

Benjamin eilt zu Levi, fängt ihn auf, bevor der mit dem Gesicht nach vorne auf dem Boden aufkommt. Ein Messer steckt in seinem Rücken und Blut sickert bereits aus der Wunde. Benjamin bekommt nur am Rand mit, wie Nadia sich auf den Mann stürzt. Sie ist so unfassbar schnell, dass der nicht einmal mitbekommt, was mit ihm geschieht. Seine Kameradin sticht zu, versenkt den

Dolch in dessen Unterleib, als wäre er weiche Butter. Dann lässt sie von ihm ab, als der sich den Bauch hält und wie ein nasser Sack auf die Knie fällt. Nadia umrundet ihn, stellt sich direkt hinter den Mann, packt ihn an den Haaren, zieht den Kopf nach hinten und schlitzt auch ihm ohne auch nur mit der Wimper zu zucken den Hals auf.

Benjamin verschwendet keinen weiteren Gedanken an dieses Arschloch, sondern kümmert sich um seinen Freund.

»Wir müssen ihn hier wegschaffen und die Blutung stoppen«, wendet er sich an Nadia, die gerade dabei ist, ihren Dolch und das Messer an der Kleidung des toten Mannes abzuwischen.

»Durch den Tunnel wird er es nicht schaffen.«

Das weiß Benjamin auch und schaut zur Tür, die in die Halle führt. »In dem Raum, in dem wir Andrew gefunden haben, habe ich Verbandszeug gesehen.«

»Das ist riskant. Die Squatters haben den Code nicht geändert und du weißt, was das bedeuten könnte«, wirft Nadia ein.

»Sie hat recht«, presst Levi heraus. »Ihr müsst gehen und Hilfe holen.«

Jeder der Anwesenden weiß, dass dieser Vorschlag völliger Schwachsinn ist. Bis sie Hilfe geholt haben, ist er längst tot. Das Messer ist zwar nicht sonderlich groß und scheint auch keine inneren Organe verletzt zu haben, soweit Benjamin das beurteilen kann, doch der Blutverlust ist enorm.

»Wir gehen rein«, sagt Benjamin und blickt zu Nadia

auf. Sie nickt unmerklich und hilft Benjamin dabei, Levi auf die Beine zu stellen. Benjamin gibt den Code erneut ein, als sie vor der Halle stehen. Die Verriegelung löst sich ohne Weiteres und sie gehen hinein.

Die Türe schließt sich mit einem leisen Klick. Mit Nadias Hilfe schleppt er Levi durch den Flur. Vor ihnen ist der Durchgang, der zur Halle mit den gelagerten Menschen führt.

»Glaubst du, sie ist schon in einem der Behälter?«, fragt Nadia angestrengt, als Benjamin seinen Freund loslässt, um die Türe zu öffnen, und sie Levis Gewicht alleine tragen muss.

Benjamin atmet laut aus. »Ich hoffe nicht.«

Mit nur wenigen Schritten ist er bei der Tür zur Halle, doch bevor er den Griff berühren kann, wird hinter ihnen der Ausgang mit einem automatischen Schließmechanismus verriegelt.

Hektisch sehen sich die drei um. Es gibt keinen anderen Fluchtweg. Sie sitzen in der Falle! Das mit dem Bauchgefühl muss er unbedingt nochmal üben. Verdammt!

»Verfluchter Mist!«, schimpft Nadia und setzt Levi vorsichtig auf dem Boden ab.

Sie sind wie Anfänger in eine Falle gelaufen. Die Squatters wussten also doch, dass sie kommen würden, deshalb war der Tunnel frei und der Code immer noch derselbe.

Nadia lädt ihre Waffe und zielt auf die Tür, die nach draußen führt.

»Bitte sehen Sie davon ab, die Tür unnötigerweise zu

beschädigen«, kommt es aus einem Lautsprecher, sodass es den schmalen Flur erfüllt. Überrascht blicken sich die drei an. Nadia wartet einen Moment mit ihrem Vorhaben.

»Ihre Waffen werden den Ausgang nicht freigeben, sondern nur Lärm verursachen.«

Nadia beugt sich zu Benjamin rüber. »Wer, verflucht nochmal, spricht da?«

Dass die Squatters ihre Sprache sprechen, verwirrt ihn genauso wie die beiden anderen. Aber eigentlich nicht ganz abwegig, wenn er so darüber nachdenkt, immerhin besetzen sie diesen Planeten schon seit über zwanzig Jahren. Trotzdem ist es eigenartig.

»Legen Sie die Waffen nieder und stellen Sie sich anschließend mit dem Gesicht an die Wand.«

Nadia wird immer unruhiger, nestelt an ihrer Waffe herum und schaut sich irritiert um. Dann hebt sie die Waffe, die sie zuvor gesenkt hatte, und richtet sie auf den Ausgang.

»Einen Scheiß werde ich!«

Gezielt schießt sie auf die Verriegelung. Der Lärm, der sich in dem geschlossenen Raum anhört, als würde man inmitten einer Explosion stehen, ist kaum auszuhalten. Levi und Benjamin halten sich mit den Händen die Ohren zu und zucken zusammen, als Funken zu allen Seiten sprühen. Ansonsten hatte die Aktion keinerlei Effekt.

»Hör auf! Nadia, es reicht!«, ruft Benjamin seiner zornigen Kameradin zu.

Nach weiteren zwei Schüssen stellt sie das Feuer ein,

läuft zum Ausgang und schlägt mit dem hinteren Teil der Waffe auf die Verriegelung ein. Benjamin eilt zu ihr und stemmt sich gegen die Tür, in der Hoffnung, sie doch öffnen zu können, mit bescheidenem Erfolg.

Sie lässt sich einfach nicht öffnen.

»Bitte legen Sie die Waffen nieder und stellen Sie sich mit dem Gesicht zur Wand«, wiederholt die weibliche Stimme erneut.

»Ich werde nicht als Futter für diese Monster enden«, sagt Nadia und sieht Benjamin durchdringend an.

Er weiß, was sie vorhat. Ihm ist derselbe Gedanke gekommen. Er wird mit Sicherheit nicht in einem dieser Behälter und noch weniger als Sammler enden.

Kapitel 66

Lara

So nah war sie der Kugel der Squatters noch nie. Als sie vor einer Woche hier war, war sie mit den anderen auf der anderen Seite des Geländes gewesen. Es ist, als könne sie die dunkle, verspiegelte Hülle mit ihren Fingern berühren, wenn sie bloß ihren Arm aus dem Käfig streckt. Die Oberfläche ist glatt, jedoch nicht so glatt, wie sie vermutet hätte. Von Weitem sieht sie aus wie eine schwarze Murmel, genauso wie die, die Andrew ihr zu ihrem zwölften Geburtstag geschenkt hat. Doch bei genauerem Hinsehen weist die Struktur kleine Unebenheiten auf, als wäre das Metall mehrmals übermalt worden.

Lara wird aus ihren Beobachtungen gerissen, als zwei weitere Sammler um die Ecke kommen, begleitet von einer … Frau? Sieht sie das richtig? Die Maschinen folgen ihr, zumindest macht es den Eindruck. Lara krallt sich an den Gittern fest, versucht aus der Höhe zu erkennen, ob die Frau wie die anderen Menschen umgepolt wurde. Ihr Haupt ist erhoben, die Schultern aufrecht, der Blick streng nach vorne gerichtet. Nichts deutet darauf hin, dass sie wie die Arbeiter ist, die sie vorhin in dem kleinen Ort gesehen hat. Die Frau trägt eine blaue Hose und einen Kittel wie der Arzt aus dem Bunker, der ihre Schusswunde versorgt hat. Die braunen Haare hat sie zu einem Zopf gebunden, mehr kann Lara nicht erkennen.

Sie stoppt vor Kaleb, hält einen Finger an ihr Ohr und sagt etwas, das Lara unmöglich aus dieser Entfernung hören kann. Sofort halten die Sammler an. Kaleb und die Frau unterhalten sich im Flüsterton. Kaleb schüttelt den Kopf und Lara bemerkt, wie er sich über das Gesicht wischt. Nach einer Weile streicht die Frau zärtlich mit ihrer Hand über Kalebs Haar. Wer ist diese Frau? Tausend Gedanken jagen Lara durch den Kopf. Was, wenn die Squatters aussehen wie Menschen? Oder sie eine menschliche Form angenommen haben, wer weiß schon, zu was sie fähig sind?

Dann nickt Kaleb und umrundet die Maschine, in der er kurz zuvor gesessen hat. Die Frau sagt noch etwas und einer der Sammler an ihrer Seite setzt sich in Bewegung, direkt auf den Käfig zu. Lara stolpert rückwärts, als die Maschine mit ihrem Arm oben am Käfig andockt und die Halterungen gelöst werden. Ein heftiger Ruck trennt den Käfig vom Rücken des Sammlers und Lara wird darin vorsichtig auf den Boden gesetzt.

Die Frau kommt näher, stellt sich dicht vor den Käfig und sieht sie eine Weile stumm an. Die Fremde mustert sie, ihr Blick wandert über ihren Körper, als ob sie nach etwas suchen würde. Lara drückt sich mit dem Rücken dicht an den Käfig. Was haben sie mit ihr vor? Ihr Herz schlägt unvermittelt schneller. Ihr Messer hält sie immer noch in der Hand, bereit dem ein Ende zu setzen, bevor sie aus dem Käfig geholt wird. Erst, als die Frau ihr tief in die Augen sieht, rührt sich etwas in Lara.

Die Augen der Frau glänzen, füllen sich mit Tränen, als sie sich an den Gittern festhält, sie beobachtet, um schließlich ein einziges Wort zu formen.

»Lara.«

Ihre Stimme trifft Lara wie ein Blitzschlag.

»Ich habe so lange nach dir gesucht«, flüstert die Frau, die ihr so fremd, aber auch so nah zu sein scheint.

Das kann nicht sein! Sie bildet sich das nur ein. Wahrscheinlich hat man ihr schon während des Transports eine Gehirnwäsche verpasst und sie hat es nicht bemerkt. Kaleb kommt zurück und stellt sich neben die Frau, die ihm freundlich zunickt. Daraufhin gibt er eine Zahlenfolge in ein Kästchen ein, das außen am Käfig angebracht ist. Die Käfigtüre öffnet sich geräuschlos und die Fremde betritt nach einer Weile vorsichtig den Käfig. Lara sitzt noch immer auf dem Boden, unfähig sich zu rühren. Ich irre mich, meine Erinnerungen spielen mir einen Streich, denkt sie, als diese Frau vor ihr in die Hocke geht.

»Lara. Hab keine Angst«, flüstert sie. »Weißt du, wer ich bin?« Ihr Blick wechselt von ihrem Gesicht zu dem Messer in Laras Hand. »Möchtest du mir das Messer geben?« Ihre Stimme ist so sanft, so unfassbar sanft.

Lara schafft es nicht, ihren Blick zu heben und sie anzusehen, stattdessen starrt sie auf das Messer, unschlüssig, was sie tun soll. Was passiert, wenn sie sich nicht täuscht? Wer ist sie? Wer ist sie heute?

Es vergehen weitere Minuten, in denen niemand etwas sagt. »Weißt du, wer ich bin, Lara?«, fragt sie erneut und bricht die Stille zwischen ihnen.

Lara zwingt sich, ihren Kopf zu heben und sie anzusehen. Um ihre dunkelbraunen Augen haben sich leichte Falten gebildet, doch ansonsten hat sie sich kaum verändert.

In Laras Kehle bildet sich ein Kloß, ihre Lippen beben. So lange ... so lange ist es her.

»Mom!«

Ohne Vorwarnung schlingt die Frau ihre Arme um sie, drückt und zieht sie fest an sich. Sie kann immer noch nicht glauben, dass ihre Mutter sie gerade umarmt, dass sie noch lebt und sie gefunden hat. Sie fragt sich, ob sie nicht doch ein Squatter ist und sie nur täuscht. Aber wieso sollte sie das tun? Weshalb sollten die Squatters sich die Mühe machen, ein Mädchen zu entführen und sie glauben zu machen, ihre Mutter würde noch leben?

Lara spürt, wie das Schluchzen der Frau ihren Körper erzittern lässt. Für einen Moment schließt sie die Augen. Der Geruch, der ihre Sinne durchströmt, überwältigt sie und sorgt dafür, dass längst vergessene Erinnerungen mit einem Mal wieder da sind, als wären sie nie weg gewesen. Sie ist es!

Das Messer gleitet aus ihrer Hand, landet klirrend auf dem harten Metallboden.

»Wo bist du nur gewesen?«, fragt sie unter Tränen. »Ich dachte, du wärst ... Was tust du hier?«

Ihre Mutter löst sich widerwillig aus der Umarmung, streicht ihr sanft die Haare aus dem Gesicht und schaut sich die Narben an. Beschämt senkt sie den Blick. »Es tut mir so leid«, haucht sie. »Es gibt so vieles, das ich dir erklären muss, aber zunächst sollten wir deine Freunde vor einer Dummheit bewahren.«

»Benjamin ist hier?«, fragt Lara erstaunt, jedoch nicht wenig besorgt. Wer sonst sollte ihr in die Festung folgen? Mit Sicherheit ist Levi auch hier.

»Geht es ihnen gut?«

»Einer von ihnen ist verletzt, aber sie leben noch. Sie sind in der Halle und versuchen, sich den Weg frei zu kämpfen.« Sie hält wieder einen Finger an ihr Ohr. »Nicht schießen. Ich bin unterwegs«, sagt sie, steht auf und hält Lara ihre Hand hin. »Sollen wir?«

Lara ergreift sie und lässt sich von ihrer Mutter hoch helfen. Sie weicht zurück, als sie die Sammler sieht, die ihr den Weg versperren. Ihre Waffen sind zwar gesenkt, doch das ändert nichts daran, dass sie immer noch sehr bedrohlich wirken.

»Schon gut, Lara. Du wirst dich daran gewöhnen«, versucht ihre Mutter sie zu beruhigen. Möchte sie sich denn daran gewöhnen? Und überhaupt, warum sollte sie das?

Kapitel 67

Benjamin

»Wieviel Munition hast du noch?«, fragt Benjamin Nadia.

Sie lädt ihre Waffe durch und Benjamin glaubt, einen Anflug eines Lächelns bei ihr zu beobachten. »Genug.«

»Was habt ihr vor?« Levi hebt schwerfällig seinen Kopf.

»Sie werden die Türe öffnen müssen, wenn sie uns hier rausholen wollen«, erwidert Benjamin. »Es gibt zwei Möglichkeiten. Entweder lassen wir uns gefangen nehmen oder wir sterben bei dem Versuch zu entkommen. Mir persönlich gefällt die zweite besser.«

Levi gleitet stöhnend zur Seite und legt sich hin.

»Ich hatte mir mein Ende ein wenig anders vorgestellt«, nuschelt er.

Benjamin beugt sich zu seinem Freund runter. Das hatte er auch. Wenn seine Wunde nicht bald versorgt wird, muss er sich darüber keine Gedanken mehr machen. Was sie mit Lara machen, ist auch ungewiss. Was für eine beschissene Situation.

Als von draußen Schritte zu hören sind, stellen sich Benjamin und Nadia hinter der Tür in Position.

»Es ist so weit«, sagt Nadia.

Die bebenden Schritte der Sammler sind nicht zu überhören. Benjamin vermutet zwei oder drei Maschinen. Keine guten Aussichten. Die Sammler bleiben stehen und Stille kehrt ein. Angespannt warten sie, bis sich etwas tut.

»Hört ihr das?«, flüstert Nadia.

Benjamin horcht auf, kann aber nichts hören.

»Jemand spricht da draußen.« Nadia geht ein paar Schritte zur Tür.

Benjamin folgt ihr. »Sind das Menschen?«, fragt er überrascht und presst sein Ohr gegen die Metalltür.

»Was habt ihr mit ihnen vor?«, hört er eine Stimme dumpf sagen. Erschrocken weicht er zurück.

»Ist das Lara?«

Benjamin kann es kaum glauben. Das ist sie.

»Das wissen wir noch nicht. Kommt darauf an, wie sich deine Freunde verhalten«, erwidert eine weibliche, fremde Stimme.

»Verdammt.« Nadia senkt ihren Kopf. »Scheint, als hätten sie das Mädchen schon umgedreht.«

»Geht das denn? Sie sind doch noch keine Stunde hier«, zweifelt Benjamin.

Nadia zuckt gleichgültig mit den Schultern. »Keiner von uns hat eine Ahnung, was die können und was nicht. Wie erklärst du dir denn sonst, dass sie augenscheinlich neben Sammlern steht und mit jemandem spricht?«

»Ja genau, die Frau spricht, was bedeutet, dass es keine Squatters sind.«

»Und woher willst du das wissen? Hast du je einen Squatter gesehen oder sprechen hören?«

»Benjamin.« Laras Stimme ist so klar und deutlich, als würde sie neben ihm stehen.

»Benjamin, ich bin es Lara.«

Nadia sieht Benjamin an. »Da ist dein Beweis.«

»Das hat gar nichts zu bedeuten«, erwidert Benjamin. Aber wahrscheinlich wünscht er sich das nur.

»Und was jetzt?« fragt Nadia.

»Ich bin in Begleitung von zwei Sammlern und ... und einer Frau«, erklärt Lara. »Sie sagt, euch wird nichts geschehen, wenn ihr rauskommt. Sonst ist niemand hier.«

Nadia sieht Benjamin an. »Warum erzählt sie uns das?«

Benjamin lächelt. »Sie hat uns gerade verraten, mit wie vielen Gegnern wir es zu tun haben.«

»Erinnerst du dich an das Geschenk, das du mir vor ein paar Tagen gemacht hast?«, hört er Laras Stimme fragen.

Natürlich erinnert er sich. »Ja, ich erinnere mich.«

»Ich trage es immer noch bei mir.«

Nadia blickt Benjamin fragend von der Seite an.

Benjamin legt den Finger an die Lippen. Er hat ihr ein Messer gegeben, gerade so klein, dass sie es problemlos in ihrem Stiefelschaft verstecken kann. Er dachte, eine zweite Waffe kann nicht schaden. Aber das kann er nicht laut aussprechen, sie würde ihr sonst sicher sofort abgenommen werden.

»Versprichst du mir, dass ihnen nichts geschehen wird?«, hört er Lara sagen.

Die Frau antwortet. »Ich kann versprechen, dass man sie nicht töten wird, wenn sie sich friedlich ergeben.«

Für einen kurzen Moment ist es ruhig, doch nur Augenblicke später scheint auf der anderen Seite das Chaos auszubrechen.

»Lara, was tust du da!«, krächzt die Frau mit belegter Stimme. Die Sammler laden ihre Waffen. Benjamin läuft es eiskalt den Rücken runter, als das Geräusch in seine Ohren dringt.

»Sag ihnen, sie sollen die Waffen runternehmen«, brüllt Lara.

»Nicht schießen! Nicht schießen!«, befiehlt die Frau. Sofort senken die Sammler ihre Waffen, zumindest lässt das mechanische Geräusch das vermuten. Benjamin und seine Begleiter schrecken zurück, als es lautstark an der Tür poltert.

»Öffne die Tür!«

»Das kann ich nicht«, erwidert die Frau.

»Ich sagte, öffne die Tür, oder keiner von uns wird das hier überleben«, droht Lara.

Nach einigen Sekunden gibt die Frau den Befehl. »Eingang zu Halle 12 entriegeln.«

Es knackt im Inneren und Bolzen werden verschoben.

»Benjamin, lass mich rein«, bittet Lara.

Nadias Hand legt sich auf seinen Arm. »Bist du dir sicher, dass das kein Trick ist?«

»Nein«, antwortet er, aber das Risiko muss er eingehen.

Lara hat sich so dicht gegen die Tür gelehnt, dass sie beinahe hineinstolpert, als er die Tür öffnet. Mit einem Arm umklammert Lara die Frau, hält sie im Schwitzkasten, während sie mit der anderen Hand das kleine, scharfe Messer an ihre Kehle drückt. Schnell schließt Benjamin die Tür, als beide in dem Gang stehen.

Lara lässt die Frau los und stößt sie von sich. Hustend greift die sich an den Hals.

»Wer ist das?«, fragt Benjamin.

Lara sieht die Frau in dem Kittel zornig an. »Das ist meine Mutter. Katherine.«

Benjamin braucht eine Weile, um diese Information zu verarbeiten. »Ich dachte, deine Mutter sei tot?«

Lara beobachtet die Frau abschätzig, lässt sie nicht aus den Augen. »Ja, das dachte ich auch.«

Die Frau geht auf Lara zu, doch Lara streckt ihr drohend das Messer entgegen, bevor sie sie erreichen kann. »Bleib weg von mir!«

Abrupt bleibt die Frau stehen.

»Solltest du dich nicht freuen, dass du sie gefunden hast?«, mischt sich Levi schwer atmend ein. Lara eilt zu ihm. »Waren das die Typen, die da draußen liegen?«, fragt Lara.

Levi nickt.

»Wir müssen ihn versorgen, kann sie uns helfen?«, fragt Benjamin.

Lara sieht zu ihrer Mutter und steht auf. »Sieh sie dir an. Sie arbeitet für die Squatters. Von ihr ist keine Hilfe zu erwarten.«

»Es ist nicht so, wie du denkst«, kontert Katherine.

»Ach nein? Du hast mit den Squatters kommuniziert, durch das Teil da in deinem Ohr, und die Sammler folgen deinen Befehlen. Ich bin nicht dumm, Katherine! Keine Ahnung, was hier gespielt wird, aber du ...« Lara geht langsam auf die Frau zu, »bist nicht meine Mutter. Zumindest nicht die, die ich mal kannte. Sie wurde mit Sicherheit wie Andrew umgepolt.«

»Nein, das wurde ich nicht.«

»Und du glaubst, das macht es besser? Du hast mich im Stich gelassen, mich zum Sterben in dem Loch zurückgelassen. Wenn du also nicht manipuliert wurdest, wenn du immer noch klar denken kannst, macht es die ganze Sache nur noch schlimmer.«

»Es tut mir leid, Lara, das war alles nicht so geplant, es ...«

»Das ist doch jetzt alles egal, verdammt, wir sollten lieber überlegen, wie wir hier wieder rauskommen. Und vor allem, wie wir Levi helfen können«, unterbricht Nadia die beiden.

Sie hat recht. Trotzdem, für Benjamin ergibt das alles keinen Sinn. Laras Mutter arbeitet für die Squatters? Warum sollte sich jemand mit denen zusammentun?

»Ihr kommt hier nicht raus«, teilt ihnen Katherine mit. »Nicht lebend.«

»Wir haben Sie als Geisel«, stellt Nadia klar.

»Was euch nichts bringen wird. Meinen Tod nehmen sie in Kauf.«

Nadia schüttelt den Kopf. »Na toll, eine Geisel, die doch keine ist, besser hätte es uns nicht treffen können. Hat sonst noch jemand eine Idee?«

»Du bist Lucas' Bruder«, wendet sich Katherine überraschend an Benjamin. Die Antwort, die er gerade Nadia geben wollte, bleibt ihm wortwörtlich im Halse stecken. Woher zum Teufel kennt sie Lucas?

»Sein Tod tut mir aufrichtig leid. Ich mochte ihn sehr.«

»Wer zum Henker sind Sie?«

Kapitel 68

Lara

»Wenn ihr die Waffen hinlegt und mich begleitet, erkläre ich euch alles«, schlägt Katherine vor.

Benjamin stampft wütend auf sie zu, bleibt wenige Zentimeter vor ihr stehen und sieht sie herausfordernd an. »Damit ihr uns in einen eurer Behälter stecken oder in Sammler verwandeln könnt? Für wie dumm haltet ihr uns?«

»Ich halte euch nicht für dumm, nur für unwissend. Ihr solltet mit eigenen Augen sehen, was die Menschen in Wirklichkeit bedroht. Nicht wir sind es, Benjamin. Dein Bruder hatte es begriffen und sich uns angeschlossen.«

»Sie lügen! Lucas hätte niemals gemeinsame Sache mit dem Feind gemacht.«

»Wir sind nicht der Feind!« Katherine wendet sich von Benjamin ab. »Lara, bitte. Ihr habt keine Chance, zu entkommen. Solltet ihr es doch versuchen, wird man euch töten. Ich habe nicht all die Jahre nach dir gesucht, um dich heute sterben zu sehen.«

Lara muss ein Schnauben unterdrücken. »Ich bin längst tot. Du hast mich zum Sterben zurückgelassen, schon vergessen?«

»Ich bin zurückgekommen, aber du warst nicht mehr da. Deshalb habe ich Kaleb geschickt, um dich zu finden.«

»Dann wusste er von Anfang an Bescheid.«

»Nein. Kaleb war ein Sammler. Ich habe ihn aus dem Kollektiv genommen und ihn beauftragt, dich zu finden, doch sein Gehirn konnte die Umstellung nicht sofort verarbeiten. Ich hatte gehofft, dass er sich an seine Mission erinnert, bevor ...«

»Wo ist Dad?«.

Katherine senkt den Blick. »Dein Vater ist tot, Lara. Er starb, kurz nachdem wir hier ankamen.«

»Möchte ich wissen, wie er gestorben ist?«

Ihre Mutter schüttelt kaum merklich den Kopf. »Karl war ... er war nicht geeignet«, flüstert sie stockend.

»Er war nicht geeignet?«, wiederholt Lara. »Was soll das heißen, er war nicht geeignet?«

»Ich möchte dich nicht belügen, Lara, euch alle nicht. Egal was ich sage, es wird sich immer falsch anhören. Solange ihr die Beweggründe unseres Handelns nicht versteht, werdet ihr auch alles andere nicht begreifen. Doch hier kann ich euch keine Beweise liefern.«

»Das bringt nichts«, mischt sich Nadia ein. »Wir kommen hier nicht raus, und auf Hilfe können wir lange warten. Also, entweder wir gehen mit und sehen zu, dass Levi versorgt wird, oder wir nehmen noch ein paar von diesen Monstern mit, bevor wir zur Hölle fahren. Ich wäre für die Hölle, falls jemand nach meiner Meinung fragen sollte.«

»Ich will wissen, was mit Lucas geschehen ist. Habt ihr ihn getötet?«, fragt Benjamin.

»Nein. Als er von hier aufgebrochen ist, war er noch sehr lebendig.«

»Und was hatte er mit den Squatters zu tun?«

Katherine atmet hörbar aus. »Er hat uns Informationen geliefert.«

Sofort stellt sich Lara zwischen die beiden, bevor Benjamin die Frau erreichen kann, um ihr an die Kehle zu gehen. Eigentlich sollte sie ihn gewähren lassen, aber sie zu töten, wäre dann doch zu viel des Guten.

»Lügen! Alles Lügen«, faucht er Katherine an, während Lara ihn mit aller Kraft zurückhält.

»Denk, was du willst. Lucas sagte schon, dass du hitzköpfig bist, deshalb war er der Meinung, es wäre besser, dich nicht einzuweihen. Die Geschichte mit der Frau aus dem Dorf war bloß erfunden, er traf sich nicht mit einer Geliebten, sondern mit mir.«

Benjamin hört plötzlich auf, sich gegen Lara zu wehren. »Außer mir wusste niemand davon.«

»Kommt mit mir. Ich werde euch alles erklären«, bittet Katherine die kleine Gruppe erneut. »Und ich werde euren Freund ärztlich behandeln lassen.«

»Ich bin dafür, mit ihr zu gehen«, sagt Levi schwach. Die Wand ist mittlerweile von seinem Blut verschmiert und neben ihm hat sich eine kleine rote Pfütze gebildet. »Bevor ich sterbe, will ich wissen, wieso das alles passiert. Seid ihr denn nicht neugierig?«

Es vergehen einige Augenblicke, in denen sich alle unsicher ansehen.

Benjamin nickt schließlich. »Wir gehen mit, aber unsere Waffen werden wir behalten.«

Unter höchster Anspannung schreiten sie den Flur entlang, passieren die Halle, in der die Menschen in den

Behältern liegen, und bleiben anschließend vor einem Aufzug stehen.

Katherine drückt auf einen Knopf und die Tür gleitet zu beiden Seiten in die Wand hinein. Es ist ein schmaler Raum, kaum größer als zwei auf zwei Meter. Er ist sehr viel schmaler als die Aufzüge im Bunker. Katherine geht hinein, winkt der Gruppe zu. Sie brauchen eine Weile, bis sie sich überwinden können, zu ihr in den Fahrstuhl zu steigen.

Nach nur wenigen Minuten hält der Aufzug und die Türen öffnen sich wieder. Strahlendes Licht blendet Lara. Es ist wie im Bunker, nur sehr viel heller, und lauter.

Lara bleibt der Mund offenstehen, als sie die vielen Menschen erblickt, die in einem riesigen Raum hin und her laufen. Einige halten etwas in der Hand, tippen mit ihren Fingern darauf und eigenartige Töne entweichen dem Ding. Menschen! Überall!

»Kommt mit«, sagt Katherine.

Ein älterer Mann kommt ihnen mit gesenktem Kopf entgegen, zuckt jedoch zusammen, als er die Gruppe bemerkt, und lässt so ein Ding fallen, das auch die anderen mit sich herumtragen.

»Doktor Kane. Ist … ist alles in Ordnung? Wer sind diese Menschen?«

Katherine hebt die Hand. »Sie gehören zu mir, Jenson. Bitte sorgen Sie dafür, dass ich die nächsten Minuten nicht gestört werde. Und kümmern Sie sich um diesen Jungen, er sollte dringend auf die Krankenstation gebracht werden.«

Der Mann nickt unsicher, als er Nadias drohenden Blick erhascht. Schnell stampft er davon. »Keine Manieren mehr, die Jugend heutzutage«, nuschelt er noch.

»Wer sind all diese Menschen?«, fragt Lara, während sie die Tür passieren und das Licht plötzlich angeht, als sie den Raum betreten. Katherine dreht sich zu ihr. »Das sind die, die ihr Squatters nennt.«

Niemand sagt etwas, sogar Nadia bleibt stumm. Lara weiß nicht, ob sie das richtig verstanden hat.

»Ich möchte euch etwas zeigen«, holt ihre Mutter sie aus ihrer Starre.

»Sie sagten gerade, diese Menschen wären die Squatters, wie meinten Sie das?«, setzt Benjamin nach.

Katherine drückt unsichtbare Knöpfe auf einem Tisch, zumindest kann Lara keine Schaltflächen entdecken, als wären sie mit dem Tisch verschmolzen.

»Die Menschen haben sich zu einer Spezies entwickelt, die weitaus schlimmer war, als jegliche Bedrohung aus dem All. Jedenfalls dachten wir das.«

Eine Schublade öffnet sich und Katherine nimmt drei Geräte heraus, wie die der Menschen, die sie auf den Fluren spazieren tragen. Sie drückt jedem eines in die Hand und bewegte Bilder zeigen sich darauf. »Das sind Tablets, was ihr darauf seht, ist die Erde.«

Nadia schnaubt verächtlich aus. »Wir sind keine Idioten, wir wissen, was Tablets sind. Und dass das die Erde ist, auch, vielen Dank.«

Katherine sieht sie lächelnd an und führt ihre Aufklärung fort. »Vor sechzig Jahren haben drei Astrophysiker eine Anomalie im Weltraum entdeckt. Sie dachten zunächst, es handle sich um Weltraumschrott, doch schnell wurde klar, dass es etwas viel Größeres sein musste. Lange hatten die Menschen keine Möglichkeit, so weit ins All blicken zu können, doch irgendwann war es soweit.«

Die Bilder auf dem Tablet bewegen sich und neben der Erde erscheinen mehrere dunkle Kugeln.

»Ein Asteroiden-Gürtel bewegt sich auf die Erde zu und wird in ziemlich genau 153 Tagen im Gebiet des früheren Südeuropas einschlagen.«

»Ein was?«, fragt Lara.

»Es sind riesige Felsbrocken, die mit unglaublicher Geschwindigkeit auf die Erde zurasen. Nichts und niemand wird einen Einschlag überleben.«

Benjamin wirft das Teil achtlos auf den Tisch. »Nehmen wir mal an, ich glaube Ihnen, was ich nicht tue, was hat das alles mit den Squatters zu tun?«

Katherine umrundet den Tisch. »Es gibt keine Squatters. Menschen haben die Kugeln gebaut. Als den Nationen der Erde bewusst wurde, dass alles Leben zerstört werden würde, haben sie sich zusammengeschlossen, um diese Festungen zu bauen.«

»Ich glaube Ihnen kein Wort«, entgegnet Benjamin.

Doch Lara ist sich auf einmal gar nicht mehr so sicher, was sie glauben soll. Etwas sagt ihr, dass die Ausführungen ihrer Mutter nicht gelogen sind.

»Wozu das alles? Wenn Sie die Wahrheit sagen, warum haben die Nationen es nicht einfach gesagt, anstatt dieses Theater zu veranstalten?«, fragt Benjamin.

Lara legt das Tablet weg und geht ein paar Schritte.

»Weil Menschen sind, was sie sind«, wirft sie gedankenverloren in das Gespräch ein. Hoffnung erscheint auf Katherines Gesicht. »Und an ihr hier sieht man zu was sie imstande sind«, führt Lara ihre Gedanken zu Ende.

Sofort ändert sich Katherines Gesichtsausdruck. »Ganz so einfach ist das nicht.«

»Warum sammelt ihr die Menschen ein?«, fragt Nadia.

»Sie bauen eine Arche«, antwortet Lara an Katherines Stelle. »Ist es nicht so?«

Ihre Mutter schaut betreten zu Boden, bleibt jedoch stumm.

»Ihr bringt die Menschen weg, nicht wahr? Die in den Behältern. Und wer entscheidet, wer mitdarf? Zufallsverfahren?«

»Nein. Ein Gentest«, erwidert Katherine. »Menschen werden nach Alter und Beschaffenheit ausgesucht. Sie werden auf Gendefekte und Gebärfähigkeit untersucht. Außerdem wird festgestellt, ob sie an einem MAO-A-Gen-Mangel leiden. Letzteres wird nur bei Männern getestet. Wir brechen nicht in eine neue Welt auf und nehmen dann Menschen mit erhöhtem Aggressionspotenzial mit.«

Benjamin setzt sich auf einen runden Hocker, der neben dem Tisch steht. »Ihr habt zahllose Menschen getötet und verschleppt und die Welt ins Chaos gestürzt. Uns glauben gemacht, es seien Außerirdische, die unseren Planeten besetzt haben. Dabei waren es Menschen. Die ganze Zeit waren es Menschen. Die ihre eigene Spezies töten und in Angst und Schrecken versetzen. Wieso?«

Katherine geht einen Schritt auf Benjamin zu. Lara kann die Trauer in ihren Augen sehen.

»Ich selbst wusste nichts vom Vorhaben der Regierung. Als mein Mann und ich eingesammelt wurden, stellten sie schnell fest, dass ich Biologin war, und hielten es für eine gute Idee, mein Wissen zu nutzen. Nachdem man mir das Ausmaß der bevorstehenden Katastrophe erklärte, war für mich klar, dass ich mich ihnen anschließe. Was hätte ich auch sonst tun sollen?«

Sie wendet sich Lara zu. »Ich wollte nicht ohne meine Tochter gehen, also suchten mein Mann und ich sie, doch sie war nicht mehr da. Danach verbot man mir, weiter nach ihr zu suchen. Nach einigen Jahren habe ich Kaleb aus dem Kollektiv geholt und ihn damit beauftragt, dich zu suchen. Ich wusste nicht, ob es klappen würde, aber dieses Risiko musste ich eingehen. Wer mit einem Back-up vom Kollektiv getrennt wird, hat eine Überlebensdauer von etwa einem Jahr, danach ist das menschliche Gehirn nicht mehr fähig, auf die Einflüsse, die es verarbeiten muss, zu reagieren.«

»Du hast Kaleb für mich geopfert?«, entgegnet Lara entsetzt.

»Er wäre ohnehin nicht für das Programm geeignet gewesen. Der Test ergab, dass er zeugungsunfähig ist.«

»Ich habe es gerne getan.«

Alle drehen sich gleichzeitig zur Tür, als Kaleb plötzlich im Raum steht.

»Ich verstehe das alles nicht«, sagt Nadia kopfschüttelnd. »Wieso haben Sie sich diese Mühe gemacht? Raumschiffe, die vom Himmel kommen. Menschen glauben lassen, Monster wären auf die Erde gekommen. Das ist doch verrückt.«

Katherine geht auf Kaleb zu, streicht ihm sanft über die Haare. »Menschen sind eigenartige Wesen. In einer Katastrophensituation ist sich jeder selbst der Nächste. Hätte man die Wahrheit gesagt, wäre die Menschheit nicht mehr zu retten gewesen. Jeder hätte versucht, einen Platz auf einem Raumschiff zu bekommen, und dabei wären sie vermutlich alle zerstört worden. Nur die Angst hat die Menschen daran gehindert, die Festungen anzugreifen. Was denkt ihr, wäre passiert, wenn sich herausgestellt hätte, Raumschiffe stünden zur Verfügung, aber nicht alle hätten Platz darin? Die Regierungen mussten eine Entscheidung treffen. Entweder wir retten einige und damit unsere Art vor dem Aussterben oder wir gehen alle unter.«

Während jeder seinen Gedanken nachhängt, kommt Kaleb auf Lara zu. Unsicher blickt er sie von der Seite an, öffnet den Mund, als wolle er etwas sagen, schließt ihn aber wieder. Er wollte sie retten, das war seine Mission, von Anfang an. Es wäre ihr lieber gewesen, er hätte es ihr einfach gesagt, doch das tut nun auch nichts mehr zur Sache. Sie sind jetzt hier und wissen über das Schicksal der Menschen Bescheid, über ihr aller Schicksal.

»Was ist mit Dad passiert?«, fragt sie ihre Mutter erneut. Katherines Augen glänzen, werden feucht, doch keine Träne fließt. »Manchmal passiert es, dass ein Körper die Flüssigkeit, in der die Menschen aufbewahrt werden, abstößt. Dein Vater war einer davon.«

»Und was ist mit Andrew? Ihr habt ihn zu einem

Sammler gemacht.«

»Und das wird er auch bleiben. Einige der Sammler werden wir mitnehmen. In der neuen Welt brauchen wir Schutz. Der Planet, den wir ansteuern werden, ist für menschliche Bedürfnisse ideal, aber nicht erforscht. Wir wissen nicht, was oder wer dort lebt. Die Sammler werden unsere Armee sein. Wir brauchen sie.«

Benjamin springt von seinem Hocker auf. »Was passiert mit den Menschen, die hierbleiben?«

Katherine antwortet nicht, das braucht sie auch nicht.

»Hast du nicht zugehört?«, mischt sich Nadia ein. »In einigen Monaten ist alles im Arsch. Wer dann noch hier ist …« Sie ballt die Hände und öffnet sie wieder, als würde sie eine Explosion simulieren.

»Sie haben mir noch nicht erklärt, was Lucas für eine Rolle in diesem ganzen Mist gespielt hat«, sagt Benjamin.

»Lucas wurde vor drei Jahren eingesammelt, doch anstatt ihn in einen der Behälter zu stecken, hat er uns überzeugt, ihn gehen zu lassen, um uns wichtige Informationen zu liefern. Er war Biologe, wie ich auch, deshalb hat er die Tragweite verstanden.«

»Was für Informationen?«, möchte Benjamin wissen.

»Er suchte nach Material, das wir für unser Schiff benötigen. Und er nannte uns versteckte Siedlungen, in denen Menschen leben, die für uns geeignet sind.«

»Niemals!«, faucht Benjamin. »Das glaube ich nicht. Lucas hätte nie Menschen an die Squatters verraten.«

»Er hat niemanden verraten, Benjamin. Er hat sie gerettet. Deine Denkweise ist immer noch die alte, versuche zu begreifen, was wir hier tun.«

Kaleb holt etwas aus seiner Jackentasche und übergibt es Benjamin. Zögernd greift er nach dem Papier und faltet es auf. »Was ist das?«

»Eine Karte«, antwortet Kaleb.

»Und was soll ich damit?«

»Sieh sie dir genau an.«

Benjamin studiert die Karte eine Weile, hebt dann den Kopf und sieht Kaleb ungläubig an.

»Das ist Lucas' Handschrift. Woher hast du sie?«

»Viel wichtiger ist doch, was draufsteht«, erwidert Kaleb. Lara hat das Gefühl, Nervosität in Kalebs Stimme herauszuhören. Eine Weile bleibt Benjamins Blick auf dem Papier haften.

»Was steht da?«, fragt Nadia.

»Siedlungen. Hier sind Siedlungen verzeichnet, gekennzeichnet mit roten und grünen Markierungen. Woher hast du das?«, will er von Kaleb wissen.

»Er hat Siedlungen markiert, die in Frage kommen könnten«, antwortet Kaleb und weicht der letzten Frage aus.

Benjamin geht noch näher auf Kaleb zu. »Wo hast du sie her?«

Kaleb macht einen Schritt zurück.

»Lucas ... dein Bruder ... er war in den Wäldern unterwegs. Wir trafen während eines Raubzuges auf ihn.«

»Wer ist wir?«

»Ich und die drei Enter, die tot hinter der Halle liegen.«

Lara sollte jetzt eingreifen, sie hat das ungute Gefühl,

Benjamin wird sich nicht mehr lange zurückhalten.

»Und weiter?«, bohrt Benjamin nach.

»Sie haben ihn ... getötet, um an diese Karte zu kommen.«

Benjamins Wangenmuskeln stechen deutlich hervor und an seinen geballten Händen ist klar zu erkennen, wie sehr er Kaleb an den Kragen gehen möchte.

Lara legt ihre Hand beruhigend auf Benjamins Arm.

»Was tun wir jetzt?«, fragt sie ihn, nicht nur um die Situation zu entschärfen. Sie wendet sich an ihre Mutter, als sie merkt, dass Benjamin sich wieder einigermaßen im Griff hat.

»Wie viele Plätze habt ihr noch übrig?«

Katherine wartet einen Moment, bevor sie antwortet. »Nicht mehr viele. Die Kammern sind beinahe vollständig gefüllt und die, die noch übrig sind, sind für die Besatzung bestimmt. Deine ist seit Langem gesichert. Bitte, komm mit mir«, fleht sie Lara an.

»Was soll das heißen?«, fragt Nadia empört. »Sollen wir etwa hier warten, bis uns dieser verdammte Fels trifft?«

»Wir haben keine Plätze mehr zu vergeben. Es tut mir leid.«

Wie von Sinnen entsichert Nadia ihre Waffe und zielt auf Katherine. »Ihr könnt mich mal! Dann schafft ihr eben Platz, verstanden?«

»Nadia!«, brüllt Benjamin durch den Raum. »Senk sofort die Waffe.« Er schüttelt den Kopf. »Was hast du vor? Glaubst du, sie nehmen dich mit, bloß weil du sie mit einer Waffe bedrohst?«

Eine ganze Zeit lang sieht Nadia Laras Mutter wütend an. Nur langsam senkt die Soldatin ihre Waffe, um Lara dann verzweifelt anzusehen.

Die Blicke ihrer Begleiter ruhen auf ihr, sie kann sie auf ihrem Körper spüren, vor allem Benjamins. Wie kann sie die Menschen hier im Stich lassen, in dem Wissen, dass sie alle sterben werden, während sie auf einem sicheren Raumschiff ist und einer neuen Welt entgegenstrebt?

Benjamin schnappt sie am Arm und zieht sie ein Stück zur Seite. »Du solltest mit ihr gehen«, sagt er, als sie außer Hörweite sind. »Wenn es stimmt, was Katherine sagt, werden wir alle zu Asche und Staub zerfallen.«

»Ihr kommt mit, ohne euch gehe ich nicht«, erwidert sie bestimmt, doch eigentlich meint sie damit ihn. Sie wird diesen Planeten nicht ohne Benjamin verlassen.

»Du hast keine Wahl. Wenn du hierbleibst, stirbst du.«

»Genau! Und ich soll ein neues Leben anfangen, wenn ich weiß, dass andere nicht so viel Glück hatten? Du weißt, dass ich das nicht kann, Benjamin.«

Er sieht sie sehr lange an, legt dann seine Finger zärtlich auf ihre Wange und umschließt ihr Gesicht mit beiden Händen. »Du wirst mit ihnen gehen, Lara. Alles andere wäre Unsinn. Für mich und meine Leute ist kein Platz, weder auf diesem Raumschiff, noch in dieser neuen Welt, aber du ... du wirst leben und dazu beitragen, dass die Menschheit nicht ausstirbt. Was gibt es Wichtigeres? Ich würde für einen Platz an deiner Seite kämpfen, aber was bringt das? Mehr Menschen werden sterben. Unnötige Kollateralschäden, wie mein Vater so schön sagt. Und davon hat es in der Vergangenheit schon genug gegeben.«

Lara spürt, wie sich ein Kloß in ihrem Hals bildet. Sie versucht, ihn hinunter zu schlucken, doch die Tränen in ihren Augen lassen sich nicht mehr aufhalten.

»Ich werde nicht allein gehen.«

»Du bist nicht allein. Deine Mutter ist bei dir und Andrew.«

»Und was ist mit Levi? Den Kindern im Bunker und in den Siedlungen? Sollen sie auch einfach hier zurückbleiben? Wir könnten uns das Raumschiff nehmen und …«

»Und dann was?«, unterbricht er sie sanft. »Die Menschen in den Behältern hierlassen, um andere mitzunehmen? Lara, es ist nicht genug Platz auf diesem Schiff, nicht für alle Menschen.«

Wenn sie dachte, sie habe sich in der Vergangenheit jemals hilflos gefühlt, hat sie sich getäuscht. Nichts ist mit dem hier zu vergleichen. Sie wünscht sich nichts sehnlicher, als es zu vergessen, nie erfahren zu haben, welches Schicksal die Erde erwartet und wie sie in Kürze so mir nichts, dir nichts ausgelöscht werden wird.

»Ich muss darüber nachdenken«, sagt sie mit zittriger Stimme und wendet sich von Benjamin ab.

»Wann brecht ihr auf?«, fragt sie ihre Mutter, die hoffnungsvoll im Raum steht.

»Schon in drei Tagen. Wir wissen von dem geplanten Angriff auf die Festung, daher sollten wir keine Zeit mehr verlieren und euren Leuten nicht die Möglichkeit geben, das Schiff doch noch zu zerstören.«

Lara senkt den Blick. Sie muss nachdenken, aber nicht hier.

»Ich brauche Zeit, um es mir zu überlegen.«

Benjamin greift nach ihrem Arm. »Lara, sei nicht dumm. Nimm den Platz und verschwinde von hier«, versucht er sie zu überzeugen.

Bevor sie etwas erwidern kann, meldet sich Katherine zu Wort. »Ihr könnt nicht gehen. Die Gefahr, dass ihr es dem Chief erzählt, ist zu groß. Bis zu unserem Aufbruch werdet ihr also hierbleiben müssen.«

Benjamin und Nadia wechseln einen Blick.

»Na gut«, sagt Benjamin und nickt Nadia zu.

Kapitel 69

Benjamin

Nachdem sie ihre Waffen abgegeben haben, wurden sie in getrennten Zimmern untergebracht. Seit zwei Tagen wartet er jetzt allein in dem kleinen Raum darauf, dass sie wieder gehen dürfen. Er hat keine Ahnung, wie es danach weitergehen soll.

In der Regel kämpft er bis zum Schluss, doch diesen Kampf kann und will er nicht gewinnen. So sehr es ihn schmerzt, Katherine hat recht. Er zweifelt nicht daran, dass die Menschen alles ins Chaos gestürzt hätten, sobald sie von der Bedrohung gewusst hätten. Womöglich wäre dann niemand von diesem Planeten weggekommen. Im Grunde kann er sich fast damit abfinden, dass er bald den Löffel abgeben wird, das Einzige, das ihn wirklich verzweifeln lässt, ist die Tatsache, dass Lara ihre einzige Möglichkeit vielleicht verspielen wird. Nur weil sie so stur ist.

Die Tür geht plötzlich auf und holt Benjamin abrupt aus seinen Überlegungen.

»Lara.«

Ihre Augen sind gerötet, die Haare zerzaust. Es scheint, als hätte sie tagelang nicht geschlafen. »Was ist los?«, fragt er sie überrascht. Ihm wurde mitgeteilt, dass er die anderen erst wieder treffen kann, wenn sie freigelassen werden, was tut sie also hier?

»Ich kann nicht.«

Benjamin steht auf und zieht sie sanft herein, bevor

jemand sie entdeckt. »Wie hast du es geschafft, die Tür zu öffnen?«

Lara drückt auf den Knopf, der die Tür wieder verschließt. »Ich habe aufgepasst«, erklärt sie knapp.

Benjamin beobachtet, wie sie in dem winzigen Raum hin und her läuft, als wäre sie ein wildes Tier, das man eingesperrt hat.

»Was meinst du mit, du kannst nicht?«, fragt Benjamin, auch wenn er ganz genau weiß, worauf sie hinauswill.

Lara sieht zu ihm auf. »Ohne dich und die anderen gehe ich nicht weg.«

»Lara, sei vernünftig …«

»Nein! Ich habe mich entschieden.«

Sie dreht sich um und kehrt ihm den Rücken zu.

Benjamin weiß nicht, was er darauf noch sagen soll. Natürlich würde ihm der Gedanke, den Rest seiner Tage mit ihr zu verbringen, gefallen, aber er wird den Teufel tun und das zulassen. Sie wird nicht sterben. Nicht seinetwegen.

»Warum?«, fragt er. »Warum willst du mit uns in den Tod gehen, wo du doch eine andere Möglichkeit hast?«

Sie antwortet nicht, stattdessen starrt sie stur an die Wand. Benjamin packt sie an den Schultern und dreht sie zu sich. Ihre Augen sind mit Tränen gefüllt, ihre Lippen beben.

»Tu das nicht, Lara. Mach das nicht für mich, bitte.«

»Das Leben, das ich führen würde, wäre nur ein Dahinvegetieren, immer mit dem Gedanken, dich hier zurückgelassen zu haben. Wie soll ich damit leben? Die

Schuld und Gewissensbisse würden mich zerstören.«

»Dann lebe für mich mit.«

»Und für all die anderen Menschen?«, erwidert sie heftig. »Für all diejenigen, die hierbleiben werden und euch eine Chance geben, weiter zu existieren, ja.«

»Ich will das nicht«, sagt sie zitternd.

Benjamin beugt sich tiefer zu ihr hinunter, bis seine Lippen ihre Stirn berühren. »Du musst, Lara. Du musst.«

Ihr Körper zittert unter seinen Fingern. Langsam wandern seine Hände ihren Rücken hinab, bis seine Arme sie vollständig umfassen. Dann drückt er sie fest an sich, kann sogar ihr Herz spüren, das kräftig in ihrer Brust schlägt. Ihr Kopf hebt sich und Benjamin blickt in ihre völlig verweinten Augen. »Ich möchte nicht ohne dich gehen«, wiederholt sie.

Wie von selbst neigt sich sein Kopf, bis sich ihre Lippen berühren. Er küsst sie so zärtlich, wie er es noch nie bei einer Frau getan hat. Sie ist eine Kämpferin, doch im Augenblick erscheint sie ihm wie das zerbrechlichste Wesen der Welt. Der Drang, sie zu beschützen, ihr Leben zu retten, ist übermächtig. Als er wieder in ihre Augen sieht, erkennt er Entschlossenheit.

Sie wird nicht gehen, nicht freiwillig.

Epilog

»Atme! Atme!«, ruft jemand. Lara versucht, dem Befehl der Stimme Folge zu leisten, doch auf ihrer Brust ist scheint ein Gewicht zu lasten und ihre Lunge ist wie zugeklebt. Mühsam versucht sie, die Augen zu öffnen, Luft zu holen. Aus Dunkelheit wird Licht, die gedämpften Stimmen werden lauter.

»Atme, Lara, bitte«, flüstert jemand dicht an ihrem Ohr. So viele Stimmen, alle sprechen durcheinander. Warum bekommt sie keine Luft?

»Reanimationsset, sofort.«

»Nein, sie schafft das.«

»Sie erstickt«, erwidert eine männliche Stimme.

Lara spürt, wie etwas in ihrer Lunge den Weg nach oben nimmt, als wäre da etwas, das da nicht hingehört. Als sie die Augen schlagartig öffnet, stehen Menschen in weißen Kitteln um sie herum, doch nur eine Person kann sie sofort wiedererkennen. Katherine.

»Huste, Baby, du musst es rauslassen«, sagt sie.

Und dann kommt es in einem Schwall aus ihrem Mund. Die Flüssigkeit, die ihre Lungen verstopft hat, sprudelt nur so aus ihr heraus und sie kann endlich nach Luft schnappen. Quälend lange Sekunden vergehen, bis sie das Gefühl hat, nicht mehr zu ersticken. Doch etwas macht ihr noch mehr Angst. Wo ist sie?

Ihr Körper scheint nicht reagieren zu wollen, als sie versucht, ihren Kopf zu drehen, um zu sehen, wo sie eigentlich gerade ist. Sie kann sich noch daran erinnern, wie sie zu Benjamin ging, um ihm zu sagen, dass sie auf der Erde, bei ihm bleiben würde. Und wie sie die Nacht miteinander verbracht haben, eine Nacht, die sie nie vergessen wird.

Katherine nähert sich und streicht ihr über die nassen Haare. »Es ist alles gut, mein Schatz, du hast es geschafft.«

»Wo bin ich?«, flüstert sie nur.

Ihre Mutter lächelt sie unsicher an, etwas stimmt hier nicht. Wo ist Benjamin?

»Wir sind da, Lara. Wir sind auf Terra 1.«

»Aber ... Nein, wir waren doch ... gerade noch ...« Ein Hustenanfall stoppt Laras Fragen abrupt.

»Du musst dich ausruhen, du hast sehr lange geschlafen.«

Das ist unmöglich, gerade noch war sie mit Benjamin zusammen auf der Erde. Träumt sie gerade? Sie muss es wissen, sie muss wissen, was hier vorgeht. Erst jetzt fällt ihr auf, dass sie von Flüssigkeit umgeben ist und in einem der Behälter sitzt. Ein weiterer Blick offenbart ihr, wo sie sich befindet. In ihr krampft sich alles zusammen. Menschen, überall! Einige werden mit Hilfe anderer aus den Behältern geholt, manche sind noch verschlossen.

»Was hast du getan?«, brüllt sie Katherine so laut an, wie es ihre Stimmbänder zulassen. »Wo ist Benjamin? Wo sind die anderen?«

Katherine entfernt sich ein paar Schritte. »Sie sind nicht hier, Lara. Sie sind auf der Erde geblieben.«

Zwei Männer helfen ihr aus dem Behälter. Nein! Das kann nicht sein. Sie kann kaum aufstehen, als die Helfer sie langsam auf dem Boden absetzen.

»Du musst dich schonen, dein Körper wird sich erst wieder an alles gewöhnen müssen.«

»Ich will mich nicht schonen!«, ächzt sie. »Ich will wissen, was passiert ist.«

Ihre Mutter greift nach einer Decke, die auf einem Rollwagen liegt, und legt sie Lara über die Schulter. »Benjamin wollte an jenem Tag mit mir sprechen. Er erzählte mir, dass du vorhattest, auf der Erde zu bleiben. Wir hielten das beide für keine gute Idee.«

Lara macht eine paar wackelige Schritte. Katherines Hilfe lehnt sie dabei bewusst ab.

»Du hast geschlafen, also haben wir entschieden, dich zu betäuben und in einem der Behälter zu lagern. Es tut mir nicht leid, dein Leben gerettet zu haben, du bist mein Kind …«

Lara hört gar nicht mehr zu, Katherines Worte verfliegen in dem großen Raum wie Staub im Wind. Er hat sie verlassen, sie verraten und hintergangen, während sie geschlafen hat.

Unendlich langsam geht sie auf die große Fensterfront zu, an der schon Dutzende Menschen stehen, die Köpfe zusammenstecken und das ein oder andere Wort sagen.

»Er hat es für dich getan«, hört sie Katherine neben sich sagen. Lara bleibt stehen, dreht ihren Kopf und sieht ihre Mutter an. Sie müsste etwas fühlen oder nicht? Doch in ihr ist alles taub.

»Er sagte, ich soll dir etwas ausrichten.«

Lara blickt sie nur an. Zu mehr ist sie nicht fähig.

»Du sollst wissen, dass er dich nie hinterrücks verraten wollte, doch dein Leben war ihm mehr wert als seine Gefühle und das Bedürfnis, dich bei ihm haben zu wollen. Du sollst leben, dich an ihn erinnern, aber nicht um ihn trauern. Er sagte auch, du sollst dich um seine Mutter kümmern, sie wäre ganz schön angepisst, wenn ihr ankommt. Das war das Wort, das er verwendet hat.«

Im ersten Moment ist Lara wie vor den Kopf gestoßen. Seine Mutter ist hier. Ein Teil von ihm hat sie also doch begleitet.

Katherine kommt näher, doch Lara weicht erneut zurück. Sie wird ihr vielleicht irgendwann verzeihen können, doch vergessen wird sie es nie.

Lara rückt ihre Decke zurecht und geht weiter, immer weiter auf die Glasfront zu, bis sie dort ankommt und einen Blick nach draußen werfen kann.

So viele schwarze Kugeln, dicht nebeneinander auf einer riesigen weiten Fläche. Am Horizont ein Mond und ein weiterer Planet, ansonsten unterscheidet es sich kaum von der Erde. Wälder und Berge erstrecken sich weit über das Land.

»Es ist fast wie zu Hause oder?«

Lara dreht sich um, so schnell es ihr Kreislauf erlaubt. »Levi!«

Sie kann nicht fassen, dass er hier ist. Vielleicht träumt sie ja noch. Sie schafft es nicht einmal, etwas zu erwidern, als wäre ihre Zunge plötzlich taub.

Levi kommt langsam näher, breitet seine Arme aus und Lara stürzt sich beinahe in seine Umarmung. Sie ist nicht allein, ein Freund ist hier und … vielleicht ist er auch …

Sie löst sich von Levi und blickt ihm in die Augen. Er weiß, was sie sagen möchte, er erkennt sofort die Hoffnung in ihrem Blick, denn plötzlich erlischt das Lächeln, als hätte man ihn geschlagen.

»Er ist nicht hier, Lara«, flüstert er traurig.

»Konntest du nochmal mit ihm reden, bevor wir ...«, fragt Lara, doch ihre Stimme bricht, bevor sie den Satz zu Ende bringen kann.

»Nein. Man hat mich zusammengeflickt, mein Blut analysiert und mich dann in einen Behälter gesteckt. Das ist jedenfalls das, was sie mir erzählt haben, als ich aufgewacht bin.«

»Wir wussten von Lucas, dass Levi ein optimaler Kandidat sein würde, deshalb haben wir ihn getestet«, mischt sich Katherine ein.

Lara dreht sich nicht zu ihr um. »Und Benjamin war es nicht?«

Doch bevor ihre Mutter antworten kann, hebt Lara die Hand. Sie möchte nichts mehr aus dem Mund dieser Frau hören. Vielleicht wird sie ihr eines Tages verzeihen können, doch heute kann sie es nicht.

»Gehen wir«, bittet sie Levi, dessen Arm immer noch auf ihrer Schulter verweilt.

»Bitte hasse mich nicht«, fleht Katherine sie an, als sie sich entfernen.

»Ich hasse dich nicht, Katherine, dafür müsste ich etwas für dich empfinden.«

Mit diesen Worten lässt sie ihre Mutter zurück und schließt sich den anderen eben aufgewachten Menschen an.

Sie wird hier leben, nicht nur für sich selbst, sondern für all die Menschen, die es nicht mehr können. Und vor allem für Benjamin.

Über die Autorin

M. J. Colletti ist das Dystopie-Pseudonym der 1975 in Italien geborenen Autorin Giusy Lo Coco. Sie lebt mit ihren zwei Kindern und ihrem Ehemann im Dreiländereck bei Lörrach. 2017 veröffentlichte sie ihren ersten Dystopie-Science-Fiction Roman *CoEvolution-Zwischen den Zeiten* im Selbstverlag. Im Frühjahr 2018 wurde ihr Dystopie Roman *Squatters* vom Chaospony Verlag veröffentlicht.